Rädlinger · Der verwaltete Tod

Christine Rädlinger

Der verwaltete Tod

Eine Entwicklungsgeschichte
des Münchner Bestattungswesens

Herausgegeben vom
Stadtarchiv München

1996
Buchendorfer Verlag

Abbildungsnachweis

Bayerisches Hauptstaatsarchiv, Plansammlung: S. 83
Bayerische Staatsgemäldesammlung: S. 32
Kulturreferat der Erzdiözese München-Freising: S. 30, 35, 37
Stadtarchiv München: *Bestattungsamt:* S. 67, 79, 85, 103, 106f.,
    109, 110, 113, 119, 120f., 124, 136, 138f., 142. *Historisches
    Bildarchiv:* S. 15–19, 21, 36, 40, 41, 44, 47, 51, 52, 55, 57, 59,
    62, 70, 71, 73, 76, 77, 88–93, 96, 97, 99, 105, 110, 124f., 130,
    131, 133, 135, 141, 142, 149–151, 153–155, 157, 161, 163f.,
    166f., 171–177. *Historischer Verein von Obb.:* S. 25–29, 33,
    38, 43, 45, 95, 117, 181–188. *Zeitgeschichtliche Sammlung:*
    S. 180, 189–194
Stadtmuseum München: S. 39

CIP-Einheitsaufnahme der Deutschen Bibliothek
Rädlinger, Christine:
Der verwaltete Tod : Eine Entwicklungsgeschichte des
Münchner Bestattungswesens / Christine Rädlinger. Hrsg. vom
Stadtarchiv München. – München : Buchendorfer Verl., 1996
    ISBN 3-927984-59-0

Buchendorfer Verlag, München 1996

Satz und Repro: SatzTeam Berger, Ellenberg
Papier: holzfreies säurefrei gebleichtes Werkdruck, Schleipen
Druck und Bindung: Huber, Dießen
Printed in Germany

ISBN 3-927984-59-0

Inhalt

VORWORT

Der an der Wende vom 18. zum 19. Jahrhundert etablierte »moderne Staat« war daraufhin angelegt, nach und nach alle existenziellen Bereiche seiner Bürger obrigkeitlicher Aufsicht und Kontrolle zu unterwerfen, weshalb auch der Tod aus diesem Programm nicht ausgespart werden konnte. Es war Aufgabe einer eigenen Medizinalpolizei (delegiert an die Landgerichte und Kommunen) ein weitgespanntes Programm hygienischer Prophylaxe durchzusetzen und zu überwachen.

Im Bereich des Münchner Bestattungswesens gehörte dazu eine korrekte »amtliche« Leichenschau, ebenso die Verpflichtung der Stadtverwaltung die Kirchenfriedhöfe aufzulassen, neue Friedhöfe nur noch außerhalb der Wohnbereiche anzulegen, diese stets rechtzeitig zu erweitern und feste Regeln für die Beisetzungen aufzustellen, die unabhängig waren von ständischen und konfessionellen Traditionen oder Vorurteilen. Besonders die Tiefe, die Anlage, die Ordnung und die Öffnung der Gräber wurden normativen Zwängen unterworfen. Diese besonders zu Beginn des 19. Jahrhunderts landesweit vereinheitlichte »Salubritäts-Pflege« galt als eine wichtige soziale Errungenschaft, der wir u.a. auch die Beobachtung des Zusammenhanges von Boden- und Wasserbeschaffenheit, die Statistik über Seuchenverbreitung und Sterblichkeitsziffern, eine rigorose Lebensmittelkontrolle, die öffentlichen Krankenanstalten und die Pockenschutzimpfung verdanken. Viele Historiker beklagen heute diese forcierte Einmischung des Staates in Bereiche, die vorher der Zuständigkeit der Zünfte, der Kirche und lokalen Regelungsmechanismen unterworfen waren, lassen dabei aber völlig außer acht, daß bei dem damaligen radikalen Wechsel der Herrschaftsverhältnisse, dem Wandel der urbanen Strukturen und der ländlichen Lebensbedingungen und obendrein der Verelendung weiter Bevölkerungskreise durch Mißernten und militärische Auseinandersetzungen ein solches Eingreifen geboten war.

Gerade im Bereich des Bestattungswesens hatten sich im 17. und 18. Jahrhundert teilweise unhaltbare Verhältnisse entwickelt. Man sollte sich in diesem Zusammenhang nicht vom künstlerischen Prunk und hohlen Pathos der barocken Denkmäler und Leichensteine täuschen lassen. Zuwendung und Fürsorge der Hinterbliebenen, wie der Geistlichkeit galten allein dem Seelenheil des Verstorbenen und nicht dem »Madensack«, dessen Versenkung in Gruft oder Grab bestenfalls als unabdingbare Voraussetzung für die erhofften »fröhlichen Urständ (= Auferstehung)« angesehen wurde. Überfüllte, stinkende Totengrüfte in und vor den großen Stadtkirchen, ungeordnete und ungepflegte Leichenäcker vor den Toren, aus deren zu flach angelegten Gräbern von streunenden Hunden immer wieder Leichenteile ausgegraben wurden, dann das herzlose Verscharren der Selbstmörder, Hingerichteten, Ungetauften und Armen charakterisierten die Verhältnisse ebenso, wie die profunden Unkenntnisse der Seelnonnen oder Bestatter über den tatsächlichen Eintritt des Todes, weshalb die Beisetzung von Scheintoten ebenso üblich war wie die öffentliche Ausstellung hochinfektiöser Verstorbener. Oft genug waren in gemischt konfessionellen Städten die Bestattungen auch überschattet vom Zank der verschiedenen Religionsgemeinschaften um Friedhofsnutzung und Stolgebühren.

Auf der Grundlage dieses der Münchner Bürgerschaft schon seit den Tagen Karl Theodors abverlangten Wandels fußte nach der 1818 erfolgten Neubegründung der kommunalen Eigenständigkeit Münchens die 1819 eingerichtete städtische »Leichenanstalt«, wie auch im selben Jahr das Friedhofsareal vor dem Sendlinger Tor durch halbkreisförmige Arkaden neu gestaltet wurde. Die Schaffung dieses stilvollen, in der Folge mehrfach erweiterten Begräbnisfeldes und die Betreuung der Bestattungen durch die Kommune ließen der bürgerlichen Gesellschaft noch genügend Freiräume für neue Formen der Trauer, der Totenbegleitung und des Totengedächtnisses. Der alte Südliche Friedhof an der Thalkirchner Straße läßt sowohl in der Konzeption wie in der Gestaltung der Denkmäler etwas von der Qualität jenes öffentlichen »memento mori« erkennen, das München um die Mitte des 19. Jahrhunderts erreicht hatte. Eine Vorgabe, die sich gegen Ende des 19. Jahrhunderts in den künstlerisch und gärtnerisch perfekt durchkomponierten neuen Friedhofsanlagen Hans Grässels weiter steigerte. Das 1898 grundlegend reformierte städtische Bestattungswesen galt sowohl seiner Praxis als besonders seiner ästhetischen Einbindung nach zu Beginn des 20. Jahrhunderts als Vorbild für die ganze Welt.

München hat allen Grund sich dieser Entwicklung mit Stolz zu erinnern und den »verwalteten Tod« nicht als eine bürokratische Verkleinerung des großen menschlichen Mysteriums anzusehen, sondern als wichtigen Teilaspekt eines gesellschaftlichen Konsenses, zu dem sowohl die Rücksichtnahme gegenüber den Lebenden, als auch die Pietätsgarantie für den Verstorbenen gehören.

Es ist unverkennbar, daß gegenwärtig für die Verantwortlichen die Lage schwieriger wird: Der Anspruch der Bürger auf Freizeitflächen in den Wohnvierteln setzt die älteren aufgelassenen Stadtfriedhöfe bisweilen Zumutungen aus, die weniger aus Behördensorglosigkeit resultieren, sondern mehr aus einem rapiden Verfall von Erziehung und Anstand bei der Bevölkerung selbst. Nicht minder bedeutungsvoll wird heute auch der ökologische Aspekt, der Sarg, Sargausstattung und Totenbekleidung betrifft, ebenso die Emission der Krematorien und die Reaktion auf die medizinische Prothetik. Hier müssen bisweilen Verwaltungsentscheidungen getroffen werden, die ebenso unpopulär wie notwendig sind. Daß der einstige »pompe funèbre« und die zeremonielle Trauerkleidung längst einer sehr individuell angelegten Totenbegleitung gewichen sind, ist wahrscheinlich weniger ein Problem, als der zunehmende Wunsch vieler Bürger nach Anonymität im Tod, oder genauer gesagt, nach einer »Spurenlosigkeit«, die auf die Dauer den herkömmlichen Charakter unserer Friedhöfe revolutionieren wird. Man muß und wird sich all diesen Anforderungen mit Gelassenheit stellen. Der Umgang mit dem Tod spiegelt die Wertigkeiten einer Gesellschaft, weshalb behördliche Regeln und Vorschriften nur die hygienischen Grunderfordernisse und die schon erwähnte Pietätsgarantie sicherstellen können. Daß diese Anforderungen eine Gratwanderung darstellen, braucht nicht verschwiegen werden. Bei aller Aufgeschlossenheit für medizinische Notwendigkeiten und ökologische Entwicklungen muß weiter der Grundsatz gelten, daß jeder Tote die Wertigkeit eines gelebten und vollendeten Lebens repräsentiert, daß er weder als ein potentieller Wertstoffträger noch als ein Entsorgungsfall angesehen werden darf.

Da der Erfahrung und dem Volksmund zufolge »das Sterben nicht abkommt«, wird die meiner Einschätzung nach beachtliche Geschichte der Münchner Friedhofs- und Bestattungskultur auch über die Wende zum neuen Jahrhundert und Jahrtausend hinaus noch fortgeschrieben werden. Mögen einer späteren Rückschau noch weitere Kapitel einer positiven Entwicklung anzufügen sein.

Dr. Richard Bauer
Direktor des Münchner Stadtarchivs

Dank

Ohne die großzügige Unterstützung des Stadtarchivs München hätte dieses Buch nicht geschrieben werden können. Danken möchte ich daher an dieser Stelle vor allem den Mitarbeiterinnen des Historischen Bildarchivs für ihre Unterstützung sowie den Mitarbeitern der Fotostelle für ihre große Hilfsbereitschaft. Mein Dank gilt auch Herrn Pfarrer Kuglstatter für die bereitwillig gewährte Einsichtnahme in die Unterlagen des Pfarrarchivs St. Peter.

Vor allem gilt mein Dank dem Leiter des Stadtarchivs Dr. Richard Bauer, der sich für die Bearbeitung des Themas einsetzte und auch für seine Veröffentlichung sorgte. In besonderer Weise war er schließlich auch bei der Suche und Auswahl der Abbildungen behilflich.

Christine Rädlinger

Einleitung

Hatten heiligmäßige Eremiten der Spätantike noch wenig Wertschätzung für einen bestimmten Bestattungsort gezeigt und sich damit zufriedengegeben, ihre Gebeine nach dem Tod in der Wüste verstreut zu wissen, war diese Einstellung den Menschen des Mittelalters fremd geworden.[1] Grab und Bestattung wurden zu einem zentralen Anliegen, das neben dem Streben nach einem »guten«, gottgefälligen Tod Denken und Handeln der Menschen wesentlich bestimmte. Das damalige Ziel, die eigene Auferstehung auf diese Weise zu sichern, war jedoch nur ein Beweggrund und weltlichere Anliegen traten daneben: Leichenbegängnis und Grabplatz hatten auch Macht und Ansehen des Verstorbenen sowie der Gemeinschaft zu demonstrieren, in der er im Leben seinen Platz gefunden hatte. Auch heute noch dokumentiert sich gesellschaftliches Ansehen in Begräbnis und Grabschmuck – die Bestattung ist daher auch noch in einer Zeit, in der das Thema »Tod« zu einem Tabuthema der Gesellschaft wurde, ein wichtiger Bestandteil des öffentlichen Lebens.

Friedhöfe und Bestattungswesen waren bis in das 18. Jahrhundert von der kommunalen Verwaltung getrennt und allein Aufgabenbereich der Kirche. Die Stadt oder einzelne Bürger stellten zwar Grundstücke für Friedhöfe zur Verfügung, Verwandte und Nachbarn sorgten für eine würdige Ausstattung des Toten, aber die Kirche war zuständig für das Begräbnis, für Friedhöfe und nicht zuletzt für das Personal. Ein Eingreifen der Stadt wurde nur nötig in Seuchenzeiten oder bei bestimmten Gruppen, deren Bestattung die Kirche ablehnte, wie Hingerichtete, oder bei Außenseitern, die aufgrund ihres gesellschaftlichen Status nicht mit der sonst üblichen nachbarschaftlichen Hilfe rechnen konnten. Als »Bestatterinnen« waren in München spätestens seit dem 14. Jahrhundert die sogenannten Seelnonnen tätig, die, in ihren Diensten der Nächstenliebe verpflichtet, auch die erforderlichen Verrichtungen an den Toten versahen. Sie wuschen sie und bereiteten sie für das Begräbnis vor, sprachen aber auch mit dem Pfarrer über Zeitpunkt und Aufwand der Begräbnisfeierlichkeiten. Die Stadt wiederum übte sowohl über die Pfarrkirchen als auch über die in klosterähnlichen Gemeinschaften lebenden Seelnonnen auf dem Weg der Vermögensverwaltung eine gewisse Kontrolle aus.

Die Aufgabenteilung zwischen Kirche und Stadt begann brüchig zu werden, als mit der Aufklärung zunehmend gesundheitspolizeiliche Maßnahmen in den Vordergrund zu treten begannen und diese Maßnahmen vom Landesherrn forciert wurden – als Dritter trat nun auch der Staat auf den Plan. Die für die Entlastung der leeren Staatskasse durchgeführte Säkularisation der Kirchengüter führte schließlich zu einem Übergang der Friedhofsverwaltung an die Stadt, vorerst als ausführendes Or-

---

[1] Ph. Ariès, Geschichte des Todes, München 1980, S. 46.

gan des Staates. Das Aufbrechen des sozialen Gefüges und das Verschwinden nachbarschaftlicher Hilfestellungen seit dem Beginn des 19. Jahrhunderts ließ auch das Bestattungswesen zu einer Aufgabe der Kommune werden, die Kirche als traditionelle Wegbegleiterin der Sterbenden und Toten dagegen organisatorisch in den Hintergrund treten. Großen Einfluß auf diese Entwicklung hatte die zunehmende Bedeutung kommunaler Hygienemaßnahmen in einem zur Großstadt wachsenden München, die durch eine Flut neuer Bestimmungen und Einrichtungen dem städtischen Bestattungswesen ihr Gepräge gaben. Ihren Abschluß fand diese Entwicklung mit dem Ende des 19. Jahrhunderts, als sich die »Bestattungsanstalten« als feste städtische Einrichtung im Rahmen der Gesundheitspolitik etabliert hatten und mit einem breit gefächerten Angebot an Dienstleistungen alle Bereiche des Bestattungswesens abdecken konnten. Wie weit man sich innerhalb nur eines Jahrhunderts von den Gepflogenheiten der Vorväter entfernt hatte, zeigt die Tatsache, daß man jetzt sogar nötigenfalls auf einen Pfarrer verzichten konnte, ohne die Würde des Bestatteten in Gefahr zu sehen.[2]

Die von der Geschichtsforschung und besonders von Ph. Ariès festgestellte Veränderung in der Haltung der Menschen gegenüber dem Tod[3] läßt sich aus den untersuchten Quellen nicht herausfiltern – im Mittelpunkt der Argumentation stehen immer rationale Begründungen und Zielsetzungen, wie auch die Hilfestellungen für die psychische Verfassung der Hinterbliebenen weiterhin der Kirche überlassen blieben. Eine sich wandelnde Todesauffassung ist daher nicht Kern dieser Darstellung, sondern wird nur im Zusammenhang mit der kommunalen Entwicklung berücksichtigt. Das zentrale Anliegen ist nicht die Einstellung der Münchner gegenüber dem Tod, sondern die Regelung einer »Entsorgung« der Toten.

[2] S. u. S. 154
[3] Zusammenfassend dazu F. J. Bauer, Tod und Bestattung in Alter und Neuer Zeit, HZ 254, 1992, S. 1–33.

1. Hilfe und Strafe
*Kirchliches und städtisches Bestattungswesen
bis in das 18. Jahrhundert*

Die Friedhöfe der Stadt

Münchens Friedhöfe entstanden wie an anderen Orten auch aus dem Wunsch der Gläubigen, in der Nähe der Gebeine eines Heiligen begraben zu werden, da man sich durch ihn Fürsprache beim Jüngsten Gericht erhoffte.[1] Falls eine Bestattung in der Kirche nicht möglich war, wünschte man seine ewige Ruhe doch so nah als möglich bei den heiligen Reliquien zu finden, um sich auch auf diese Weise den Weg zum Ewigen Leben zu sichern.[2] Bestattungen fanden daher auf einem umfriedeten Raum um die Kirche statt, dem Kirchhof oder auch »Freythof«. Der »Freythof« war ein von der weltlichen Gewalt ausgenommener Bereich, auf dem auch verfolgte Straftäter Asyl finden konnten und von dem jede Gewalt ferngehalten werden sollte.[3] Trotzdem kam es auch auf den Friedhöfen zu Mord und Totschlag und so mußte z. B. der »St. Peters Freythof« immer wieder neu konsekriert werden, weil er durch Gewalttaten entweiht worden war.[4] Auch in anderer Hinsicht waren die Friedhöfe nicht der Ort der Ruhe, als den man sie heute gerne sieht. So finden sich in den frühen städtischen Ordnungen Hinweise darauf, daß sich auf den Friedhöfen vor den Kirchen Händler aufstellten, die ihre Ware auf Ständen anpriesen oder auch, mit einem Bauchladen versehen, damit umhergingen.[5] Wie rational die Bevölkerung diesen in den späteren Jahrhunderten so entfremdeten Ort betrachtete, zeigt sich auch darin, daß sie den Friedhof zur täglichen Nutzung heranzog. So war es nur natürlich, daß der Münchner Bürger Ainwich Altmann, wohl um sich weite Umwege zu ersparen, von seinem Haus eine Türe auf den Friedhof durchbrechen ließ, oder daß auf den Friedhöfen die frisch gewaschene Wäsche zum Trocknen ausgelegt wurde – in städtischer Enge ein idealer Platz.[6]

Um die Kirche St. Peter als älteste Stadtkirche lag Münchens erster Friedhof. 1271 kam es zur Erhebung der Marienkirche zur zweiten Pfarrkirche; das rasche Bevölkerungswachstum und die Überbelegung des Friedhofs um St. Peter hatten diese Entwicklung herbeigeführt. Gleichzeitig mit der Einrichtung der zweiten Pfarrei Unserer Lieben Frau wurden auch der Kirche des Heiliggeistspitals Pfarrechte verliehen, d. h. das Begräbnisrecht und die Anstellung eines eigenen Pfarrers. Diese Pfarrechte des Spitals beschränkten sich allerdings nur auf die zu dieser Zeit im Spital tätigen Brüder vom Heiligen Geist, einem auf die Pflege von Fremden, Pilgern und Schwachen ausgerichteten Laienorden, auf das im Spital angestellte Personal, und auf die im Spital aufgenommenen Kranken und Schwachen.[7]

Jede Gründung eines Klosters oder einer klosterähnlichen Gemeinschaft brachte, wie zu dieser Zeit üblich, neue Friedhöfe, die als Grabstätte für die Mitglieder dieser Gemeinschaft dienten. Die 1257 für München urkundlich erwähnten Franziskaner, seit 1282 bzw. 1284 im Franziskanerkloster nördlich des Alten Hofes, und die 1294 erwähnten Augustinermönche hatten ihren eigenen Friedhof[8], und eine eigene Begräbnisstätte dürften auch die Klarissinnen am Anger besessen haben. In der Regel wurden diese Friedhöfe von den Gemeinschaften genutzt, die sie angelegt hatten und von großzügigen Stiftern, die sich dort in der Kirche oder auf dem Friedhof eine Grabstätte kauften. Besonders der Friedhof der Franziskaner (heute Platz vor dem Nationaltheater) wurde in späterer Zeit ein Stein des Anstoßes. Aufgrund der für die Franziskanermönche typischen Volksnähe, ihrer mitreißenden Predigten und vor allem wegen ihrer Privilegien, die den dort Bestatteten besondere Ablässe verhießen, waren sie bei der Bevölkerung äußerst beliebt. Eine Grabstätte bei den Franziskanern gehörte deshalb bald zu den bevorzugten Zielen der Münchner Bürgerschaft, zum nicht geringen Ärgernis der Münchner Stadtpfarrer, die wegen des Zulaufs, den die Franziskaner genossen, ihre eigenen Einkünfte geschmälert sahen.[9] Auch die späteren Klostergründungen wie die der Theatiner und der Karmeliter besaßen einen eigenen kleinen Klosterfriedhof.[10] Und nicht zuletzt hatten auch die übrigen Spitäler, das Bruderhaus am Kreuz sowie das herzogliche St. Rochus Spital und die beiden Leprosen- und Siechenspitäler vor der Stadt in Schwabing und auf dem Gasteig, ihren eigenen Friedhof.[11]

Gegen Ende des 15. Jahrhunderts kam es zur Anlage zweier weiterer Friedhöfe für die beiden Pfarrkirchen St. Peter und Unsere Liebe Frau, da die beiden ältesten Kirchhöfe offensichtlich zu klein geworden waren. Aber nicht nur das allmähliche Anwachsen der Bevölkerung spielte für diese Entwicklung eine Rolle. Mit der regelmäßigen Wiederkehr der Pest oder anderer Seuchen im Rhythmus von etwas mehr als 10 Jahren konnte es binnen weniger Monate zu einer hohen Anzahl von Bestattungen kommen, die die beiden alten Pfarrfriedhöfe nicht mehr fassen konnten. Der Friedhof der Frauenkirche war zudem durch den seit 1468 zügig vorangetriebenen Kirchenneubau eingeengt,[12] eine Friedhofserweiterung war hier und wohl auch um die Peterskirche nicht möglich. Um 1480 wurden daher für beide Kirchen neue Friedhöfe errichtet: Bereits 1478 kaufte St. Peter Haus und Garten für einen neuen Friedhof am Stadtrand, nicht weit von der Stadtmauer entfernt in der Brunngasse, im August 1480 erfolgte die Weihe des Friedhofs. Ein weiterer Grundstücksankauf, diesmal auf Kosten der Stadt, wurde im November 1480 verbrieft.[13] Weitere Zukäufe, nun wieder aus dem Fond der Kirchenstiftung, brachten die Jahre 1484 (ein besonders schweres Pestjahr), 1499 und 1500;[14] die Vergrößerung des Friedhofs erfolgte also nach Bedarf. Der neue Friedhof der Frauenkirche lag wie der neue Petersfriedhof in einer locker besiedelten Gegend an der Stadtmauer, in der hinteren Prannergasse »in der Schwaig«. Der Kern dieser Anlage könnte Besitz der Frauenkirche in der Schwaig gewesen sein, im September 1479 wurde dann ein Zukauf der Stadt verbrieft, und einige Tage nach der Weihe des Friedhofs St. Peter erfolgte die Weihe des neuen Frauenfriedhofs.[15] Nur etwas mehr als zwei Monate später, Ende Oktober 1480, erklärte Papst Sixtus IV. sie zur einzigen Begräbnisstätte für Seuchenopfer.[16] Die Friedhofskirchen beider neuer Friedhöfe entstanden in den Jahren 1485 mit der Allerheiligenkirche am Kreuz für die Peterspfarrei und der Kirche St. Sal-

Grabstein der Barbara Katzmair (gest. 10. Oktober 1520) und ihrer Vorfahren Johannes und
Hans vom Salvatorfriedhof (jetzt Hauskapelle des Heiliggeistspitals am Dom-Pedro-Platz).
Die Tote liegt auf ihrem Sterbebett und ist bereits mit dem Totenhemd bekleidet.
Grabmal des Sebastian Seehofer (gest. 4. März 1551) aus St. Peter.

vator für Unsere Liebe Frau, deren Baubeginn auf das Jahr 1492 datiert werden
kann. Bis 1493 war zumindest der Rohbau fertiggestellt, die Kirchenweihe dürfte
1494 erfolgt sein.[17]

Etwa zur gleichen Zeit mit der Eröffnung der beiden Friedhöfe der Stadtpfarreien
legten auch die Franziskaner einen neuen Bestattungsplatz rund um ihr Kloster an.
Wieder kam es zu heftigen Streitigkeiten mit den beiden Pfarreien, die schließlich
1517 mit einem Vergleich beigelegt werden konnten.[18] Erneut machten die Pfarreien
dann ihre Rechte bei der Anlage eines Friedhofs des Elisabethinerinnenklosters im
Jahr 1774 geltend. Den Elisabethinerinnen, die vor dem Sendlinger Tor ein Krankenhaus unterhielten, gelang es, ihr Begräbnisrecht mit dem Argument zu verteidigen,
daß die Verwandten von Armen, die bei ihnen ohne finanzielle Gegenleistung ge-

Die im Jahr 1494 geweihte Friedhofskirche St. Salvator; der Friedhof ist bereits aufgelassen. (Aquarell eines unbekannten Künstlers)

Gedenktafel für die im Friedhof an der Salvatorkirche Begrabenen. 1789 wurden nach Auflassung des Friedhofs die Gebeine der dort Bestatteten mit Karren auf den »Äußeren Friedhof« gebracht und in einem Sammelgrab bestattet.

pflegt wurden, nach deren Tode nicht auch noch zu Stolgebühren herangezogen werden sollten.[19]

Nur knapp hundert Jahre nach der Einweihung der beiden neuen Friedhöfe am Rande der Stadt, aber noch innerhalb der Stadtmauern, beschloß man die Errichtung eines neuen Friedhofes – diesmal vor den Toren der Stadt. Ein Grund für diesen Schritt der Stadtverwaltung im Jahr 1563 war sicher das enorme Bevölkerungswachstum, das München in der zweiten Hälfte des 16. Jahrhunderts zu verzeichnen

17

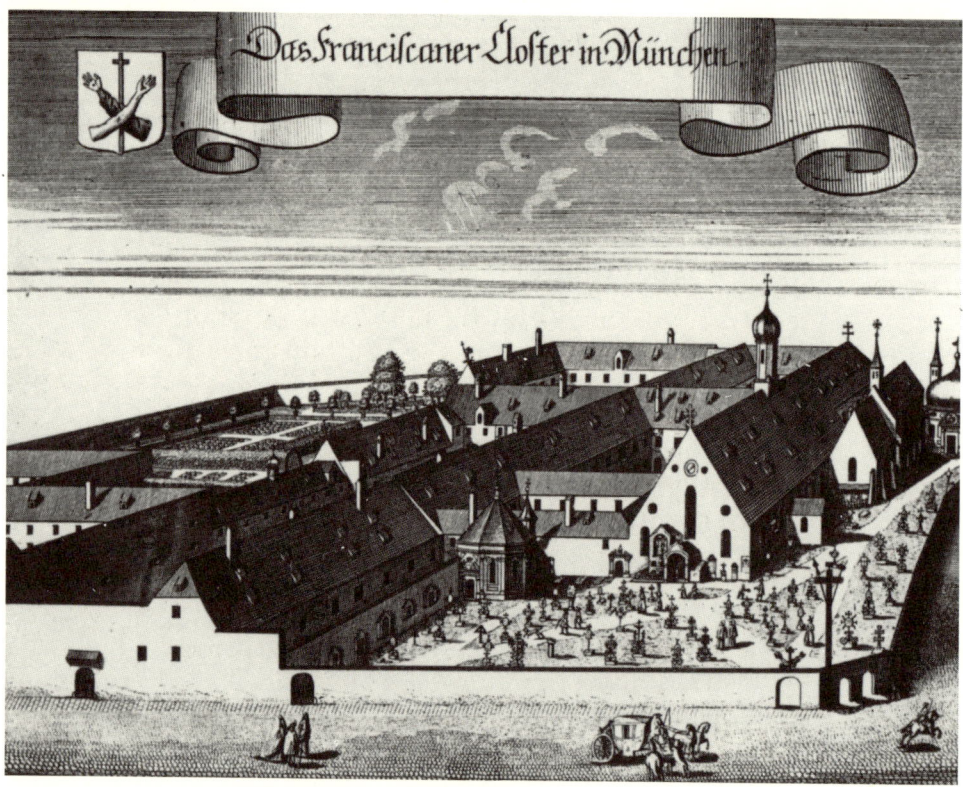

»Das Franciscaner Closter in München«. Im Vordergrund der Friedhof mit Grabkreuzen aus Holz und Schmiedeeisen. (Kupferstich v. Michael Wening)

hatte[20] und das sich auch auf die Belegungsdichte der Friedhöfe auswirkte. Ein weiterer Grund dürfte jedoch in der zunehmenden Sorge zu suchen sein, in Seuchenzeiten gewisse Schutzmaßnahmen wirksam werden zu lassen. Einer Ansteckungsgefahr bei Seuchen war man sich schon seit dem 14. Jahrhundert bewußt, arabische Ärzte hielten sogar schon kleinste Partikel für die Krankheitsüberträger. Nach der allgemeinen Auffassung aber geschah Ansteckung auf unbekannte Weise »durch die Luft«, reine Luft wurde daher wie sauberes Wasser zu einem Anliegen der Kommunalpolitik. In Seuchenzeiten sollten aus diesen Gründen die Toten auf Friedhöfen in weniger dicht besiedeltem Gebiet bestattet werden, eine Vorsichtsmaßnahme, die in Städten wie Wien, Magdeburg oder Erfurt bereits seit dem 14. Jahrhundert befolgt wurde.[21]

In München kamen die ersten Anstöße dazu von Herzog Albrecht IV., auf dessen Bitten hin eine päpstliche Bulle von 1480 Bestattungen von Seuchenopfern in den alten Pfarrfriedhöfen verbot.[22] Wie aus Ausgaben der Stadt für die Versorgung Kranker und die Bezahlung zusätzlicher Totengräber zu ersehen ist, herrschte vom Sommer 1562 bis zum Frühjahr 1564 eine Seuche in der Stadt – dem zeitlichen Verlauf nach zu schließen, die Pest.[23] Offensichtlich war die Zahl der Todesfälle äußerst

18

*»Unser Lieben Frauen und St. Peters Gotts-Acker vor dem Sentlinger Thor außerhalb München«.
Vorne links die Kapelle der Lateinischen Kongregation, in der Bildmitte die Friedhofskirche
St. Stephan. Der Friedhof dürfte allerdings beim Betrachter einen weit weniger geordneten
Eindruck hinterlassen haben. (Aus: Prospect Welche in Unterschiedlichen Staedten und Orten auff
seinen Reisen durch Teutschland, Holland, Engelland & c. der Natürlichen Gestaldt nach selbsten
gezeichnet und jezo Curiosen Reisjsenden Nutz und Bequemen Gebrauch neben einig anderen
ausgefertigt hat Johann Stridbeck der Jünger Augsburg, München)*

hoch, denn im März 1563 kaufte man vom Angerkloster das erste Grundstück für
einen neuen Friedhof vor den Toren der Stadt. Seine Weihe fand noch vor der Ver-
briefung zweier weiterer Grundstücksankäufe statt: am 12. April, dem Ostermon-
tag.[24] Mit der Verlegung des Bestattungsortes für Seuchenopfer in eine unbesiedelte
Gegend folgte München dem Beispiel anderer Städte. Für die Freie Reichsstadt
Nürnberg war bereits 1517 ein zusätzlicher Friedhof vor der Stadtmauer als aus-
schließlicher Pestfriedhof ausgewiesen worden; andere Städte wie Leipzig und Halle
folgten diesem Beispiel.[25]

Während aber die Friedhöfe in Nürnberg und Leipzig auf dem Areal bereits bestehender Bestattungsorte von Siechenhäusern angelegt wurden, erwarb man in
München Grundstücke, die bis dahin anderweitig genutzt worden waren. Auch hier
gab es bereits Friedhöfe bei den Leprosenhäusern am Gasteig und in Schwabing,
diese aber kamen wohl wegen der größeren Entfernung von der Stadt für eine allgemeine Benutzung nicht in Frage. Daß vor dem Sendlinger Tor bereits vor 1563 ein
Bestattungsort für Seuchenopfer, Arme und gesellschaftliche Außenseiter existierte,
ist wenig wahrscheinlich.[26] Die von den städtischen Kämmerern Andree Sänftl,
Christoph Seehover und Achatius Degernseer 1563 »zur Erbauung eines neuen

19

Gottesackers« erworbenen fünf Grundstücke, Wiesenfleck oder Krautäcker, stießen alle entweder an die Straße, an den Bach oder an weitere Grundstücke in Privatbesitz und waren bis zu ihrem Verkauf an die Stadt landwirtschaftlich genutzt worden. Nun bildeten sie den Kern des »ferteren« (äußeren), des späteren alten Südlichen Friedhofs.[27]

Auch wenn alle Geschäftspartner den Verkauf der Grundstücke zum »Nutz und zu befürdern nach vermellten löblichen guetten werchs« betrachteten, schlug der Handel für die Stadt doch mit 160 Gulden und dem Tausch eines gekauften Angers zu Buche.[28] Dabei war der als Friedhofsareal erworbene Grund nicht in bester Lage. Nachbarn waren die städtischen und herzoglichen Kalköfen, ein Treffpunkt für Bettler und Vaganten. In der Nähe, an der heutigen Baumstraße, lag auch das Brechhaus, städtisches Infektionsspital für Pestzeiten oder andere Epidemien. Und die Straße nach Thalkirchen, die direkt am Friedhof vorbeiführte, war Route des Abdeckers, die dieser auf dem Weg zur Wasenstatt im Flußbett der Isar nahm.[29]

Die finanziellen Mittel für den Bau der nötigen Friedhofskirche, durch die der »fertere«, der äußere Friedhof mit der Kirchenweihe vom 4./5. November 1578 auf das Patrozinium S. Salvator von einem Begräbnisplatz zu einem Gottesacker wurde, stellte Herzog Albrecht V. zur Verfügung. Die Stadt lieferte nur das Bauholz und auch dies gegen Bezahlung. Die bayerischen Herzöge waren es auch, die die finanziellen Grundlagen für die geistliche Versorgung legten: durch ein Meßbenefizium, gestiftet am 10. Oktober 1579 und einer Zustiftung Herzog Wilhelms V. am 28. September 1580. Die Grundbesoldung von zwei Scheffel Korn und einem halben Scheffel Weizen für den Mesner, der 1588 in das neu erbaute Mesnerhaus einzog und nun für das Beerdigungswesen auf dem neuen Friedhof zuständig war, stellte ebenfalls die herzogliche Kasse.[30] Bereits im Jahr 1592 ließen die Jesuiten dort einen eigens eingezäunten Platz als Begräbnisplatz ausweisen und die Kapelle der Lateinischen Kongregation errichten – trotz der wenig günstigen Lage wurde der Friedhof also als Gottesacker angenommen. Der auf dem Volckamer'schen Stadtplan von 1613 gut erkennbare »Totenkerker«, Beinhaus und Aufbahrungsort für Leichen, die nicht in ihren Wohnungen aufgebahrt wurden, läßt ebenfalls darauf schließen, daß der Friedhof nicht nur ein Bestattungsort für Seuchenopfer blieb.

Diese rege Nutzung machte immer wieder neue Grundstücksankäufe nötig. Bereits 1580 hatte man an der nördlichen Grenze des Friedhofs anstoßend ein Grundstück erworben, und 1614 stellte die Stadtkammer einen Vorschuß für einen Ankauf im Süden zur Verfügung, bezahlt wurden die Grundstückskäufe nun jedoch aus den Mitteln der Kirchenstiftung.[31] Mit der nächsten großen Pestepidemie in München 1633–1635 wurde die erneute Vergrößerung des schon wieder überbelegten Gottesackers nötig. Diese zu den schlimmsten Epidemien in der Geschichte der Stadt München zählende Pest forderte Hunderte von Todesopfern, die nun auf dem äußeren Friedhof in Massengräbern bestattet werden mußten. Auf den hastig angekauften Grundstücksteilen wurden mehrere Gruben ausgehoben, um die Toten aufzunehmen. Auf einem Plan des 18. Jahrhunderts waren diese Gruben noch eingezeichnet und für eine weitere Nutzung nach ärztlichem Rat vorerst gesperrt, da man

Die Lage des »Gotzackers« an der Thalkirchner Straße vor dem Sendlinger Tor auf dem Stadtplan Tobias Volckmers von 1613.

deren schädlichen Einfluß auf die Menschen auch noch nach fast zweihundert Jahren nicht ausschließen wollte. Zum Gedenken an die zahlreichen Pestopfer ließ die Stadt von dem Maler Mathes Zächerl ein großes Kreuz mit einem Christusbild anfertigen und auf den Gruben aufstellen. Ebenfalls in Gruben wurden dann die insgesamt 682 gefallenen Bauern der »Sendlinger Mordweihnacht« 1759 bestattet.[32]

Der Abriß von Kirche (die inzwischen das Patrozinium des hl. Stephan trug[33]), Mesnerhaus und Totenkerker anläßlich der Festungsbauten Maximilians I. 1638 brachte in den Nachkriegsjahren neue Kosten. (Schon 1632 hatte man anläßlich des ersten Schwedeneinfalls die Kirchenorgel von St. Stephan in die Stadt transportieren lassen und wertvolle Kirchengüter vom Totengräber vergraben lassen.) Die 1674 allmählich baufällig werdende Notkirche aus Holz mußte erneuert werden – der Kurfürst übernahm daher die Bezahlung für die von den Baumeistern Daffner und Zwerger geforderten Kosten. Das Mesnerhaus dagegen war schon 1662 aus dem Fond der Kirchenstiftung St. Salvator wieder aufgebaut worden.[34] Länger ließ man sich dagegen Zeit mit dem vollständigen Aufbau der Friedhofsmauer, und nur wenige Jahrzehnte später war die Mauer bereits wieder baufällig; ein Teil des Geländes war nur mit Planken eingefaßt.[35]

Bestattungsort nur für gesellschaftliche Außenseiter und Seuchenopfer war der äußere Friedhof nicht. Dies zeigen schon seine bereits erwähnte Nutzung als Bestattungsort der lateinischen Kongregation und die zahlreichen Jahrtagsstiftungen der

Münchner bei der Friedhofskirche St. Stephan für ihr eigenes Seelenheil und zum Gedenken ihrer Angehörigen und Verwandten. Wie bei den innerstädtischen Friedhöfen suchten Familien auch auf dem äußeren Gottesacker Gräber für verschiedene Angehörige anzukaufen, die nebeneinander lagen, also Familiengräber zu bilden.[36] Die Münchner, die sich eine Grabstätte auf dem Friedhof käuflich erwarben, entweder in dem alten Teil oder dem neueren, waren einfache Handwerker. In der Käuferliste der Kirchenrechnungen ab 1618 finden sich Berufe wie Schuhmacher, Schneider und Bäcker; auch zwei Goldschmiede sind darunter zu finden. In der Hauptsache waren es jedoch die weniger gut verdienenden Sparten wie die Loder, Weber, Kistler und Tagwerker, die ihre Grabstätte vor dem Sendlinger Tor kauften, oder Musiker und einfachere Amtsträger wie der Organist bei Unserer Lieben Frau, der Cantor bei St. Peter und ein kurfürstlicher Hofkellerer.[37]

Die Grabstätten waren im Vergleich zu den Tarifen der innerstädtischen Friedhöfe sicher billiger: ein einfaches Grab war bereits für einen Gulden zu haben, für größere Grabplätze mußten zwei oder drei Gulden bezahlt werden.[38] Obwohl sich Preisvergleiche für diese Zeit als schwierig erweisen, da die Angaben nicht genau auf ein bestimmtes Jahr festzulegen sind, sollen an dieser Stelle doch die Preise einiger Grundnahrungsmittel aufgeführt werden, um zumindest eine annähernde Vorstellung davon zu vermitteln, in welchem Verhältnis die Lebenshaltungskosten und ein Grabkauf zueinander standen. So kosteten in der ersten Hälfte des 17. Jahrhunderts 1 Scheffel Roggen (= 222 l) 12 Gulden, ein Pfund Rindfleisch 4 Kreuzer, 10 Krautköpfe 3 bis 4 Kreuzer und ein Pfund Schmalz 12 Kreuzer (1 Gulden = 60 Kreuzer). Ein Tagwerker verdiente im Jahr 1622 10 bis 12 Kreuzer täglich, ein Maurermeister 20 Kreuzer.[39] Die Grabpreise auf dem äußeren Friedhof waren also relativ günstig und man kann davon ausgehen, daß in einer Zeit, in der eine finanzkräftige Oberschicht den geringsten Anteil an der Stadtbevölkerung ausmachte, während der Großteil der Münchner, hatte er nun das Bürgerrecht oder nicht, wenig bis keine finanziellen Rücklagen besaß und daher von diesem Angebot gerne Gebrauch machte.[40] Eine Mitteilung der Regierung von 1820, auf dem äußeren Gottesacker hätte sich vor 1790 nur armes Volk begraben lassen, während die meisten Stadtbewohner ihre Gräber in der Stadt gefunden hätten, ist also etwas zu relativieren.[41]

Der Friedhof selbst war zweigeteilt. Da der Gottesacker als gemeinsamer Bestattungsort für die beiden Pfarreien St. Peter und Unsere Liebe Frau diente, war das Areal halbiert und jede Pfarrei bestattete die eigenen Pfarrkinder auf dem ihr zugeteilten Areal. Die Werkzeuge der beiden Totengräber, sowohl von St. Peter als auch von Unserer Lieben Frau, wurden in zwei getrennten Schuppen aufbewahrt. Die Verwaltung des Gottesackers führten beide Pfarreien gemeinsam bzw. eine »Cummulativ-Verwaltung«, der nicht nur der Propst von Unserer Lieben Frau und der Dechant von St. Peter angehörten, sondern auch Bürgermeister und Rat der Stadt München. Wie bei anderen Kirchenstiftungen benannte der Rat für St. Stephan Kirchenpröpste aus den eigenen Reihen. Diese waren dann für die Abwicklung der weltlichen Dinge, also vor allem für die Finanzverwaltung zuständig. Die gemeinsame Verwaltung führte in der Praxis anscheinend zu mancherlei Differenzen, denn

1786 wurde die »Cummulativ-Verwaltung« wegen »dauernder Uneinigkeit« abgeschafft und die Verwaltung nun alternierend durchgeführt.[42]

Der gemeinsame Friedhof für die Pfarrkinder von St. Peter und Unserer Lieben Frau wurde in einer Zeit angelegt, in der die Reformation in München bereits wieder an Boden verloren hatte und ein der neuen Lehre durchaus nicht abgeneigter Rat sich mit einer immer restriktiver gehandhabten herzoglichen Religionspolitik konfrontiert sah.[43] Schon seit den fünfziger Jahren des 16. Jahrhunderts war in München die Bestattung sog. »Sektierer« verboten, der neue Friedhof kam daher für eine Bestattung der Protestanten nicht in Frage. Ab 1567 war dann auch die Überführung der Leichname im protestantischen Glauben Verstorbener an protestantische Orte verboten; ihre Leichen sollten in Gärten, Äckern oder an anderen Orten verscharrt werden, ein ehrliches Begräbnis ihnen damit verwehrt bleiben. Immerhin konnte der Rat mit dem Hinweis, daß sich bei der hohen Zahl »lutherischer« Handwerksburschen in der Stadt aus dieser Praxis bedenkliche Zustände hinsichtlich der Hygiene ergeben würden, die Anlegung eines separaten »lutherischen« Friedhofes durchsetzen.[44] Im 17. Jahrhundert wurden daher die »Lutherischen« auf einem von den Katholiken abgetrennten Friedhof bestattet, wie z. B. ein Bauer aus dem Württembergischen, der 1637 auf der Schießstatt verstorben war und auf Kosten der Stadt auf dem lutherischen Friedhof begraben wurde.[45] Nach Lorenz v. Westenrieder befand sich dieser lutherische Friedhof »bei der Lend vor dem Sendlinger Tor«, also ganz in der Nachbarschaft des äußeren Friedhofs. Um 1780 erhielten die Protestanten dann einen »Freythof« in der Nähe der Grabstätte der in der »Sendlinger Mordweihnacht« gefallenen Bauern und 1789 scheint der protestantische Friedhof bei der großen Erweiterung des Areals im allgemeinen äußeren Friedhof aufgegangen zu sein.[46]

Weit größere Schwierigkeiten noch als den Protestanten wurden den Juden bei der Bestattung ihrer Verstorbenen bereitet. Bis zum Jahr 1416 mußten die Münchner Juden ihre Toten den weiten Weg bis in die Freie Reichsstadt Regensburg begleiten und dort begraben; eine Bestattung in Bayern war ihnen untersagt. 1416 gelang es der jüdischen Gemeinde, einen eigenen Bestattungsort zwischen Moosach und dem Rennweg bei dem »perg«, also wahrscheinlich dem Maßmannsberg, zu erwerben. Nach der Vertreibung aus der Stadt schon 1442 ist erst wieder für das 18. Jahrhundert eine jüdische Gemeinde für München bezeugt, und wieder war ihr die Bestattung der Toten im Stadtbereich verboten. Jüdische Begräbnisse fanden daher in der Folgezeit bei Augsburg statt. Erst mit dem Jahr 1816 wurde bei München ein neuer jüdischer Friedhof angelegt: auch er vor dem Sendlinger Tor an der Thalkirchner Straße.[47]

Die Wahl des Ortes

Gemäß der kirchlichen Lehre hatte der Mensch sein Augenmerk nicht so sehr auf weltliche Dinge des Diesseits, als auf die ewige Seligkeit im Jenseits zu lenken. Neben dem alltäglichen gottgefälligen Leben und den guten Werken bildete auch die Sorge um Begräbnis und Seelengedächtnis einen wesentlichen Bestandteil zur Erlangung der ewigen Seligkeit. Besondere Hilfe erhoffte man sich von dem Beistand der Heiligen, in deren Nähe man begraben sein wollte, um dieser Hilfe ganz sicher teilhaftig werden zu können. Aus diesem Grund entstanden auch auf den Münchner Pfarrfriedhöfen Plätze, die begehrter waren, da dem Heil näher, und weniger begehrte, da nur am Rande der geweihten Fläche gelegen. Je näher aber sich die Grabstätte bei den Gebeinen der Heiligen befand, desto teurer wurde sie. So kamen zwar Münchner aus verschiedenen gesellschaftlichen Schichten bis in das 16. Jahrhundert auf einem gemeinsamen Gottesacker zu liegen, doch war durch die Lage der Grabstätte schon von weitem sichtbar, welchen Rang der Verstorbene im Leben besessen hatte. Am begehrtesten war natürlich der Kirchenraum selbst. Bemühungen der Kirche, Bestattungen in den Kirchenräumen zu beschränken oder ganz zu verbieten, ließen sich auf die Dauer nicht durchsetzen. Zuerst der Geistlichkeit vorbehalten, wurde eine bevorzugte Kirche sehr bald auch zur Begräbnisstätte der jeweiligen Herrscherfamilie. Diesem Beispiel folgten der Adel und schließlich das städtische Bürgertum. Der Kirchenboden mit seinen verschiedenen Grabplatten ähnelte daher bald einem Teppich, und vor allem in den Städten wurde der Anblick eines geöffneten oder gerade frisch zugeschütteten Grabes im Kirchenraum für die Besucher der Messe zur Alltäglichkeit.[48]

Für München stellt die erste bekannte Fürstenbestattung im Kirchenraum das Begräbnis der Gemahlin Kaiser Ludwigs IV. in der Michaelskapelle bei der Frauenkirche dar. In der Folgezeit diente dann der Chor der Frauenkirche als Grablege der Wittelsbacher; mit dem Neubau schließlich wurden die Gebeine der bisher Verstorbenen in der Fürstengruft gesammelt und dort auch alle nachfolgenden Wittelsbacher bestattet, bis mit dem Bau der Michaelskirche der Glanz der Frauenkirche als zentrale Grablege des Herrscherhauses verblaßte.[49] Dem Beispiel der Herzöge folgend, suchten auch die reichen Bürgerfamilien Grabstätten in den Kirchen zu erwerben. Dabei war natürlich nicht nur die beruhigende Nähe der Heiligen Beweggrund für den Kauf eines äußerst kostspieligen Grabplatzes. Der Chorraum und seine Herrschergrablege hatten Repräsentationszwecken gedient, einer Demonstration des Hauses Wittelsbach vor dem Volk.

Die Bemühungen der reichen bürgerlichen und adeligen Familien in Unserer Lieben Frau, in St. Peter oder in anderen Kirchen der Stadt entweder eine Familienkapelle, eine Gruft oder wenigstens eine einfache Grabstatt mit Epitaph zu erlangen, wiesen in eine ähnliche Richtung.[50] In der Familienkapelle oder bei dem gestifteten Altar befanden sich die Stifterbilder und anläßlich des Begräbnisses wurden die für den Verstorbenen gefertigten Totenschilde plaziert, die häufig auch noch nach dem Begräbnis in der Kirche ausgestellt blieben. Auf diesen Totenschilden, wie sie sich

Fürften Gruft in der Michaelskirche.   № XLIX.

Die Fürstengruft in der Michaelskirche.

Die Gruft des Ridlerklosters. (Aus: Monumenta Sepulturae des St. Joanni-Klosters)

noch für Balthasar Barth und Christoph Ridler erhalten haben, war das Familienwappen geschnitzt und der Name des Verstorbenen zu lesen;[51] Kirchenbesucher, die
jeden Tag diese Zeichen einflußreicher Familien wie der Barth, der Schrenck oder
der Ridler vor Augen hatten, konnten daher über deren Bedeutung nicht im unkla-
ren bleiben.[52] In der Frauenkirche wurde allerdings durch eine päpstliche Bulle im
Jahr 1480 die Anzahl adeliger und bürgerlicher Grabstätten eingeschränkt, um eine
Überfüllung des Kirchenraumes mit Gräbern zu vermeiden. Jeder Familie war von
nun an nur noch eine Grabstätte in der Kirche und den Seitenkapellen erlaubt und
jedes Grab durfte nur noch mit einem einzigen Grabstein geschmückt sein. Eine
neue Grabstätte konnte nur noch von Familien erworben werden, die mindestens
200 Gulden zum Kirchenbau, eine Kapelle bzw. einen Altar oder eine Ewige Messe
stifteten.[53] Damit blieb der Kirchenraum der reichsten städtischen Oberschicht vorbehalten. Weniger beliebt als das Grab in der Kirche, aber immer noch hoch angesehen, war der Platz an der Kirchenmauer, denn auch hier war die Nähe zu den Heiligen gegeben; danach folgten die weiteren Plätze in Abstufungen bis hinunter zum
hintersten Winkel, der den Unbedeutenden und Armen blieb.[54]

Der Altar einer Familie, die eigene Kapelle oder ein zu diesem Zweck zur Verfügung gestellter Altar waren Orte des Totengedenkens. Für einen Verstorbenen wurden am Todestag, am siebenten Tag und schließlich am dreißigsten Tag Totenmessen
gelesen, deren Umfang vom jeweiligen Wunsch des Verstorbenen abhängig waren.
Die Preise dafür waren wie heute festgelegt und abhängig von den gewünschten
Messen. Für die Pfründner sowohl der mittleren als auch der reichen Klasse des Heiliggeistspitals waren die Totenmessen bereits mit der Hinterlegung ihrer Aufnahme-

Gedenkstein für den Kanoniker und Kaiserlichen Kaplan Sixtus von Freising (gest. 21. November 1533) in der Franziskanerkirche. (Aus: Monumenta Ecclesia St. Antonii Paduani F.F. Minorum Monachii)

Grabmal des Herzogl. Rats und Hofmaisters Wilhelm Lew in der Franziskanerkirche. Wilhelm Lew ließ sich das Grabmal bereits zu Lebzeiten, im Jahr 1602, errichten; seine Bestattung fand im Jahr 1613 statt. (Aus: Monumenta Ecclesia St. Antonii Paduani F. F. Minorum Monachii)

Grabmal der Krfstl. Hofkammerrätin Maria Anna von Unertl (gest. 4. Oktober 1764) in der Franziskanerkirche. (Aus: Monumenta Ecclesia St. Antonii Paduani F. F. Minorum Monachii)

gebühr gesichert, denn die Bezahlung aller Beteiligten war im Stiftsbrief von 1654 fixiert. Danach beliefen sich die Bezüge des Pfarrers für Vigil, Aussegnen und Obsequien auf 40 Kreuzer, für Seelamt und Begräbnis auf 1 Gulden, wobei 1 Maß Wein und 2 Brote im Wert von 22 Kreuzer geopfert werden mußten. Als Seelgerät mußte 1 Gulden bzw. 1 Gulden 30 Kreuzer gereicht werden. Für die Messe am siebenten Tag erhielt der Pfarrer 30 Kreuzer, der Ministrant 2 Kreuzer; die Messe am dreißigsten Tag kostete 1 Gulden. Daneben waren dem Kooperator bei der Untermesse anläßlich der Sepultur sowie am Dreißigsten je 30 Kreuzer zu zahlen; weitere Zahlungen gingen an die 5 Choralisten, an den Kustos, an den Obermesner, den Untermesner, die Ministranten.[55]

Abgesehen von den üblichen Totenmessen kurz nach dem Tode, konnte das Seelenheil des Verstorbenen durch ein umfassendes System an Gedächtnisfeiern und -gebeten abgesichert werden, deren nähere Bestimmungen schriftlich festgehalten wurden, wie z. B. im Stifterbuch der Franziskaner. In das Stifterbuch sind die Todestage all derjenigen eingetragen, die dem Kloster einen bestimmten Geldbetrag spendeten und damit in die Gebetsverbrüderung des Klosters aufgenommen waren. Am Todestag des Stifters beteten die Mönche für sein Seelenheil. Die Bestimmungen konnten auch auf eine Jahrtagsmesse ausgeweitet sein, der allgemein üblichen Form

*Tod Mariens. Der Marientod wird hier dargestellt als Tod in der mittelalterlichen »Familie«.
Die Apostel als Angehörige und Freunde nehmen Abschied von der Verstorbenen und beten für
ihre Seele. Der Apostel Johannes gibt ihr eine Sterbekerze in die Hand, der hl. Petrus sprengt
Weihwasser, ein weiterer Apostel schwenkt ein Weihrauchfaß. (Öl auf Fichtenholz ca. 1460,
Aufnahme Carola Wicenti)*

des Totengedächtnisses. Miteingeschlossen in eine Jahrtagsmesse waren meist auch
die Eltern und Vorfahren des Stifters sowie alle seine Nachkommen. Der Todestag
oder auch ein anderer, vom Stifter festgelegter Tag, wurde mit einer Messe feierlich
begangen, wobei nicht selten genaue Angaben einer testamentarischen Verfügung
zur Art der Gebete, aber auch zu Altarschmuck und Anzahl der Betenden befolgt
werden mußten. So hatten an jedem Jahrtag der Kaiserin Beatrix in der Frauenkirche
ein Teppich auf dem Grab zu liegen und Kerzen zu brennen. Der Todestag der bei

den Franziskanern begrabenen Margareta Ringzwirtin wurde mit einer Vigil, der Totenmesse und auf den Altar gesteckten Kerzen begangen, wofür die Stifterin immerhin eine Summe von 20 Pfund Pfennigen ausgab. Großzügige Stifter schlossen in ihre Stiftung auch Bestimmungen ein, die den Nonnen oder Mönchen des Klosters, in dem die Totenmesse gehalten wurde, eine Essenszulage oder eine Geldspende gewährte. Vor allem Stiftungen für die Kirche des Heiliggeistspitals enthalten daneben Anweisungen zu einer Armenspeisung anläßlich einer Jahrtagsstiftung. Am Jahrtag des Stifters erhielten die »Armen im Spital«, ansonsten in Dingen des täglichen Lebens nicht verwöhnt, ein besonderes Essen, das sogar mehrere Gänge umfassen konnte. Als Gegenleistung mußten die Armen an der Messe teilnehmen und für das Seelenheil des Verstorbenen beten.[56]

Jahrtagsstiftungen leisteten sich fast alle Einwohner Münchens, denn es stand ihnen eine ganze Bandbreite an Möglichkeiten zur Verfügung, wobei die Kosten auch abhängig waren von dem Ansehen der Kirche, in der die Messe gehalten wurde. Äußerst preisgünstig war eine Jahrtagsmesse in der außerhalb der Stadt liegenden Friedhofskirche St. Stephan. Neben den Ausgaben für Priester (10–16 Kreuzer) und Mesner (4–8 Kreuzer) finden sich sogar hier Ausgaben für das Almosen (6 Kreuzer), also die Spende an die Armen, und somit für deren Gebete, fest in den Katalog der möglichen Leistungen integriert. Noch bescheidener waren Seelmessen bei den Franziskanern, denn seit der Einführung der Observanz waren den Brüdern Einkünfte aus Jahrtagsmessen untersagt. Zugelassen waren seitdem nur noch Spenden in Naturalien. Die Auftraggeber gaben daher an der Klosterpforte einen Korb mit 120 Kreuzersemmeln ab, die dann anschließend als Armenspeisung verteilt wurden.[57] Verglichen mit diesen schlichten Meßstiftungen stellt der Rudolf'sche Jahrtag, basierend auf einer Stiftung von 1000 Gulden an die Hl. Geist Kirche das Gegenstück dar. Bei dieser Seelenmesse fungierten der Pfarrer (32 Pfennige), sein Geselle (21 Pfennige) und 5 Kapläne (jeder 15 Pfennige). Dazu sollten noch die Rudolf'schen Kapläne von St. Jakob am Anger, bei St. Peter und im Spital gerufen werden (jeder 42 Pfennige) sowie die Seelschwester des Rudolf'schen Seelhauses (16 Pfennige). Geldgeschenke an die Insassen des Spitals wurden ebenfalls ausgegeben.[58] Anwesend bei dieser mit hohem persönlichem Aufwand betriebenen Seelenmesse waren also auch die persönlichen Kapläne des Stifters an drei verschiedenen Kirchen, denn zum Schutz gegen Fegefeuer und Hölle gab es noch weiterreichende Möglichkeiten: die Stiftung eines Beneficiums. Ein Priester las täglich eine Messe für den Verstorbenen und das Stundengebet. Seinen Lebensunterhalt bestritt der damit beauftragte »Beneficiat« aus den Zinserträgen einer oder mehrerer Stiftungen.[59] Die größte Ansammlung dieser Beneficien findet sich an den beiden Pfarrkirchen und in der Kirche des Heiliggeistspitals, jedoch waren zahlreiche andere Kirchen und Kapellen in München ebenfalls mit Beneficien ausgestattet, die einer nicht geringen Zahl von Priestern ihren Lebensunterhalt sicherten.

Bestattung des hl. Jakobus. Der Heilige wird wie im Mittelalter allgemein üblich nur in einem Leichentuch begraben. (Ölbild v. Jan Polack, München ca. 1482–1519)

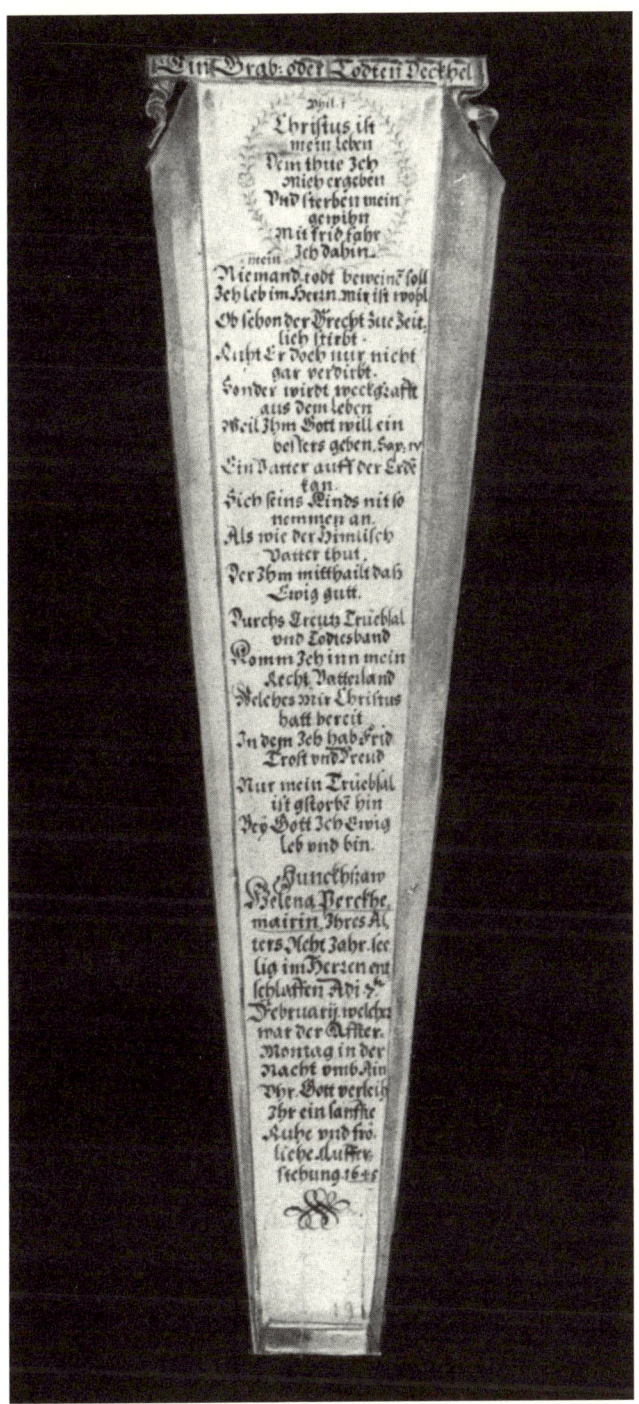

Bemalter Sargdeckel eines Kindersarges (gest. 7. Febr. 1645).

Sterben und Begräbnis in der Gemeinschaft

Sterben, nicht nur umgeben von den engsten Familienangehörigen sondern auch von allen Verwandten, Nachbarn, Freunden dürfte heute nicht mehr die Regel sein und auch nicht als erstrebenswert erscheinen. Für die Menschen des Mittelalters jedoch und noch längere Zeit danach war dieses Sterben in der Gemeinschaft die Regel und das Ziel. Umgeben von der Familie, mit ihr versöhnt, das Testament gemacht, empfing der Sterbende den Priester. Wer dem Priester auf dem Weg in das Sterbehaus begegnet war, schloß sich ihm an und begleitete das »Viatikum« (das Sterbesakrament als »Wegzehrung«) bis in das Zimmer des Sterbenden.[60] Nach seinem Tod lag der Verstorbene aufgebahrt in seinem Haus oder seinem Zimmer, gewaschen und bekleidet von den Familienangehörigen, seit dem Beginn der Neuzeit immer häufiger von einer Seelnonne. In einigen Fällen wurde der Tote auch in das »Totenhäusl« (Beinhaus) auf den Friedhof gebracht, wie im Fall eines im Streit erstochenen Münchners.[61] Nach einem Todesfall legte die Seelnonne vor die Haustüre des Toten ein Kreuz aus Stroh, bei Jugendlichen darauf noch einen Ziegelstein und eine Krone.[62] Die Seelnonne war es auch, die den Toten schließlich in das Leintuch einnähte, in dem er bestattet wurde. Spätestens ab 1600 ging man dann dazu über, den Leichnam in einem Sarg aus Fichten- oder Eichenholz zu bestatten.[63]

Im Gegensatz zu anderen Städten, wo man zumindest in den vornehmen Familien für den Transport von Särgen bereits Kutschen benützte,[64] konnten sich die Münchner zu einer derart praktischen Art des Transports nur bei Kinderleichen entschließen. Wie zeitgenössische Darstellungen zeigen, wurde noch bis in das 19. Jahrhundert der Sarg von einer möglichst großen Anzahl an Trägern zum Friedhof gebracht. Verwandte und Freunde nahmen an der Totenmesse teil und begleiteten – nun allerdings nur die Männer – den Verstorbenen bis auf den Friedhof. Vor der Leiche ging die Geistlichkeit – häufig waren es mehrere Priester- und die Bruderschaften. War der Verstorbene aus einem reicheren Hause, war dies auch der Platz für die Bediensteten, die in den Abendstunden den Weg mit Fackeln beleuchteten. Nach dem Leichnam gingen die »Kläger«, ebenfalls Angehörige einer Bruderschaft und für ihre Teilnahme am Leichenzug bezahlt, sowie die Waisenkinder. Auch für die Waisenkinder des städtischen Waisenhauses war das Begleiten des Leichenzuges eine Einnahmequelle, da sie für ihre Gebete entlohnt wurden.[65] Der Sarg des Verstorbenen lag beim Leichenzug auf einer Bahre oder Trage und war bedeckt mit einem Tuch, beides Eigentum der Kirche bzw. des Mesners und eine seiner Haupteinnahmequellen, da er für das Vermieten von Trage und Tuch einen festgesetzten Betrag verlangen konnte.[66]

Wie schon die Wahl einer Grabstelle, war auch das Begräbnis Ausdruck der Stellung des Verstorbenen und seiner Familie. Begräbnisse konnten daher die finanziellen Mittel bis auf das äußerste belasten. Im Gegensatz zu den Reichsstädten hat sich in München keine Ordnung erhalten, die eine Beschränkung der Ausgaben bei einem Begräbnis auf ein bestimmtes Ausmaß festlegt. Auch der Inhalt der herzoglichen Polizeiordnung, die auf dem Rathaus verlesen werden mußte, zielt nur auf das

Totenschilde für Bartholomäus Barth, gest. 1541 und Christoph Ridler, gest. 1557, aus der Frauen-kirche. Sie wurden für jeden Verstorbenen eigens gefertigt und oberhalb der Familiengrabstätte angebracht. (Aufnahmen: Christian v. d. Mülbe)

Begräbnis des Nikolaus Schrenck. Auf dieser Zeichnung des 16. Jahrhunderts wird der Verstorbene auf der Totentrage liegend, begleitet von Priestern, Frauen in Trauerkleidung und Fackelträgern, auf den Friedhof getragen. (Schrenck Chronik)

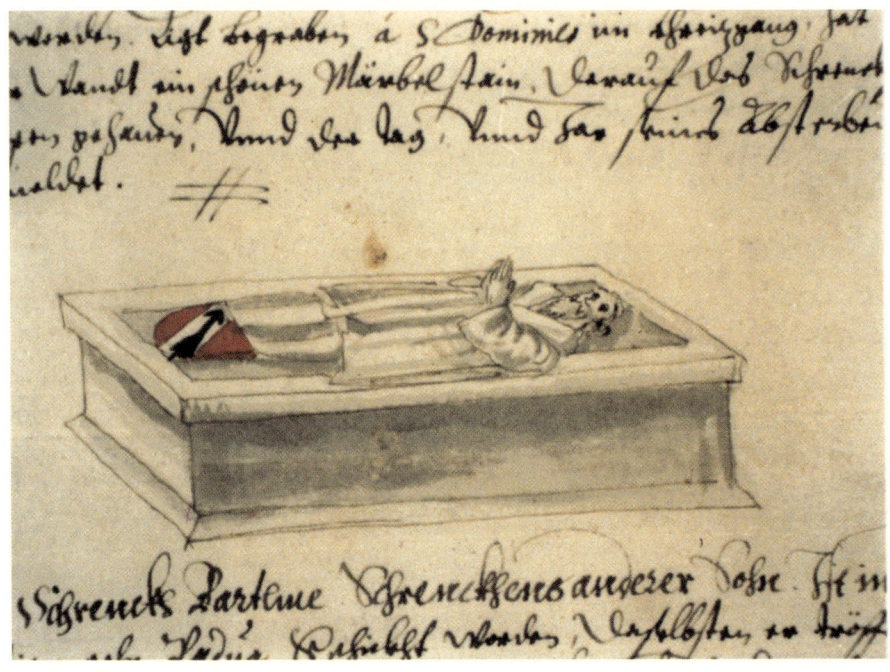

Grabmal des Nikolaus Schrenck. (Schrenck Chronik)

Pestvotiv aus St. Peter. Engel schießen mit Pestpfeilen auf die Menschen, die getroffen zu Boden fallen. Sechs Pestheilige legen bei Gottvater Fürbitte ein. Im Bildvordergrund wird die für Seuchenzeiten typische Bestattung dargestellt: Träger tragen die Leichen in Laden auf den Friedhof, dort werden die in Tücher verhüllten Toten im Beisein eines Priesters in ein Massengrab gelegt. (Ölbild aus der Werkstatt Jan Polack von 1517; Foto Alberto Luisa)

Stangenträger Münchner Bruderschaften. (Lithografie)

Leichenzug zum Südlichen Friedhof an der Thalkirchner Straße. Der Tote wird zum Friedhof getragen. Auf dem Sarg liegt das Sargtuch einer Bruderschaft und auch die Sargträger gehören einer Bruderschaft an. (Ölbild von Joseph Stephan, München ca. 1709–1786)

Leichenmahl. Ein würdiges Begräbnis ist danach »allein mit gebührlichem christlichem Gottesdienst« gegeben, während »Malzeit, Ladschaft oder Gasterei … hiemit gennzlich abgechen werden«. Da diese Ordnung in den folgenden Jahrhunderten häufig wiederholt wurde, dürfte man ihr nicht allzu große Aufmerksamkeit gewidmet haben,[67] denn bei einem Begräbnis stand nicht nur die Ehre der Familie auf dem Spiel.

Da die Teilnahme einer möglichst großen Menschenmenge auch noch das Seelenheil des Toten durch ihre Gebete gewährleistete, war es für weniger Begüterte ratsam, Wege der Absicherung zu finden. Der zuverlässigste Weg, für das Lebensende rechtzeitige Vorsorge zu treffen, war die Mitgliedschaft bei einer Bruderschaft. Bruderschaften oder Vereinigungen der Handwerke waren vor allem ein Zusammenschluß aller einem Handwerk angehörender Meister und gedacht als Mittel der Interessenvertretung dieser Meister. In einigen Fällen konnten ihr auch Gesellen angehören. Eine weitere Funktion der Handwerkerbruderschaften bestand in der aktiven Hilfe bei Unglücksfällen. Neben der Fürsorge für kranke und verarmte Handwerker umfaßte diese Hilfe auch die Sicherstellung eines würdigen Begräbnisses des Mitglieds und seiner Familienangehörigen. Häufig befanden sich im Besitz der Handwerkerbruderschaften Zunftstangen, Waffen und ein Zelt, aber auch ein Bahrtuch und Kerzen. Wurde ein neues Mitglied in die Bruderschaft aufgenommen, beinhaltete der Mitgliedsbeitrag seinen Kostenanteil für das Gemeinschaftseigen-

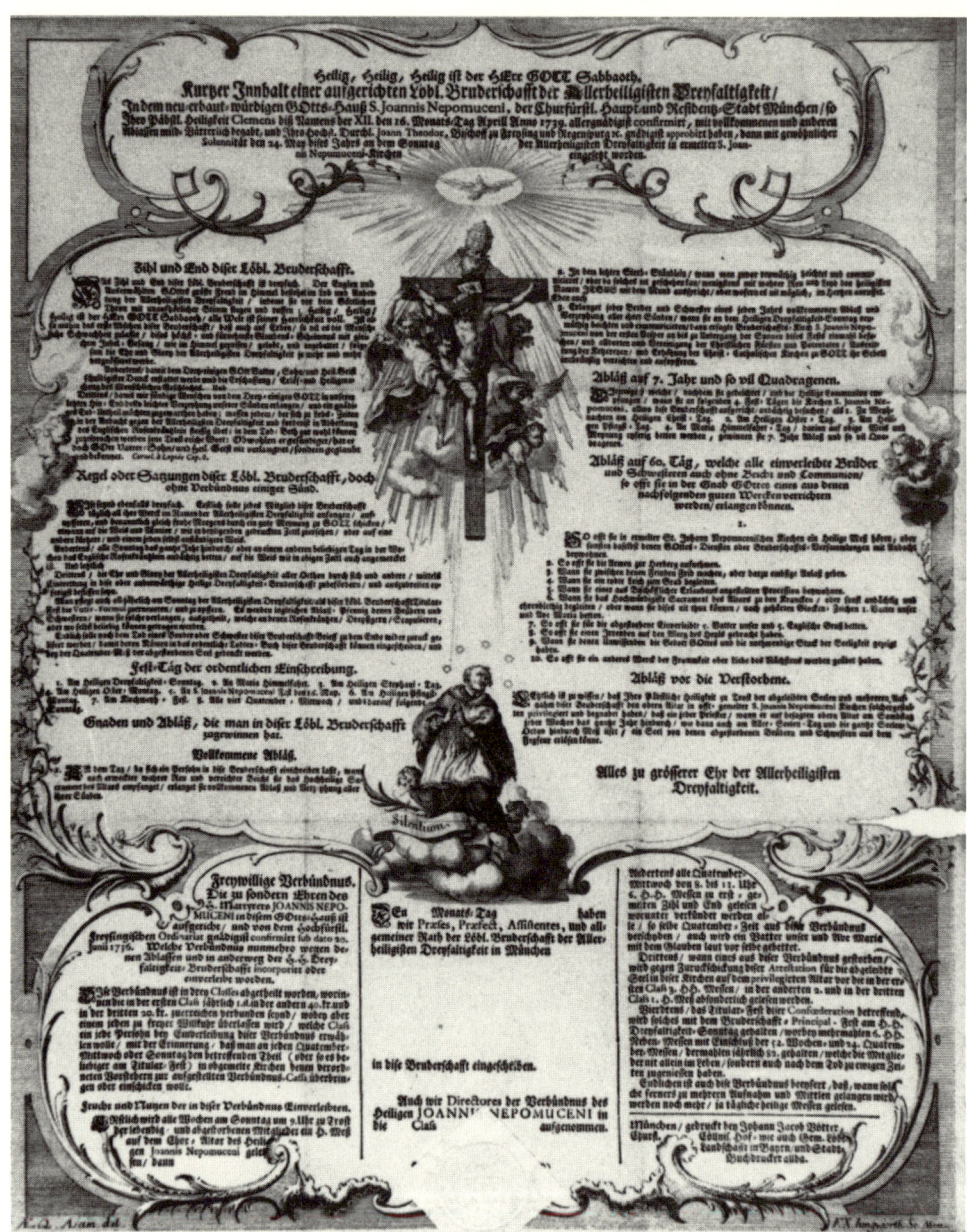

Bruderschaftsbrief der Bruderschaft der Allerheiligsten Dreifaltigkeit an der Asamkirche St. Johannes Nepomuk aus dem 18. Jahrhundert.

Bruderschaftsbrief der Marianischen Liebs-Versammlung an der Kirche St. Peter. Den Bruderschaftsbrief erhielt jedes neu eingetretene Mitglied. Auf ihm sind die wichtigsten Pflichten und Gebete verzeichnet, die das Mitglied zu erfüllen hat.

tum der Bruderschaft.[68] Bei seinem Tod legte die Bruderschaft das Bahrtuch auf den Sarg und stellte Kerzen zur Verfügung; alle Mitglieder nahmen an der Totenmesse für den Verstorbenen teil und begleiteten den Sarg auf den Friedhof. Das Sargtuch der Bruderschaft war dabei nicht optisches Zierwerk, sondern Inbegriff der Gemeinschaft. Wie hoch seine Bedeutung anzusetzen ist, zeigt die Ordnung der Münchner Schmiedemeister, die sich 1426 strikt gegen ein eigenes Bahrtuch der Schmiedegesellen aussprachen. Gesellenvereinigungen wurden in der Regel gegründet, um Forderungen nach besserem Lohn- und Arbeitsverhältnissen Nachdruck zu verleihen. Das Bahrtuch als Ausdruck dieser den Meistern äußerst unliebsamen Organisation konnte nicht geduldet werden, da es der Gesellenvereinigung im öffentlichen Leben der Stadt ein zu großes Gewicht verliehen hätte. Zugestanden wurden den opponierenden Gesellen daher nur eigene Kerzen.[69] Eine der ältesten Gesellenvereinigungen in München war die Bäckerknechts-Bruderschaft. Sie wurde angeblich 1323 gegründet, eine erste Ordnung ist allerdings erst für das Jahr 1405 belegt. Diese Bruderschaft der Bäckergesellen spielte im religiösen Leben der Stadt eine herausragende Rolle, denn sie hatte eine stattliche Anzahl päpstlicher Ablässe und Stiftungen aufzuweisen.[70]

Nicht alle Bruderschaften beschränkten sich auf einen Handwerkerverband. Die Gebetsvereinigungen, die in der Zeit des Barock gegründet wurden, standen im allgemeinen allen Schichten offen und konnten sich in manchen Fällen sogar rühmen, zu ihren Mitgliedern Angehörige des Fürstenhauses zu zählen, wie z.B. die Maria-Hilf-Bruderschaft bei St. Peter. Neben guten Werken und dem Erwerb an geistlichen Gütern durch das Gebet war eines der Anliegen dieser Bruderschaften das Totengedächtnis und die Teilnahme am Begräbnis der verstorbenen Mitglieder. Die sogenannten Elendsbruderschaften waren um das Wohl von Pilgern, Reisenden und Armen besorgt und kümmerten sich auch um ein ehrliches Begräbnis derjeniger, denen dies aus Kostengründen verwehrt blieb oder von kirchlicher Seite verweigert wurde.[71] Auch in München gab es angeblich seit dem 13., spätestens aber seit dem 15. Jahrhundert eine Elendsbruderschaft, die bis in das 18. Jahrhundert Bestand hatte und in der Frauenkirche mit einem Altarbild vertreten war. In der Anfangszeit scheint diese Bruderschaft bedürftigen Menschen vor allem Herberge und Almosen gewährt zu haben, während sich dann ab der Zeit des Barock die Vereinigung umorientierte und sich nunmehr dem Gebet für die Verstorbenen, den »elenden Seelen«, widmete.[72]

Im 18. Jahrhundert verstärkte sich das Interesse für Gebetsbruderschaften erneut. Die angeblich schon seit 1426 bestehende Isidor und Notburga Bruderschaft der Tagwerker mit einem Altar in St. Jakob am Anger wurde 1753 und noch einmal 1793 neu gegründet. Sie enthielt in ihrem Stiftsbrief umfassende Regeln, welche Gebete und Meßbesuche die Mitglieder täglich für das Seelenheil der Verstorbenen zu leisten hatten. Betont wurde die Verpflichtung, mit »der Leich« und dem Viatikum zu gehen.[73] Bei einigen dieser Bruderschaften sollten diese Hilfen nicht nur den Bruderschaftsmitgliedern, sondern auch den ärmeren Einwohnern der Stadt zuteil werden. Außer der Beteiligung am Leichenzug jedes Mitglieds und den Verpflichtungen, be-

Von Gottes Gnaden Wir Maximilian Emmanuel /
in Ob- und Nidern Bayrn / auch der Obern Pfaltz Hertzog / Pfaltzgraf
bey Rhein / deß Heil. Röm. Reichs Ertz-Truckseß und Chur-Fürst /
Land-Graf zu Liechtenberg / rc. rc.

Ntbiethen allen unseren Hof-Raths-Præsidenten / Vicethumben / Stadthaltern zu Amberg / Räthen / Pflegern / Richtern / Castnern / Mauthnern / und andern unsern Beambten / wie auch allen unsern Land-Ständen Unserer Churfürstenthumb / und Landen / von Prælaten / Grafen / Herren / Ritterschafft / auch Städt / und Märckten / und ins Gemein all unseren Unterthanen Unsere Gnad und Gruß / und geben Euch hiemit zu vernehmen. Nachdeme Uns die Mißbräuch / und Ubermaß / welche mit Gelegenheit der Leichbegängnussen / auch Traurkleidungen fast täglich sich ereignen / mit mehrerem vorgestellt worden / haben wir räthlich zu seyn erachtet / zu besserer Beobachtung der Pollicey / auch Erleichterung der ansonsten ein Zeit hero aufgewendten grossen und beschwärlichen Unkosten / die in nachgesetzten Articuln bestehende Ordnung / nach Exempel anderer Potenzen / verfassen und publiciren zulassen.

Wir statuiren / und befehlen disemnach vors Erste / daß bey sich / dem Willen Gottes nach / an begebenden Hintritt einer Fürstlichen Persohn von Unserm Durchleuchtigsten Chur-Hauß / einem jeden zugelassen seye / die tieffe Traur anzuziehen / nemblich einen tüchenen langen Traur-Mantel / und Flor auf dem Huet / das Frauen-Volck auch schwartz-tüchene Röck / und Haupt-Zierde von schwartzem Flor / nach Manier und Gewonheit / als mans auf Ableiben eines Vatters oder Mutter / oder einer Ehefrauen / oder eines Ehemanns zutragen pflegt / welche Traur-Klag man so lang behalten mag / biß die GOttes-Dienst für die verstorbene Fürstl. Persohn geendet / und kan so hin sothane Traur-Tracht gemindert werden / nach Gestaltsambe der Jahrs-Zeit / und Bequemblichkeit. Was aber die Haußgenossene anbetrifft / sollen derselben keine in Trauer gekleidet werden / weilen man die Bezeignus der Herrschafften schon für genugsamb ansihet.

Was anbelangt jene Trauer / welche auf Hinscheiden Unserer Stände / Cavalier, Hof-Räth / Bedienten / Burgern / oder Unterthanen angezogen wird / wird solche allein für solche nächste Befreundte erlaubet / als da seynd Vatter / Mutter / Bruder / Schwester / Groß-Vatter / und Groß-Mutter / oder andere in auffsteigender Linie / Ehemann / oder Eheweib / Stüff-Vatter / oder Stüff-Mutter.

Alle dergleichen Trauer-Trächten sollen länger nit / als 6. Monath / die von dem Tag deß Todtfalls anzurechnen / verwilliget seyn.

Keine andere Haußgenoßne / oder Bediente / in was für einer Bedienung selbe immer gestanden seyn möchten / sollen keines Weegs in Schwartz gekleidet werden / auch jene nit / welche deß Verstorbnen / oder desselben Kinder / oder Erben Haußgenoßne seynd gewesen / oder noch seynd.

Es solle keines Weegs gestattet werden / daß nach Hinscheiden einiger Persohnen / was Standts- Würden / und Bedienung selbe immer gewesen seyn möchten / man die Kirchen / oder derselben Chör / oder Capellen mit Schwartz behänge.

Nit minder wird hiemit abgeschafftet / die Häußer oder Zimer deß Verstorbnen / oder anderer dessen Befreunden mit schwartzen Tuech / Pay / oder andern Zeug zu behängen / und geben es alleinig zu / an jenem Orth deß Hauß / wo man die Traur-Complimenten empfanget / allda auch eine Estrade von schwartzen Pay / die Fenster mit dergleichen Fürhängen / Tisch / mit solcherley Tepich / auch Seßlen überzogen werden mögen.

Niemand / obschon vom fürnembsten Adl- oder ersten Qualität / solle die Gutschen weder innen noch aussen mit Schwartz überziehen / noch auch die Pferd mit Schwartz bedecken lassen.

Und dises ist unser Gnädigster Willen / und Befelch / deme männiglich nachzuleben wissen wird. Geben in unserer Haupt- und Residentz-Stadt .... onaths-Tag Martij , Anno 1716.

Ex Commissione Sereniss. Domini ....
Ducis Electoris Speciali / & ....

Mandat Kurfürst Max Emanuels von 1716 mit Bestimmungen bezüglich Trauerkleidung und Ausstattung des Trauerhauses.

43

Trauergerüst in der Münchner Theatinerkirche anläßlich des Todes Kaiser Karls VII. vom 24. bis 27. März 1745.

stimmte Messen lesen zu lassen, widmete sich das »Armen-Freywilligen Begräbnis-Christi Verbundniß« vor allem der Bestattung der Armen. Das Verbundniß ging – so der Text auf einem Bruderschaftsbrief – auf die Idee einer Bruderschaft Herzog Wilhelms V. für die Jesuitenkirche St. Michael zurück, eine Idee, die dann 1757 verwirklicht wurde. Das Begräbnis von Hingerichteten schließlich war Anliegen der Armenbruderschaft von 1758, die sich auch darum verdient machte, Gehenkte noch am gleichen Tag vom Galgen zu nehmen und ehrlich zu bestatten.[74]

44

Ansicht der feyerlichen Ausstellung des Leichnams von weil. Sr Königl. Majestät. Maximilian Joseph in der Hofkapelle zu München.

Aufbahrung König Max I. Joseph in der Hofkapelle, 12. Oktober 1825.

Bruderschaften, die ihre Mitglieder auf den Friedhof in einem Leichenkondukt begleiteten und dazu gegen Bezahlung offensichtlich auch bei Nichtmitgliedern bereit waren, gab es bis in das 18. Jahrhundert in großer Zahl. Anscheinend hatten sich vor allem drei Bruderschaften in ihrer Rolle als Begleitpersonen bei Begräbnissen, als sog. »Kläger«, etabliert: die St. Michaeli-Bruderschaft, die Altöttinger-Erzbruderschaft und die Bruderschaft-der-Armen-Seelen-zu-Altenhof. Für die Bruderschaft, die das Begleitpersonal bei einem Trauerzug organisierte, war die Summe von etwa 7–10 Gulden zu bezahlen. Die Bruderschaft stellte dann Männer in Kutten, die den Sarg begleiteten; bei vornehmen Begräbnissen in den Abendstunden trugen sie Windlichter.[75]

Das mildtätige Werk der Barmherzigkeit

Wie sich gezeigt hat, bot das christliche Begräbnis eine große Bandbreite an Möglichkeiten, den Schritt in die Ewigkeit abzusichern. Das Begräbnis war aber auch (und ist es noch) Ausdruck gesellschaftlichen Ranges im sozialen Gefüge einer Gemeinschaft: alle wohlgemeinten Regeln sowohl weltlicher als auch kirchlicher Instanzen konnten die mit einem Begräbnis verbundene Zurschaustellung weltlichen Prunkes nicht abstellen. Für die Armen, die für sich selbst oder für ein Familienmitglied weder ein würdiges Begräbnis ausrichten noch eine Grabstatt kaufen konnten, war nach christlichen Vorstellungen das Seelenheil nicht in Gefahr, falls der Verstorbene ein gläubiges Leben geführt hatte. Jedoch standen auch hier Ehre und Anstand auf dem Spiel und so wurde für ein Begräbnis auch bei den Armen wohl der letzte Heller gegeben.[76] Reichte die persönliche Habe des Verstorbenen nicht einmal für das bescheidenste Begräbnis aus, mußte die Gemeinschaft einspringen. Für die Bestattung eines armen Menschen zu sorgen, zählt zu den sieben Werken der Barmherzigkeit, die den wohlhabenden Menschen die Möglichkeit geben, etwas für ihr Seelenheil zu tun, das aufgrund ihres Reichtums in Gefahr ist.[77] Offensichtlich fanden sich jedoch nicht immer warmherzige Menschen, die einem bettelarmen Verstorbenen diese letzte Wohltat erwiesen, denn 1329 setzte sich eine päpstliche Bulle eindringlich dafür ein, arme Verstorbene, für deren Bestattung die finanziellen Rücklagen fehlten, nicht unbestattet liegen zu lassen, sondern sie auf Kosten der Kirche zu bestatten.[78] Nach einem Konzilsbeschluß des 16. Jahrhunderts sollten sogar weder Pfarrer noch Mesner für die Bestattung Geld verlangen, jedoch forderte schon die fromme Gewohnheit, daß ein »Geschenk« gegeben wurde.[79]

Spätestens ab der frühen Neuzeit war es dann nicht die Kirche, die für das Armenbegräbnis aufkam, sondern die Stadt. Betroffen davon waren in erster Linie Auswärtige, die in der Stadt ohne Verwandte wohnten und daher niemanden hatten, der für ihre letzte Ruhestätte sorgte, wie z. B. eine Uhrmacherin aus Thalkirchen oder eine Frau aus Erding, die in München als Kuttlwascherin arbeitete, an der Roßschwemme ins Wasser fiel und ertrank. Im letzten Fall hatte man bei einer Nachsuche im Haus ihrer Dienstherrschaft noch einen persönlichen Besitz von 26 Kreuzern gefunden, so daß die Stadt nur die Differenzsumme zu zahlen hatte.[80] Auch die Begräbniskosten einfacher Stadtbediensteter oder deren Angehöriger wurden offensichtlich von der Stadtkasse übernommen, ebenso für arme eingesessene Münchner, deren Familienangehörige nicht in der Lage waren, die Begräbniskosten aufzubringen.[81]

Das Armenbegräbnis selbst war eine äußerst schlichte Angelegenheit: Der Tote wurde entweder in seiner Wohnung aufgebahrt oder in das Totenhäusl gebracht und von der Seelnonne gegen ein Entgelt von 20 bis 30 Kreuzern in ein Leintuch eingenäht, das die Stadt noch einmal etwa 30 Kreuzer kostete. Särge wurden für das Begräbnis von Armen oder Soldaten bis in das 18. Jahrhundert nicht verwendet.[82] Der Mesner stellte für den Betrag von etwa 10 Kreuzern Trage und Bahrtuch zur Verfügung und der Priester erschien zum Aussegnen für dieselbe Summe. Anschließend wurde der Verstorbene von Nachbarn oder den Trägern auf den Gottesacker getragen – seit 1563 war dies für arme Leute der Äußere – und vom Totengräber für 16 Kreuzer eingegraben. Beim Transport zum Grab und beim Eingraben mußte der Mesner läuten, wofür er etwa 4 Kreuzer erhielt.[83] Kinderbegräbnisse waren noch

Einfaches Begräbnis auf dem Friedhof vor dem Sendlinger Tor. (Titelblatt zu Johann Baptist Strobl, Unglücksgeschichten zur Warnung für die unerfahrene Jugend, in rührenden Beispielen, erläuternden Kupfern und Vignetten, München 1788.)

etwas billiger: Für ein in einem Stadl vor dem Sendlinger Tor tot aufgefundenes Kind mußten 10 Kreuzer für ein »Hemdl« ausgegeben werden, in dem das Kind zu Grabe getragen wurde, der Totengräber erhielt 15 Kreuzer, der Mesner fürs Läuten 3 Kreuzer. Ein Pfarrer war nicht zugegen, da das Kind ungetauft verstorben war und daher nicht zu einem christlichen Begräbnis zugelassen werden konnte.[84] Bis in das 18. Jahrhundert scheinen eigene Bruderschaften, die sich um ein würdiges Begräbnis der Armen kümmerten, in München nicht entstanden zu sein. Erst das bereits erwähnte im Jahr 1757 konfirmierte »Armen-Freywilligen-Begräbnis-Christi-Verbundniß« machte es sich zur Aufgabe, die Mitglieder dazu anzuhalten, anläßlich jeder Messe oder jedes Begräbnisses dem Almosensammler ein Almosen für die Armen zu geben; Unvermögende konnten statt dessen ein Gebet verrichten. Ziel dieser Bruderschaft war es unter anderem, mit den Almosenbeiträgen Armen ein Begräbnis in einem Sarg zu ermöglichen, ein Zeichen dafür, daß auch im 18. Jahrhundert noch sehr häufig die Leinwand den Sarg ersetzte.[85]

Begräbnisse von Unehrlichen und Außenseitern

Die Bestattung in geweihter Erde wurde nicht jedem gewährt. Häretiker und Unge-
taufte waren selbstverständlich ausgeschlossen, also auch Kinder, die kurz nach der
Geburt und noch vor der Taufe starben. Mit Nottaufen noch im Mutterleib oder
wundersamen »Wiedererweckungen« vom Tode für die kurze Zeitspanne der Taufe
– dem sog. Kinderzeichnen – versuchten die verzweifelten Eltern dem verstorbenen
Kind das Ewige Leben zu sichern[86]. Getauften Katholiken konnte unter bestimmten
Voraussetzungen das christliche Begräbnis ebenfalls verweigert werden. In einer
Zeit, in der der »gute Tod« und die Kunst des Sterbens gelehrt wurde, und jeder
Christ sich der Verhaltensmaßregeln bewußt war, die im Falle seines Todes von ihm
und seinen Verwandten einzuhalten waren, schien jeder plötzliche Todesfall mit einem Fluch belastet. Eine Bestattung nach kirchlichem Ritus und in geweihter Erde
war in diesem Fall nicht möglich, außer der Verstorbene hatte sich im Augenblick
seines Todes mit »etwas Erlaubtem« befaßt. Von diesem heidnischen Gedanken
konnte sich offensichtlich auch die Kirche nicht vollständig lösen. Neben unerwar-
tetem Tode oder auch dem Tod des unbekannten Fremden auf der Reise, der dann in
der Regel an der Stelle neben der Landstraße eingegraben wurde, an der er aufgefunden worden war, gab es aber noch andere und weit schwerwiegendere Fälle, in denen
entweder das Begräbnis mit christlichem Ritus oder auch die Bestattung in geweihter Erde versagt werden konnte. Nach den Regeln Wilhelm Durandus' (13. Jahrhundert) wurde ein kirchliches Begräbnis all jenen versagt, die durch eigene Hand starben, bei schweren Vergehen getötet wurden (der Tod im Krieg zählte nicht dazu!),
aber auch »Unbußfertigen« bei Aufruhr oder Menschen, die bei dem Angriff auf einen anderen gestorben waren, ohne nach dem Priester verlangt zu haben. Starb ein
Mensch bei der Rückkehr aus einem Freudenhaus, waren seine Hoffnungen auf das
Paradies ebenso gering einzuschätzen, außer – hier lag noch eine kleine Hoffnung –
er hatte vor seinem Tod Reue gezeigt.[87]

Für derart von der christlichen Gemeinschaft Ausgeschlossene gab es nur ein Begräbnis in ungeweihter Erde, also auf dem Feld oder im besten Fall jenseits der
Friedhofsmauer. Damit aber ging er der Gebete verlustig, die für ihn am Sterbebett
und am Grabe gesprochen wurden, ohne diese Hilfen jedoch war das Erreichen des
Ewigen Lebens in Frage gestellt. Die Verweigerung einer christlichen Bestattung
war daher ein geeignetes Mittel sozialer Disziplinierung.[88] Traten mildernde Um-
stände ein, konnte ein Selbstmörder, der in geistiger Umnachtung gehandelt hatte,
zur Nachtzeit im Friedhof ohne Anwesenheit eines Priesters begraben werden.[89]
Auch der 1601 wohl bei einem Streit »entleibte« Bortenmacher wurde zwar nur vom
Bettelrichter auf der Totenbahre in das Totenhäusl und anschließend auf den Friedhof getragen, also von unehrlichen Personen; auch war bei seinem Begräbnis kein
Priester zugegen. Jedoch erfolgte die Bestattung in geweihter Erde und beim Begräbnis läutete die Totenglocke.[90]

Im allgemeinen läßt sich für München zumindest ab dem Spätmittelalter eine besonders differenzierte Haltung bei den Begräbnissen des weit gefaßten Personen-

kreises, dem kein christliches Begräbnis zustand, nicht feststellen. Grabstätte war wahrscheinlich immer der Friedhof, ab 1563 sicher der äußere Friedhof an der Thalkirchner Straße; die Art des Bestattungsritus dagegen konnte variieren und von der gesellschaftlichen Stellung des Einzelnen abhängig sein. Da die Münchner Kammerrechnungen alle Posten aufführen, die die Stadtkasse betreffen, ein unehrliches Begräbnis aber in der Regel von Stadtbediensteten durchgeführt wurde, die dann ihre Bezahlung für den einzeln aufgeführten Fall erhielten, läßt sich die Vorgehensweise einigermaßen klar erkennen. Ein unehrliches Begräbnis, also ein Begräbnis ohne kirchlichen Segen und in ungeweihter Erde, traf zwei Gruppen: Selbstmörder und Hingerichtete. Selbstmörder wurden in der Regel unter dem Galgen eingegraben. Fühlte sich die Stadt für den Leichnam nicht zuständig, etwa weil der Selbstmörder nicht aus der Stadt stammte, konnte es auch vorkommen, daß man die Leiche auf einem Floß auf der Isar aussetzte. Im allgemeinen tauchen Fälle von Selbstmord relativ selten in den Kammerrechnungen auf, gehäuft allerdings 1633, mit dem Beginn der Pest. Die Leichen Hingerichteter blieben als abschreckendes Beispiel an der Richtstätte zurück und wurden erst unter dem Galgen begraben, wenn die verwesten Körper abgefallen waren.[91] Die Bestattung der im Jahr 1601 mit dem Schwert hingerichteten Elisabeth Schiersmairin auf dem Gottesacker war möglicherweise in der Art ihres Vergehens begründet. Sie wurde vom Bettelrichter (oder seinen Knechten) auf einer Totenbahre zum Friedhof getragen und vom Totengräber eingegraben. Während des Begräbnisses wurde geläutet.[92]

Auch das Eingraben durch den Totengräber war eine besondere Gnade, denn im Normalfall war das Bestattungspersonal eines unehrlichen Begräbnisses der Henker und der Abdecker, bzw. die für sie arbeitenden Knechte; in weniger kritischen Fällen auch der Bettelrichter. Für den Henker war das Begraben von Selbstmördern und Hingerichteten ein gutes Geschäft. In beiden Fällen forderte er aus der Stadtkasse acht Gulden, ebenso für das Begraben von herabgefallenen Leichenteilen; Skeletteile oder Skelette brachten nur die Hälfte. Nach Ansicht des Hofes stand der Betrag von acht Gulden dem Scharfrichter allerdings nur für das Begraben der Hingerichteten zu, für Selbstmörder sollte weit weniger bezahlt werden. Alle Versuche, diese unzulässigen Forderungen abzustellen, verliefen jedoch im Sande und man einigte sich schließlich auf die Summe von acht Gulden in beiden Fällen. Seine gute Einkommensquelle geschmälert sah der Henker auch durch den Abdecker, da dieser für das Eingraben von Selbstmördern nur zwei Gulden fordern durfte. Auch hier konnte der Henker schließlich seine Machtposition festigen.[93]

Mit dem Ende des 18. Jahrhunderts fand jedoch diese Art der Bestattung allmählich ihr Ende. Nun wurden die mit dem Schwert Hingerichteten von der Armenbruderschaft »ehrlich« zu Grabe getragen. Auch die Gehenkten nahm man nun am Abend des Hinrichtungstages ab und begrub sie.[94] Ab dem 21. Februar 1774 gestattet eine kurfürstliche Anordnung, daß von nun an bußfertige Missetäter noch am Tag ihrer Hinrichtung nach Sonnenuntergang an einem besonderen Platz neben dem Friedhof begraben werden sollten. Diese für ganz Bayern gegebene Anordnung dürfte jedoch für München nur bedingt gegolten haben, denn sowohl im Militärlazarett als auch im Krankenhaus der Barmherzigen Brüder war ein Anatomieraum eingerichtet, und die Leichen Hingerichteter wurden zur Sektion gebracht.[95]

War der Henker für die Bestattung eines bestimmten Personenkreises zuständig, so stand auch ihm selbst nicht unbedingt ein christliches Begräbnis zu. In der älteren Literatur wird die Zugehörigkeit des Henkers, zusammen mit dem Abdecker, zu der Gruppe der Unehrlichen, der auch das Recht auf ein christliches Begräbnis in geweihter Erde abgesprochen wurde, vorausgesetzt.[96] Neuere Untersuchungen zeigen jedoch, daß sich noch im 14. und 15. Jahrhundert die Unehrlichkeit der Scharfrichter nicht mit Quellenbelegen untermauern läßt. Erst mit Beginn der Neuzeit wird dann die Ausgrenzung der Scharfrichter offensichtlich und er zählt nun zusammen mit den Totengräbern, Nachtarbeitern (d. h. den Grubenräumern), dem Abdecker, den Schäfern, Feld- und Weidehütern sowie all denjenigen, die im Strafvollzug tätig sind, zu den Unehrlichen. Während Berufe wie Schäfer oder Feldhüter sich in der Folgezeit nicht mehr unter den gesellschaftlichen Außenseitern finden, zählen laut W. X. A. Frhr. v. Kreittmayer noch 1768 Schinder, Henker, Blutschergen und mit dem Malefiz beschäftigte Amtsknechte weiterhin zur Gruppe der Unehrlichen.[97]

Jedoch wurde sogar dem Henker ein christliches Begräbnis – wenn auch in etwas abseits gelegenen Teilen des Kirchhofes – nicht vorenthalten. Allerdings war die Kirche in diesen Fällen weit kritischer, wenn es um den Nachweis eines christlichen Lebenswandels ging. Dem Scharfrichter konnte daher das würdige Begräbnis mit dem Hinweis auf eine Mißachtung des Abendmahles oder auf seinen unsittlichen Lebenswandel verweigert werden.[98] Da genauere Quellenangaben über die Lebensumstände der Scharfrichter bis etwa 1600 in München fehlen, läßt sich nicht nachprüfen, welche Richtlinien hier verfolgt wurden. Allerdings endeten einige der Münchner Henker gewaltsam oder wurden wegen begangener Straftaten verbannt. Hier könnte also ein Grund für ihre Gleichstellung mit Straftätern und das ehrlose Verscharren der Leiche des Henkers unter dem Galgen wie z. B. im Jahr 1472 zu suchen sein.[99] Nach dem Tod des »Züchtigers« Jeronime im folgenden Jahr versuchte die Stadt bei dem Bischof in Freising die Erlaubnis für ein Begräbnis auf dem Friedhof zu erreichen; dieses wurde jedoch verwehrt und der Züchtiger mußte wie sein Vorgänger unter dem Galgen auf Kosten der Stadtkammer »eingegraben« werden.[100]

Mit dem Beginn des 17. Jahrhunderts finden sich die Münchner Scharfrichter in den Begräbnislisten von St. Peter,[101] zumindest ein Begräbnis auf dem äußeren Friedhof dürfte daher von nun an die Regel gewesen sein. In welchem Maß dabei in den einzelnen Fällen christlichen und bürgerlichen Regeln Genüge geleistet wurde, läßt sich nicht mehr feststellen. Noch 1606 wurde der Nachrichter Georg Peb für die Summe eines Guldens von Tagwerkern in geweihter Erde bestattet, erhielt also ein Begräbnis »in aller Stille« ohne einen Priester; ein ehrsames Begräbnis war Georg Peb also doch nicht vergönnt[102]. Da sie zu den »unehrlichen Leuten« zählten, konnten Scharfrichter und ihre Angehörigen auch nicht in eine Bruderschaft aufgenommen werden, die für ihre Mitglieder ewige Fürbitte und Seelgedächtnis garantierten. Auch später noch fanden sich für verstorbene Henker nur schwer Sargträger, und

Tod der Agatha Laimer auf dem Richtplatz. (Kupferstich v. 1769)

XXIII. Kupffer-Tafel.
Vorstellend einen Butten-Krämer.

Steh, krämer! hier: Du mußt mit mir.

Der krämer, müd von schweren lasten,
wünscht sich wohl offtermahls den tod:
Doch kommt der tod ihn anzutasten,
so sucht er zuflucht in der noth.

»Schauplatz des Todes oder Totentanz in Kupfern und Versen.« (Vorgestellt ehemals von Sal. v. Rusting, hg. v. Joh. Georg Meintel, Nürnberg 1736.) Diese aus einer Reihe verschiedener Szenen herausgenommene Totentanzdarstellung steht in der Tradition spätmittelalterlicher Totentanzbilder, die die Gleichheit der Menschen vor dem Tod demonstrieren: Angehörige aller Stände werden vom Tod mitten aus dem Leben gerissen.

die Nachbarschaft, die mit dem Lebenden noch jeden Tag zusammengetroffen war, versagte dem Toten die Begleitung zum Friedhof.[103] Noch geringere Aussichten auf ein ehrenvolles Begräbnis hatten anscheinend die Abdecker, denn sie fehlen in den Sterbelisten der Pfarreien,[104] ebenso andere unehrliche Berufe, wie der Bettelrichter, Totengräber oder Nachtarbeiter. Auch das Begraben von Gauklern und anderen fahrenden Leuten dürfte vom christlichen Ritus ausgeschlossen gewesen sein; genaue Angaben hierzu fehlen jedoch.[105]

Die Aufhebung der Regeln in Seuchenzeiten

In den Zeiten grassierender Seuchen waren die Regeln, die beim Tod eines Verwandten oder Nachbarn galten, aufgehoben. Die Furcht vor Ansteckung hinderte sicher manchen daran, dem Nachbarn auf seinem Sterbebett beizustehen und angesichts einer Kette von Todesfällen in der eigenen Familie wurde wohl auch das letzte Geleit, das man einem verstorbenen Freund üblicherweise gab, versagt. Seit dem 17. Jahrhundert jedenfalls zielten Vorschriften des Hofes und Weisungen des Stadtrates in diese Richtung: Ansammlungen großer Menschenmassen empfand man als gefährlich, Bittgänge und Prozessionen, noch im Jahr 1532 als Mittel gegen die Krankheit empfohlen, wurden abgestellt, und sogar das Zusammentreffen der Gläubigen in den Kirchen wurde als schädlich angesehen. Selbst vom Grabbesuch am Allerseelentag riet man ab.[106] Die Zünfte waren nun ausdrücklich von der Pflicht entbunden, einem verstorbenen Mitglied das letzte Geleit zu geben. Ein Verbot galt sogar für die Begleitung des Viaticums zu einem Sterbenden, da auf diese Weise die »anklebige« Krankheit weitergetragen werden konnte. Die Geistlichkeit allerdings war unter Androhung von Strafen angehalten, den Ort nicht zu verlassen und den Sterbenden beizustehen, eine Drohung die anscheinend nicht immer wirksam war.[107] Mit den harten Bestimmungen der Isolierung Kranker und Sterbender waren die Tröstungen, die der Sterbende in seiner Todesstunde durch die Anwesenheit seiner Verwandten und Freunde erfahren konnte und vielleicht sogar das Sterbesakrament aufgehoben. Auch diese Art des Sterbens machte den Tod zu Seuchenzeiten so schrecklich. Der Kranke starb allein und in der Gewißheit, ohne Geleit zu Grabe getragen zu werden. Hatte er wohlmeinende und hilfreiche Angehörige, riefen diese die Totenträger und ließen die Leiche aus dem Haus auf den Friedhof tragen. In einigen Fällen scheint man aber auch die Leichen der an der Pest Verstorbenen einfach auf die Straße vor die Haustüre gelegt zu haben, wo sie dann die Leichenträger aufsammelten.[108]

Häufig war den an einer Seuche Erkrankten die Bestattung in einem Massengrab zusammen mit vielen anderen sicher. Ein Votivbild aus der Werkstatt des Münchner Malers Jan Polack, gestiftet zu Ehren des Pestheiligen Sebastian im Jahr 1517, einem Pestjahr, vermittelt eine Vorstellung über Bestattungsgewohnheiten während einer grassierenden Epidemie. Während einige Personen, getroffen von den Pestpfeilen, zu Boden sinken, tragen Leichenträger die Toten, gehüllt in Leinentücher in einer

sargähnlichen Lade auf den Friedhof und legen sie dort in Anwesenheit eines Priesters, der die letzten Gebete spricht, in eine bereits ausgehobene Grube.[109] Erst wenn
die Grube gefüllt war, wurde Erde über die Leichen geschüttet und die nächste
Grube ausgehoben. Ab dem 17. Jahrhundert folgte man dem Rat des Arztes und
»Pestspezialisten« Malachias Geiger und streute noch Kalk oder lehmige Erde auf
die Toten, um die giftigen Ausdämpfungen der Pesttoten zu vermeiden, die nach
herrschender ärztlicher Meinung eine große Gefahr für die Lebenden bedeuteten.[110]
Immerhin zeigt das Pestbild von 1517 noch die nötigsten Zutaten einer Bestattung:
den mit Tüchern bedeckten und mit Bändern in Kreuzesform geschmückten Trans-
portsarg, in dem sich mehrere Tote befunden haben dürften, das Begräbnis auf einem Friedhof mit Kirche und den Priester. Schon im 17. Jahrhundert ging man wohl
dazu über, die an einer Seuche Verstorbenen mit dem berüchtigten Karren auf den
Friedhof zu fahren. Anläßlich einer Pockenepidemie gegen Ende des 18. Jahrhunderts empfand man diese Praxis allerdings als äußerst gefahrvoll, da sich dadurch,
wie man dachte, die Ansteckungsgefahr erhöhe.[111]

Angesichts einer hohen Sterberate hatte die Stadt Aufgaben zu übernehmen, die
sonst Freunde und Nachbarschaft des Verstorbenen ausübten oder zu den Belangen
der Kirche zählten. Bereits im 14. Jahrhundert wurden neben Ärzten und Hebammen zur Krankenpflege auch Leichenträger eingestellt, die die Toten gegen Entgelt
zum Friedhof brachten. Diese Aufgabe übten ehrbare Männer wie z.B. ein Maler
oder ein Weinwirt aus, und für ihre dem Gemeinwohl nützliche Tätigkeit erhielten
sie eine angemessene Entschädigung. 2 Pfund 19 Pfennige bezahlte man im März
1484 dem Weinschenk Hans Zollner, da er 36 »totte Menschen« aus dem Bruderhaus, dem städtischen Spital für heilbare Kranke (!), auf Unser Frauen Gottesacker
getragen hatte. Seine Tat war um so mehr zu bewundern, als während dieser besonders bösartig verlaufenden Pestepidemie fast der ganze Rat die Stadt verlassen hatte.
Schon elf Jahre später herrschte in München die nächste Epidemie und nun wollte
die Stadt offensichtlich Vorsorge treffen. Sie stellte daher neben vier »Totentragern«
auch noch besondere Totengräber ein, die ihre Bezahlung aus der Stadtkasse erhielten, solange die Seuche in München herrschte.[112] Diese von der Stadt besoldeten Totenträger und Totengräber gehörten während der folgenden Jahrhunderte zum
festen Personalstand in Seuchenzeiten. Drohte der Ausbruch der Pest oder einer anderen gefährlichen Krankheit, wurden die Totengräber und Leichenträger zusammen mit den Ärzten, den Krankenwärterinnen und anderem Hilfspersonal eingestellt und erhielten bis zum tatsächlichen Ausbruch der Seuche ein Wartgeld.
Herrschte die Krankheit dann tatsächlich in der Stadt, wurden die Bezüge erhöht[113].
Während der Pest der Jahre 1633/34 verdoppelte die Stadt die Zahl der Leichenträger und Totengräber. Eine Abteilung war nun für die Stadt zuständig, d.h. für die in
ihren Häusern verstorbenen Menschen, die andere Abteilung für das Brechhaus,
also das Pestkrankenhaus.[114] Das für die Zeiten schwerer Seuchen angeheuerte Personal bestand nun allerdings nicht mehr aus ehrenwerten Münchner Bürgern, die
sich zu dieser gefährlichen Aufgabe mit hoher Sterberate aus religiösen oder auch
aus finanziellen Gründen bereit fanden. Die Totengräber und Leichenträger, aber

Ein zum Tod Verurteilter wird auf den Richtplatz gebracht. Am Galgen und auf den Rädern sind noch die halbverwesten Körper früher Hingerichteter zu sehen.

auch die Krankenwärter und -wärterinnen, die sich nun von der Stadt einstellen ließen, standen in keinem guten Ruf. Und da Anwärter für diesen Dienst äußerst schwer zu finden waren, dachte man sogar daran, in der Stadt aufgegriffene fremde Bettler anzustellen und ihnen dann als Gegenleistung das Wohnrecht in der Stadt zu gewähren.[115]

Das Geschäft mit dem Tod

Die Aufgabe, den Sarg des Toten auf den Friedhof zu tragen, übernahmen Freunde und Nachbarn des Verstorbenen; war er Mitglied einer Bruderschaft, konnten den Trägerdienst auch die Mitglieder seiner Bruderschaft übernehmen.[116] Militärpersonen wurden von Angehörigen ihres Standes getragen, eine Sitte, die sich auch noch gegen Ende des 19. Jahrhunderts findet.[117] Es konnte jedoch vorkommen, daß Verstorbene nicht einer festgefügten Gruppe in der städtischen Hierarchie oder einer Bruderschaft angehörten, die die Aufgabe des Sargtransports zum Friedhof über-

55

nahm. Auch bei dem Begräbnis von Fremden mußten Träger bestellt werden, die dann auf Kosten der Stadt bezahlt wurden.[118] Leichenträger für diese Notfälle rekrutierte man wahrscheinlich aus dem Personal des städtischen Krankenhauses. Diese »Krankenhaus-Totentrager« wurden, wie schon erwähnt, auch in Zeiten mit geringer Sterblichkeit weiter bezahlt, da man für alle Fälle gerüstet sein mußte. Für ihren in den seuchenfreien Zeiten sicher nicht häufig geforderten Dienst erhielten die Totenträger des städtischen Krankenhauses 12 Kreuzer als festes Gehalt pro Woche, eine Bezahlung, die natürlich nicht zum Leben ausreichte. Der Trägerdienst war daher nur ein Nebenerwerb, während der größte Teil des Lebensunterhalts aus einer anderen Tätigkeit, vorzugsweise im Dienste der Stadt, bestritten wurde. Einer der städtischen Totenträger arbeitete hauptberuflich als Stadthaustagwerker und war in Seuchenzeiten Krankenträger und Beisitzer des Pestrauchers, der die einkommenden Briefe »räucherte«, ein Versuch, sie von der »anhaftenden« Seuche zu befreien. Die Tätigkeit des Krankenhaus-Totentragers war aufgrund ihrer Ansteckungsgefahr in Seuchenzeiten nicht sehr begehrt. Ein Pflasterer, der mit der Heirat der Witwe eines ehemaligen Stadtpflasterers auch die Stellung seines Vorgängers antreten wollte, erhielt Heiratserlaubnis und Stellung erst, als er sich bereit erklärte, auch den Trägerdienst mit zu übernehmen. Damit kam er dann auch in den Genuß der zinsfreien Wohnung, eines »Gemähel« in der Nähe des Zöllners beim Sendlinger Tor.[119] Auch für den Transport von Armenleichen fanden sich offensichtlich keine Freiwilligen. Hierfür waren spätestens seit dem 18. Jahrhundert die 10 Kirchensammler zuständig, die für ihre Tätigkeit wöchentlich einen Gulden und drei Kreuzer als Entschädigung erhielten, sowie ein Paar Schuhe pro Jahr aus dem militärischen Arbeitshaus.[120]

Das Amt des Totengräbers scheint vielerorts der Mesner einer Kirche versehen zu haben, in München war dies jedoch nur beim Heiliggeistspital der Fall.[121] Rechnungen über Begräbnisse, die die Stadt zu bezahlen hatte, weisen jedenfalls Zahlungen sowohl an den Mesner als auch den Totengräber auf. Beide Pfarreien, sowohl St. Peter als auch Unsere Liebe Frau, hatten eigene Totengräber, die nach Bedarf bezahlt wurden. Dem Totengräber der Frauenpfarrei war zudem noch das Recht zugestanden, alle Verstorbenen der kurfürstlichen Hofakademie, also »Läufer, Zwerge, Heÿducken, Hofställer etc. nebst ihren Weibern und Kindern«, einzugraben, was ihm ein festes Jahresgehalt einbrachte (Ende des 18. Jahrhunderts immerhin 75 Gulden).[122] In Seuchenzeiten stellte die Stadt, wie schon erwähnt, weitere Totengräber ein und die Stadt war es auch, die die beiden Totengräber der Pfarrei ernannte – dies geht aus einem Streitfall zwischen Stadt und Kollegiatstift zu Unserer Lieben Frau hervor, der anläßlich der Wiederbesetzung einer vakant gewordenen Stelle entstanden war. Das Kollegiatstift hatte diese Stelle neu besetzt, zu Unrecht, wie der Magistrat betonte, denn Totengräber gehörten nicht zum Kreis der Kirchenbediensteten, die das Stift ernennen konnte. Der weltlichen, in diesem Fall der städtischen Obrigkeit unterstellt waren die Totengräber u.a deshalb, weil sie aus polizeilichen Gründen unter Eidspflicht standen und mit dem Bürgerrecht versehen wurden, dies möglicherweise eine Folge der Probleme in Seuchenzeiten. Bei seinem Amtsantritt hatte

Totengräber auf dem Friedhof vor dem Sendlinger Tor. (Titelblatt zu Lorenz v. Westenrieder, Leben des guten Jünglings Engelhof, München 1781.)

daher der Totengräber der Stadt einen Eid zu leisten, der neben dem rechten Grabmachen zu Ehrlichkeit und Christlichkeit verpflichtete – ein Schwur, der auch auf »abergläubische« Handlungen abzielte, also auf Hexerei. Da sich die Stadt bei den Streitigkeiten mit dem Kollegiatstift durchsetzte, wurde der vom Stift ernannte Totengräber auf das Rathaus bestellt und bestraft.[123]

Eine tragende Rolle im Bestattungswesen Münchens nahmen die Seelnonnen ein. Seelnonnen, alleinstehende Frauen, lebten wie Nonnen in einer Gemeinschaft, im Gegensatz zu den an einen Konvent gebundenen Nonnen hatten sie jedoch nicht die gleichen strengen Ordensregeln zu beachten und konnten sich innerhalb gewisser Grenzen frei bewegen. Ihren Ursprung hatten die Seelnonnen in der Armutsbewegung und der religiösen Frauenbewegung des Hochmittelalters. Dieser Bewegung freundlich gesinnte Förderer, Jacob von Vitry († 1254) als der bekannteste unter ihnen, verhalfen den Frauen zu einem gottgefälligen Leben in der Gemeinschaft mit Gleichgesinnten, und Jakob von Vitry war es auch, der den, auch etwas abschätzig Beginen (von Albingensern) genannten, Religiosen die päpstliche Zustimmung verschaffte. Da die Beginen zwar in einer klösterlichen Gemeinschaft unter der Führung einer Meisterin zusammenlebten und sich eines gottgefälligen Tuns befleißigten, jedoch keine Ordensregeln befolgten oder sich einem Orden anschlossen, standen die Beginen kirchenrechtlich zwischen den Ordensleuten und reinen Laien

– ihr Status war also immer zwiespältig. Ihre größte Verbreitung fanden die Beginen in den Städten Flanderns und den größeren Städten Deutschlands wie Köln, wo das gottgefällige Leben in der klosterähnlichen Gemeinschaft zuerst Frauen aus dem Patriziat suchten, aber auch zunehmend Frauen aus der Mittelschicht, die in den vom Adel dominierten Klöstern keine Aufnahme finden konnten.

Aufgrund ihrer religiösen Ausrichtung waren die wirtschaftlichen Grundlagen der Beginen äußerst bescheiden. Meist lebten sie in von reichen Familien gestifteten Häusern auf der Grundlage eines ebenfalls von dieser Familie gestifteten jährlichen Einkommens. Neben den Werken der Barmherzigkeit, denen sich die Beginen verpflichtet sahen, übten sie auch handwerkliche Tätigkeiten wie Weben und Spinnen aus, dies brachte sie jedoch wieder in Konflikt mit den städtischen Handwerkerverbänden, die ihre eigene wirtschaftliche Grundlage in Gefahr sahen. Konflikte mit der kirchlichen und der staatlichen Obrigkeit brachte die Bewegung schließlich ab dem 15. Jahrhundert zum Erliegen und es schlossen sich immer mehr Seelhäuser den klösterlichen Orden an.[124]

Für München sind die ersten Gründungen von Seelhäusern, wie sie hier genannt wurden, aus der Zeit gegen Ende des 13. Jahrhunderts überliefert. 1284 stifteten die Pütrich ihr Seelhaus in der Perusastraße, 1295 die Ridler das Seelhaus in der Theatinerstraße, das 1395 in die Residenzstraße transferiert wurde. Beide Häuser schlossen sich, nicht ohne äußeren Zwang, 1480 den Franziskanern an, 1583 wurde im Ridlerhaus die Klausur eingeführt, 1621 im Pütrichhaus; beide waren damit zu traditionellen Klöstern geworden. Neben diesen bedeutendsten Seelhäusern kam es im 14. und 15. Jahrhundert zu einer Reihe von Gründungen, die sich zwar meist der Observanz des Dritten Orden anschlossen, jedoch immer den Zwischenstatus zwischen klösterlichem Orden und Laientum beibehielten. Als letzte und ungewöhnlich späte Gründung erfolgte im Jahr 1595 die Stiftung eines Kanonikers am Kollegiatstift, Gabriel von Barth. Neben den bereits genannten Seelhäusern wurden von den Mäusel, Rudolf, Riedler, Sendlinger, Pienzenauer, den Schluder und den Katzmair weitere 8 Seelhäuser gestiftet, die alle bis in das 18. Jahrhundert Bestand hatten. Die Gründungen dreier weiterer Häuser durch eine Euphemia von Eirinspurch und ihrer Tochter, durch die Familie Schiet und die Familie Wilbrecht, hatten dagegen nicht lange Bestand und wurden bald wieder aufgegeben.[125]

Der Stiftsherr eines Seelhauses und seine Nachkommen hatten für ihre Stiftung das Präsentationsrecht, d.h., sie konnten bestimmen, wer Meisterin wurde oder sie konnten auch, wie dies z. B. die Gebrüder Rudolf taten, anordnen, daß die Stelle der Meisterin im Turnus wechselt. Neu aufzunehmende Frauen mußten ihre, aber auch die Zustimmung ihrer zukünftigen Mitschwestern finden, über ihren Eintritt wurde eine Urkunde ausgestellt.[126] Für die Haushaltsführung des Seelhauses war die Meisterin verantwortlich und dem Stiftsherrn mußte sie darüber eine jährliche Abrechnung vorlegen. Nach dem Tod des Stifters ging die Verwaltung des Seelhauses an seinen Erben über; starb die männliche Linie aus, folgte die weibliche Linie nach. Auf diese Weise erhielten die Seelhäuser immer wieder neue Namen, da sie meist nach den Namen derjenigen Familie benannt wurden, die die Vermögensverwaltung inne

Das Pütrich-Frauenkloster, 1284 gegründet als Seelhaus, 1480 in ein Kloster des Franziskanerordens umgewandelt.

hatte. So wurde aus dem Rudolf'schen Haus das Schrenck'sche und später das Fugger'sche Haus, aus dem Katzmair'schen Haus das Rosenbusch und später das Baron Lerchenfeld Haus. Die Kontrolle über die Vermögensverwaltung der einzelnen Seelhäuser hatte mit Ausnahme des Schluder'schen Seelhauses in der Augustiner Gasse die Stadt.[127]

Neben einem Haus, in dem die Seelschwestern oder Seelnonnen, wie sie später genannt wurden, wohnen konnten, gehörte zu der Stiftung in den meisten Fällen eine festgesetzte Geldsumme, deren Zinsen den Schwestern jährlich ausbezahlt wurden und zu ihrem Unterhalt verwendet wurden. Zustiftungen folgender Generationen der Stifterfamilien oder anderer Münchner Bürger konnten diese Summe noch erhöhen. Auch die Gebühr, die die Eintretende nicht anders als in einem Kloster einzubezahlen hatte, wurde diesem Vermögen zugeschlagen und ihr bestenfalls wieder ausgehändigt, wenn sie das Haus zu verlassen wünschte. War sie aber aufgrund unchristlichen und ungebührlichen Betragens dazu gezwungen worden, verblieb die Eintrittsgebühr beim Kapital der Seelhausstiftung.[128] Bei ihrem Eintritt in das Barth'sche Seelhaus hatten die Frauen neben einer Einstandsgebühr von 20 Gulden auch noch ein sauberes Bettgewand und eine Hauseinrichtung für den eigenen Gebrauch mitzubringen.[129] Dies zeigt, daß die Seelhäuser keine Zufluchtstätte für arme und völlig vermögenslose Frauen darstellen sollten. Im Gegenteil – der Kanoniker Gabriel von Barth schloß Frauen, die zuvor das Almosen der Stadt genossen hatten, von einer Aufnahme in das Seelhaus aus. Daneben mußten die Frauen einen untadeligen Lebenswandel vorweisen können, alleinstehend sein, also ledig oder verwitwet und keine Kinder großzuziehen haben.[130] Eine Aufstellung der Münchner Seelhäuser, verfaßt gegen Ende des 18. Jahrhunderts, läßt erkennen, daß nicht alle Seelschwestern mit üppigen Bezügen rechnen konnten und das tägliche Brot auch durch ihrer Hände Arbeit verdienen mußten. Fehlten den Schwestern zusätzliche Einkünfte, mußten sie hungern.[131] Rationelles Haushalten war den für die Wirtschaftsführung verantwortlichen Meisterinnen auch in den besser gestellten Häusern auferlegt, denn aus den jährlichen Zinserträgen des Stiftungsvermögens waren auch Baukosten oder Reparaturen zu bestreiten.[132] Im Gegensatz zur Stadt Köln, deren Seelhäuser durchschnittlich 12 Frauen beherbergen konnten, waren die meisten der Münchner Häuser klein. Eine Ausnahme bildeten nur die beiden Häuser des Dritten Ordens der Ridler und Pütrich und die Stiftung Martin Katzmairs, die immerhin für 8–10 Frauen gedacht war. Die übrigen Häuser enthielten nicht mehr als zwei bis vier Personen.[133]

Die täglichen Pflichten und Aufgaben dieser Schwestern sind gut aus den von den Stiftern festgelegten Ordnungen zu erkennen: Von den Gepflogenheiten der Stadtbevölkerung abweichend, beschäftigten die Seelschwestern zumindest in der Anfangszeit keine Haushaltshilfe, sondern erledigten die Hausarbeiten selbst, wobei sie sich dabei unter der Aufsicht ihrer Meisterin im Wochenturnus abwechselten. Als Gegenleistung für ihre Aufnahme in die Stiftung hatten sie bei den Begräbnissen und Seelenmessen des Stifters und seiner Verwandten teilzunehmen und im übrigen die üblichen Messen und Rosenkränze zu besuchen.[134] Daneben konnten sie ihre Gebete aber gegen Bezahlung auch bei anderen Seelenmessen zur Verfügung stellen, Jahrtagsstiftungen enthielten deshalb auch häufig besondere Legate für die Dienste der Seelnonnen.[135] Ihre zweite Aufgabe bestand in der Krankenpflege. Ein Raum des Katzmair Seelhauses war als Krankenstube einzurichten und zwei bezogene Betten hatten jederzeit für Kranke bereitzustehen, die auf Empfehlung der Familie des Stifters in das Haus gebracht wurden. Ähnliche Bestimmungen kannten die Ordnungen des Barth'schen und des Rudolf'schen Seelhauses. Seelhäuser erfüllten also die Funktion einer Krankenstation für Vermögende und deren Dienstboten. Wer gute Verbindungen zum Stiftsherrn hatte und daneben über ein ausreichendes Vermögen verfügte wie der Bankier Joseph Nockher, konnte dort auch seine geistig behinderte und stumme Tochter samt ihrer Pflegerin unterbringen. Neben der stationären Krankenpflege wurden die Seelschwestern zur ambulanten Krankenpflege in der ganzen Stadt gerufen, und sollte ein Angehöriger der Stifterfamilie sie an einem Ort außerhalb Münchens benötigen, mußten sie ohne Widerspruch auch dorthin gehen. Dagegen befreite sie der Kanoniker Gabriel von Barth ausdrücklich von der Krankenpflege in Seuchenzeiten.[136] Die Pflegedienste der Seelschwestern waren »kostenlos«, d. h. sie durften für ihre Bemühungen nichts fordern, wohl aber freiwillig gegebene Beträge behalten und für ihre persönlichen Bedürfnisse verwenden.[137]

Eigene Ersparnisse benötigten die Seelschwestern vor allem für ihre Altersversorgung, denn ein ruhiger Lebensabend und liebevolle Pflege durch die Mitschwestern war ihnen im Seelhaus keineswegs sicher. Konnte eine der Schwestern des Barth'schen Seelhauses aufgrund ihres Alters oder ihrer Gebrechlichkeit ihren Pflichten nicht mehr nachkommen, sollte sie um die Aufnahme in das Bruderhaus nachsuchen. Das Bruderhaus hatte als städtisches Krankenhaus für heilbare Kranke im Gegensatz zum Heiliggeistspital nur eine sehr geringe Anzahl von Pfründen zur Verfügung. War daher kein Platz für die Schwester zu finden, durfte sie auch im Seelhaus bleiben, allerdings standen ihr dann nur Kost und Logis zu. Auch die eigene Bestattung sollte am besten von den Schwestern selbst bezahlt werden. Nur im Ausnahmefall kam dafür die Seelhausstiftung auf, dann aber hatte das Begräbnis »ohne jedes Gepränge oder überflüssige Kosten« stattzufinden – kam also dem entehrenden Armenbegräbnis wohl ziemlich nahe.[138] Ein Anliegen der Seelnonnen mußte es also sein, sich beizeiten um eine würdige Grabstelle zu kümmern. So ließ sich eine Schwester aus dem Rosenbusch Haus (dem ehemaligen Katzmair'schen) bei den Karmelitern begraben, eine andere Mitschwester hatte ihr Grab und auch ihr Begräbnis, wie hervorgehoben wurde, aus eigenen Mitteln bei den Franziskanern bestritten, während sich eine Apothekerstochter sogar eine Grabstatt in der Chorherrngruft der Frauenkirche leisten konnte.[139]

In keiner der Seelhausordnungen wird der besondere Dienst an den Verstorbenen erwähnt und doch war es gerade dieser Dienst, bei dem die Seelnonnen fast schon ein Monopol ausübten. Mit dem Beginn des 17. Jahrhunderts war es eine Seelnonne, die gerufen wurde, um einen Verstorbenen für das Begräbnis zu waschen, wieder anzukleiden, ihn in das Leichentuch zu nähen oder in einen Sarg zu legen. Bei den Messen war sie zugegen und betete mit, bei Begräbnissen von Frauen begleitete sie den Leichenzug als »Klägerin«. Die Seelnonne übernahm auch alles weitere. Sie benachrichtigte den Pfarrer und besprach mit ihm die je nach Art des Begräbnisses zu bezahlenden Gebühren und sie bezahlte im Auftrag der Familie des Verstorbenen das Kirchenpersonal.[140] Es ist anzunehmen, daß diese Aufgaben der Seelnonnen oder Betschwestern, wie sie aufgrund ihrer Rolle bei den Seelenmessen auch genannt wurden, aus ihren Verpflichtungen entstanden, die sie gegenüber den Familien der Stifter hatten. Daneben zählt die Sorge um einen Verstorbenen zu den Werken der Barmherzigkeit, ist also auch aus diesem Grund zu den besonderen Aufgaben zu rechnen, die die gottesfürchtigen Seelschwestern zu erfüllen hatten. Als Organisatorinnen des Begräbniswesens stellen Seelnonnen keine Münchner Besonderheit dar, denn ihre Einrichtung war zumindest im bayerischen Raum allgemein bekannt.[141]

Nicht alle Münchner Seelschwestern scheinen den Dienst einer Leichenfrau verrichtet zu haben. In einer Zusammenstellung der Oberen Landesregierung von etwa 1785 lebten zu dieser Zeit die Schwestern des Rudolf'schen und des Pienzenauer Seelhauses ausschließlich vom Stiftungsvermögen, wofür sie nur an den Seelenmessen der Stifter teilzunehmen hatten. Die Bewohnerinnen des Ridler Seelhauses litten Not, da ihnen der Stiftsherr die jährlichen Zinseinkünfte vorenthielt – auch sie hatten offensichtlich keine anderen Einkommensquellen. Äußerst bedürftig waren auch die Insassinnen des Schluder'schen Hauses in der Augustiner Gasse, da sie durch einen »liederlichen Lebenswandel« aufgefallen waren und daher von den Münchnern weder Zuwendungen noch Aufträge erhielten. Die übrigen Seelhäuser dagegen zogen ihre Einkünfte neben den Zinserträgen aus dem Krankenwärterdienst und den Begräbnissen.[142] Bei den Begräbnissen war eine Teilung der Zuständigkeitsbereiche entstanden. Die Schwestern des Hofseelhauses, dem ehemaligen Schluder'schen Haus, versorgten das Hofpersonal sowie deren Angehörige, während die städtischen Häuser für die Bürger und die dem Rat unterstehenden Einwohner zuständig waren.[143]

Idealisierte Darstellung von Ridler – Seelnonnen bei der Krankenbetreuung. (Kupferstich v. Anton Baumgartner aus: Polizey-Uebersicht von München vom Monat Dezember 1804 bis zum Monat April 1805, München 1805.)

2. FRIEDHÖFE VOR DIE STADT
Neue Wege der Bestattung 1789

Die gute und gesunde Luft

Gegen Ende des 18. Jahrhunderts lebten in München etwa 33 000 Einwohner, nicht miteingeschlossen eine ständig wechselnde Anzahl von Soldaten. Gegenüber den ca. 20 000 Menschen, die man in München vor Beginn des Dreißigjährigen Krieges gezählt hatte, bedeutete dies einen beträchtlichen Bevölkerungszuwachs, der sich vor allem auf die Wohnsituation in der Stadt negativ auswirkte. Innerhalb der Ummauerung war eine weitere Bebauung nicht mehr möglich, die Häuser wurden also aufgestockt und man lebte z.T. in äußerst beengten Verhältnissen.[1]

Diese von Zeitgenossen als unerträglich empfundene Enge der Stadt stand im Gegensatz zum neuen Stadtbildideal der Aufklärung, das auf einer großzügigen Gestaltung von Straßen und Plätzen, mit Licht und Luft durchfluteten Häusern basierte. Befreit werden sollte die neue Stadt nicht nur von Enge und Düsternis, sondern auch von allen schädlichen Dünsten und üblen Gerüchen.[2] Denn eine weitere, wesentliche Änderung brachte das 18. Jahrhundert mit sich: das allmähliche Bewußtwerden einer Empfindlichkeit gegen Gerüche, allen voran den Geruch des Todes.[3] Entsprechend einer auf der Miasmentheorie basierenden Medizin hatte man schon im 17. Jahrhundert in Zeiten großer Epidemien auf den Plätzen und in den Häusern wohlriechende Kräuter und Essenzen verbrannt und öffentlich zur größeren Sauberkeit aufgerufen, da man der Meinung war, daß die »Sucht nicht wenig aus … Vergifttung … Unsauberkeit und üblen bösen Geschmack erwächst«.[4]

Jedoch läßt die häufige Wiederholung dieser Anordnungen den Schluß zu, daß sich nur wenig änderte, der Tod offensichtlich nur in Seuchenzeiten gedanklich mit dem Geruch in Verbindung gebracht wurde. Erst die wachsenden naturwissenschaftlichen Kenntnisse des 18. Jahrhunderts, physikalische und chemische Experimente zur Erforschung der Elemente Luft und Wasser schärften das Interesse der Öffentlichkeit; zahlreiche Sanierungsmaßnahmen zur Beseitigung der Mißstände waren die Folge.[5]

Die Reinheit der Luft als eine Voraussetzung für die Gesundheit aller Einwohner wurde schließlich auch zum gesundheitspolitischen Programm in der bayerischen Residenzstadt. Das Münchner Collegium Medicum befaßte sich damit und schloß sich der nun allerorten vertretenen wissenschaftlichen Meinung an, die der in den Zimmern »eingesperrten Luft« aus Kohlendämpfen ebenso wie den »arsenicatischen Dünsten« in Bergwerken tödliche Wirkung zuschrieb, aber auch dem gärenden Wein in den Kellern. Folgerichtig waren daher auch die schädlichen Auswirkungen der Dämpfe aus den Kirchhöfen nicht zu bestreiten, da die » bösartigen faulen Teilchen« (die Miasmen) in der Luft schwebten und durch Atmen in den Körper gelangten. Auf diese Weise führten sie nach herrschender Meinung zur »endemischen langwierigen Wassersucht« und zur Rachitis bei Kindern.[6]

Das Anliegen, die Stadt von dem Geruch der Toten zu befreien, von der durch »langsam verfaulende Leichen vergifteten Luft«, gab den Bestrebungen neuen Auftrieb, die Friedhöfe aus der Stadt hinaus zu verlegen. Schon die päpstliche Bulle von 1480 hatte dieses Thema angesprochen, und die Notwendigkeit der raschen Bestattung einer hohen Zahl von Seuchenopfern hatte später zumindest dazu geführt, daß ein Teil der Bestattungen auf dem äußeren Friedhof vor dem Sendlinger Tor vorgenommen wurde. Auch war der Friedhof um die Frauenkirche bereits aufgelassen und bepflastert,[7] eine Schließung aller innerstädtischen Friedhöfe war jedoch nie zur Diskussion gestanden. Der Bevölkerungszuwachs, den München in der zweiten Hälfte des 18. Jahrhunderts erfuhr, läßt den Schluß zu, daß die Friedhöfe der Stadt wirklich, wie dies behauptet wurde, überbelegt waren, und die Bewohner mit unschönen Szenen konfrontiert wurden.[8]

Wie wenig jedoch aufklärerisches Gedankengut und Fortschrittsdenken den Münchnern gelegen kam, zeigte sich an der Diskussion, die eine kurfürstliche Anordnung vom 5. April 1774 nach sich zog. Max III. Joseph hatte dem Stadtmagistrat den Befehl erteilt, darüber nachzudenken, welcher Platz für einen Friedhof geeignet oder wie der bestehende Friedhof vor dem Sendlinger Tor zu erweitern sei, so daß auch Standespersonen und die Priesterschaft sich dort begraben lassen könnten. Die jetzigen Kirchhöfe dagegen sollten – allein dies schon ein Kampfruf – auf Kosten der Gotteshäuser »rasiert«, mit Kalk und Urbau überschüttet und gepflastert werden. Aufgelassen werden müßten auch die Kirchengrüfte, diese »stinkenden, vergifteten Vorratskeller ansteckender Luft«, wie ein Befürworter argumentierte und damit ein allseits bekanntes und häufig angewandtes Argument benützte.[9]

Sehr schnell bildeten sich daraufhin die Fronten. Gegner des Projekts bezeichneten den Gedanken einer Verlegung der Friedhöfe schlichtweg als »Infamie«. Hauptargument war hier der finanzielle Verlust, den die Kirchen zu erleiden hätten, falls die Grabstätten in der Stadt aufgelassen werden würden. Den Priestern dagegen bliebe nur noch »Rennerei«, da der Leichenzug bis vor die Tore der Stadt führen mußte. Auch die Kirchendiener wie Mesner und Totengräber würden essentieller Einkünfte verlustig gehen, denn mit einer Aufstockung des Friedhofspersonals vor dem Sendlinger Tor war offensichtlich nicht zu rechnen. Diesem Standpunkt schloß sich die Stadt an, wobei nicht nur die Entschädigungssumme für die Kirchen, sondern auch der Kauf eines weiteren Grundstücks als Gegenargumente ins Feld geführt wurden. Im übrigen hatte man seine Hausaufgaben gemacht und festgestellt, daß der Wind häufig aus »Südwesten« kommend über die Stadt streicht, und so die üblen Ausdünstungen des Friedhofs wieder in die Stadt getragen werden. Die Gegenseite bemühte sich, für alle Probleme mehr oder weniger polemisch formulierte Abhilfen zu finden und untermauerte die eigene Beweiskette nicht nur mit historischen Beispielen, sondern auch mit aktuellen und positiven Erfahrungen der angrenzenden Länder Österreich und Oberitalien. Finanzielle Probleme ließen sich, so der Tenor, leicht aus den Mitteln der Bruderschaften ersetzen. Diese wieder könnten sich einen Teil ihrer Verluste aus dem Pflasterzoll zurückholen und im übrigen auf die Bürgerschaft zurückgreifen. Bei den Begräbnissen wurde als neue Richtschnur das Sparen empfohlen, um die zusätzliche Belastung der Einzelnen aufzufangen. Daneben sollten die Münchner durch die Abgabe von Pfennigbeträgen beim Einsammeln der Beichtzettel auch teilweise für die Verluste der Kirchendiener aufkommen. Eine letzte Anlaufstelle für notleidendes Kirchenpersonal müßte dann der Liebsbund sein, eine bürgerliche Vereinigung zur Unterstützung der Armen.[10]

Diese vom Geist der Aufklärung, von den neuen Wissenschaften, geprägten Auseinandersetzungen geben die Meinung der Münchner Bürger in dieser Streitsache nur unzureichend wider. Ihre Interessen waren anders gelagert und das Beispiel der Gräfin von Spreti dürfte diese allgemeine Auffassung charakterisieren. Die Gräfin war wohl, den modernen Zeiten aufgeschlossen, zuerst für eine Schließung der Kirchengrüfte eingetreten. Vom Stadtpfarrer Unserer Lieben Frau darauf hingewiesen, daß ihre eigene Großmutter in einer Gruft eben dieser Kirche liegen würde, hatte sie schnell von ihrer Idee Abstand genommen und den Geruch der Leichen nicht mehr als übel und schädlich zu bezeichnen gewagt.[11] Man konnte sich eben nicht damit abfinden, daß die Toten nun nicht mehr in der Nähe der Heiligen liegen sollten und damit einer Sicherheit freudiger Auferstehung beraubt werden mußten. Daneben war das Gedenken an den Toten sehr eng mit dem Ort der Bestattung verbunden. Die Gemeinschaft von Lebenden und Toten in Kirche und auf dem Kirchhof war ein wesentlicher Bestandteil des religiösen Lebens, auch wenn – auch dies ein Argument – auf Kriegsschauplätzen die Leichen der Gefallenen begraben wurden und Gedenksteine vielleicht hunderte von Meilen entfernt errichtet wurden. Die spätere Transferierung einer großen Anzahl von Gebeinen aus den aufgelassenen Friedhöfen in der Stadt zu einem Sammelgrab auf dem Friedhof vor dem Sendlinger Tor dürfte daher die Angehörigen sehr getroffen haben, denn damit war die Verbindung zu den Toten zerrissen.[12]

Daneben – und dies war vor allem ein Problem der gehobenen Schichten – beraubte sie die Planierung der Friedhöfe eines Zeichens ihres Standes, des Epitaphs. Die Kirchenbesucher nahmen nun nicht mehr bei ihrem Gang zur Kirche die alten Familienwappen wahr als Insignien einer in der Stadt mächtig und reich gewordenen Familie. Man tröstete sich daher nur ungern mit dem Gedanken, daß »Gebeine keine Ahnenprobe seien« und die Epitaphien ja auch in die Mauer eingelassen oder auf den neuen Friedhof gebracht werden könnten.[13] Das einfache Volk allerdings, die ärmeren Handwerker, Taglöhner und Dienstboten, dürften von dieser Maßnahme wenig berührt gewesen sein, da sie schon seit längerer Zeit ihre Toten vor das Sendlinger Tor hinaus begleiteten.

Der Widerstand in der Stadt gegen die kurfürstliche Maßnahme war trotz aller Liebe, die man diesem Fürsten entgegenbrachte, groß genug, das Projekt zu verhindern. Ausschlaggebend waren anscheinend die dabei anfallenden Entschädigungssummen für das Kirchenpersonal. Zwei der Friedhöfe innerhalb der Stadt wurden zwar ab 1774 nicht mehr regulär genutzt.[14] Eine Schließung aller Kirchhöfe zu diesem Zeitpunkt war jedoch nicht durchsetzbar und es dauerte noch bis zum Jahr

1789, bis die endgültige Verlegung der Friedhöfe vor die Tore der Stadt durchgesetzt werden konnte. In der Zeit dazwischen blieben die Verschönerung der Stadt und damit auch die Einebnung der Friedhöfe zentrale Themen. François Cuvilliés d. Jg. plädierte dafür in seinem Traktat »Von den Architektonischen Ordnungen« sowie für eine Entfernung aller Herkunftsorte übler Gerüche.[15] In seinem »Traum von den drei Nächten« beschrieb Lorenz v. Westenrieder eine Utopie der Stadt im Geist der Aufklärung und Karl v. Eckartshausen hielt im Jahr 1788 seine Rede von der »Verderbnis der Luft und ihre Verbesserung … « vor der Bayerischen Akademie der Wissenschaften.[16]

Inzwischen hatte die Stadtplanung eine neue Stufe erreicht. 1777 war als Nachfolger Max III. Joseph der auf dem Gebiet der Stadtplanung äußerst fortschrittlich denkende Karl Theodor Kurfürst geworden. Zudem vergrößerte sich mit seinem Einzug in die Stadt die Bevölkerung durch die große Zahl an Hofbediensteten, die mit ihm von Mannheim nach München zog, noch einmal. Die Stadt war nun wirklich übervölkert – das Problem einer Stadterweiterung wurde also vordringlich. Wie sehr die Erweiterung der Stadt und ihre Verschönerung ein Anliegen des Kurfürsten war, zeigt die Ausschreibung eines kurfürstlichen Preises von 100 Dukaten für die Ausarbeitung eines Planes für eine Vorstadt an der Bayerischen Akademie der Wissenschaften.[17] Auch die Schließung und Planierung der Friedhöfe war wieder im Gespräch. So führte z. B. die weitere Nutzung des St. Peters Friedhofs zu einer kurfürstlichen Rüge: nur in Ausnahmefällen war nun die Vergabe einiger weniger Plätze an der Kirchhofmauer gestattet, auf keinen Fall aber sollte die Breite der vorbeiführenden Straße dadurch geschmälert werden. Das Kollegiatstift hatte sich bereits verhandlungsbereit gezeigt und berechnete nun für einen Grabplatz auf dem »Frauenfreythof« äußerst hohe Summen, um damit eine geringere Belegung dieses Friedhofes zu erreichen.[18] Ab 1784 jedoch wurden die Pläne zu einer vollständigen Schließung der innerstädtischen Friedhöfe wieder konkret, strittig war allein der Ort, an dem sich der neue Bestattungsort befinden sollte, der als Ersatz dienen mußte. Neben einer Vergrößerung des bestehenden äußeren Friedhofs – auch dieser war bereits wieder überfüllt – dachte man auch an Ausweichplätze vor dem Neuhauser und dem Schwabinger Tor.

Deutlichere Formen nahm ein Projekt an, das die Errichtung des neuen Friedhofs neben dem Kloster der Elisabethinerinnen vorsah, denn der Geistliche Rat hatte bereits die Anordnung erhalten, für die Anlage des Friedhofs sowie für die Schaffung eines Zugangs durch das sog. Laboratorium und die Befestigungsanlagen Gelder aus den Mitteln der Kirchen bereit zu stellen. Die Wahl dieses Ortes scheiterte jedoch am Widerstand der Nonnen. Ihr Hinweis, selbst eine Verwendung für ihre Grundstücke neben dem Kloster zu haben, wurde vom Collegium Medicum noch unterstützt. Nach Meinung der Ärzte war dieser neue Bestattungsort äußerst ungünstig, da das Auftauen der Erde im Frühjahr und die größere Wärme im Sommer höchst ungesunde Ausdünstungen hervorriefen, die der häufig wehende West- oder Südwind vom Gottesacker in die Stadt trieb. Auch die Kranken im Kloster der Elisabethinerinnen sah man dadurch in Gefahr. Da das Krankenhaus von den

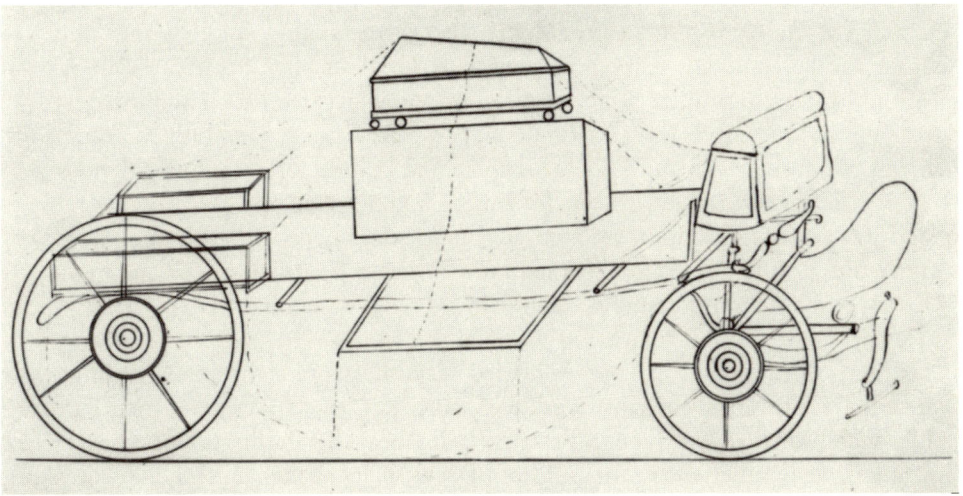

Skizzen zu dem in München 1798 eingeführten städtischen Leichenwagen.

Schwestern äußerst gut geführt wurde und für die Münchner ein wichtiges medizinisches Versorgungszentrum war, dürfte der Rat der Ärzte ausschlaggebend gewesen sein.[19]

Die Stadt hatte bereits 1784 die Nutzung des an den äußeren Friedhof anschließenden Militärfriedhofs vorgeschlagen und darauf hingewiesen, daß der Ankauf von Grundstücken in Privatbesitz zu kostspielig sei. Soldaten waren bis in das 18. Jahrhundert auf dem Friedhof vor dem Sendlinger Tor begraben worden. 1780 erwarb der Hofkriegsrat den Bestattungsort der Pestopfer von 1634, ließ die Hügel der vier Massengräber planieren und den Grund mit Planken bzw. einer Mauer einfassen. Im November 1780 erfolgte seine Weihe als Militärfriedhof. Als man sich schließlich doch auf die Einrichtung des Friedhofs vor dem Sendlinger Tor als zukünftigen einzigen Friedhof der Stadt einigte, wurde der Militärfriedhof diesem angegliedert und nur eine Sektion als weiterer Bestattungsort für das Militär gekennzeichnet. Zukäufe von wenigen Tagwerk und die Angliederung des protestantischen Friedhofs vergrößerten den »ferteren« Friedhof noch einmal. Am 17. Januar und am 7. Februar 1789 setzten zwei kurfürstliche Reskripte allen Bestattungen in den Friedhöfen und Kirchen der Stadt ein Ende, und am 4. April erfolgte die Weihe des neuen Friedhofteiles vor dem Sendlinger Tor. Für Bestattungen freigegeben war der neue Teil allerdings erst ab dem 26. Juni 1789, da sich der Fortschritt der Bauarbeiten etwas verzögert hatte.[20]

München betrat auf dem Gebiet des Bestattungswesens keineswegs Neuland; ähnliche Bestrebungen finden sich im 18. Jahrhundert auch in den angrenzenden Ländern. Bereits 1715 hatte Kurfürst Joseph Clemens in Bonn die Verlegung der Friedhöfe vor die Stadt angeordnet, war jedoch am Widerstand der Bevölkerung gescheitert. Im Jahr 1787 gelang es schließlich Kurfürst Max Franz, einem Bruder Josephs II. von Österreich, eine Schließung der Friedhöfe in der Stadt Bonn durchzusetzen.[21] Die Reformversuche Josephs II. von Österreich, weitreichender und wesentlich radikaler in den Anordnungen als in den deutschen Staaten, mußten nach einigen Monaten in großen Teilen zurückgezogen werden, da auch hier die Bevölkerung sich widersetzte.[22] In München dagegen waren die Anordnungen von Erfolg gekrönt. Auch hier erregte die angeordnete Schließung der Friedhöfe den Unmut der Bevölkerung, vor allem als bei der Einebnung der Gelände die Gebeine zahlreicher Toter gesammelt und in ein Massengrab auf dem neuen Friedhof der Stadt versenkt wurden. Mit Petitionen versuchten Münchner Familien die eigene Familiengrabstätte zu erhalten, Versuche, die nur in wenigen Fällen Erfolg hatten, so z. B. in St. Peter.[23]

Einer der Gründe für die Ablehnung des Bestattungsortes vor dem Sendlinger Tor war seine Nutzung als Friedhof der »einfachen Leute«. Die angesehenen Familien gaben nicht nur ihre Familiengrabstätten und damit die etablierten Standeszeichen auf, sondern sie sahen sich nun, auf dem Begräbnisplatz des einfachen Volkes, mit diesem auf eine Stufe gestellt. Schon 1774 war dieser Streitpunkt aufgetaucht und als Abhilfe war der Vorschlag einer Unterteilung des neuen Friedhofs in verschiedene Sektionen geäußert worden. Auch der Adel, der Priesterstand, Patrizier und angesehene Bürger könnten dort ihre letzte Ruhe finden, da einige Bögen der den Gottesacker umgebenden Arkadenmauer für Familiengrabstätten reserviert werden würden. Den »gemeinen Leuten« sollte ebenfalls ein gesonderter Platz zugewiesen werden.[24]

Auch wenn dieser Plan nicht zur Ausführung kam, beschränkte man sich doch auf die herkömmliche Methode einer nach Preisen gestaffelten Ordnung, die auch schon auf den innerstädtischen Friedhöfen angewendet worden war. Nach einem Erlaß vom 28. November 1789 wurden die Grabplätze unterteilt in Familienbegräbnisse und Gräber. Familienbegräbnisse blieben im Besitz der Familie, die die Grabstätte gekauft hatte, und alle Angehörigen in direkter Linie, ausgenommen Frauen, die in andere Familien eingeheiratet hatten, konnten hier bestattet werden. Die Familienbegräbnisse waren wieder unterteilt in verschiedene Klassen. Gräber an der »unteren Wand« kosteten 150 Gulden, an der »Seitenwand des Portals mit dem eisernen Gitter« 100 Gulden und auf der anderen Seite 50 Gulden. Bei jeder neuen Belegung mußten noch einmal 5 Gulden bezahlt werden. Grabstätten für Eltern, Kinder und Kindeskinder für zwei Körper oder Grabhügel kosteten 50 Gulden, jede Bestattung noch einmal extra 3 Gulden. Es ist zu vermuten, daß schon sehr bald die Möglichkeit einer weiteren Benutzung durch die Familie möglich wurde; Bestimmungen darüber stammen aber erst aus späterer Zeit. Einzelgräber waren unterteilt nach 5 Klassen, die 5, 3, 2 oder 1 Gulden kosteten bzw. als Armengrab kostenlos waren. Der Wert der höheren und teureren Klasse lag offensichtlich in der Lage des Grabes zum Weg hin. Die erste Reihe war, da am besten im Blickfeld des Vorbeigehenden, auch die teuerste.[25]

Neue Hygienemaßnahmen bei der Bestattung

Die Zentralisierung der Bestattungen auf dem Friedhof vor dem Sendlinger Tor war nur ein Teil der auf den Erkenntnissen der Wissenschaft basierenden Hygienemaßnahmen. Am 18. Juli 1789 erging ein Befehl des Hofoberrichteramts, der für zukünftige Bestattungen drei Punkte festsetzte: Jedes Grab ausschließlich des Grabhügels hatte eine Tiefe von mindestens 6 Schuh (1 Schuh = 28–37 cm) aufzuweisen, der Zeitraum zwischen den Bestattungen in einem Grab hatte 12 Jahre zu betragen und eine Beerdigung durfte nicht vor 36 Stunden nach Eintritt des Todes vorgenommen werden, sollte jedoch erst nach 48 Stunden stattfinden.[26] Mit der Festlegung einer bestimmten Tiefe des Grabes wollte man vermeiden, daß durch nachlässige Bestattung, wie sie offensichtlich häufiger vorgekommen war, die Leichen nur unzureichend mit Erde bedeckt waren und nachts von Hunden ausgegraben wurden. Den Totengräber von St. Peter hatte man dabei ertappt, als er eine halbverweste Frauenleiche wieder zurück in das Grab warf, nur wenig Erde darauf schüttete und nun in dasselbe Grab die nächste Leiche legte. Dieses Vorkommnis hatte nicht nur eine Rüge an den Magistrat zur Folge, sondern auch eine Untersuchung, welcher Zeitraum abzuwarten war, bis ein Grab wieder belegt werden durfte. Man einigte sich auf 12 Jahre.[27] Die für die heutige Auffassung so selbstverständlich gewordene Anordnung, bestimmte Ruhezeiten abzuwarten, zeigt, wie sehr sich die Einstellung zum Tod im 18. Jahrhundert geändert hatte. Das Skelett oder der Leichnam in verschiedenen Stadien der Verwesung repräsentierte im Spätmittelalter den Tod, und der Tod war Teil des häufig verwendeten Totentanzbildes. Im 18. Jahrhundert jedoch etablierte sich ein ganz anderes Bild des Todes: der Tod als Bruder des Schlafes. Skelette und Verwesung wurden nicht länger akzeptiert – und damit auch nicht die Konfrontation mit der eigenen Sterblichkeit.[28]

Diese Hinwendung zu einem neuen Todesbild hatte noch weitreichendere Folgen. Zentrales Thema wurde die Angst vor dem Scheintod – ein Thema, das auch noch im

Wo Echo widerschallt.
Hier bin ich / schau mich an /
thu dein entflamten Willen
An mir, gleichwie du sollt /
in dieser Gegend stillen.

folgenden Jahrhundert in der Literatur präsent war und Bestattungsordnungen und Friedhofseinrichtungen bis zum Ende des 19. Jahrhunderts wesentlich prägte. Berichte über Tote, die auf wundersame Weise im Grab wieder zum Leben erwachten und gerettet wurden oder aber auf elende Weise umkamen, lassen sich auch schon früher feststellen. Erst im 18. Jahrhundert aber wurde die Angst der Menschen, als Scheintoter begraben zu werden, so intensiv, daß Ärzte auf Gegenmaßnahmen sannen. Der Tod, bis dahin im Glauben auf eine Erlösung in Gott als unausweichlich angenommen, wurde durch die Unsicherheit, die sich in der Zeit der Aufklärung verbreitete, erst wirklich schrecklich. Die Vorstellung einer Möglichkeit des Scheintods ließ dagegen noch die Hoffnung, den Tod dieses eine Mal abgewendet zu haben.[29]

Ein Vorfall des Jahres 1794 in München macht deutlich, wie diese Verbindung des neuen Todesbildes mit der Furcht vor der Endgültigkeit des Todes schnell zur Entstehung neuer Legenden beigetragen haben mag. Anläßlich des Begräbnisses eines kleinen Kindes, das von der Seelnonne »geziert«, also geschmückt, auf dem Friedhof vor dem Sendlinger Tor aufgebahrt lag, hatte eine der Besucherinnen zu einer Begleiterin geäußert, das Kinde würde aussehen als ob es lebe, also wie im Schlaf liege – eine folgenschwere Bemerkung, wie sich herausstellen sollte. Auf diese ohne Nachdenken dahingesagte Bemerkung griffen die Behörden ein und befragten ausführlich nicht nur die Seelnonne, sondern auch den Mesner von St. Stephan und den zuständigen Totengräber.[30]

Anstoß für eine intensive Beschäftigung der Münchner Behörden mit dem Problem des Scheintodes und die Suche nach Abhilfemaßnahmen war jedoch eine andere Legende, die in den Akten immer wieder auftaucht und sich offensichtlich zur Wandersage entwickelte. Der unglückliche Held dieser Sage, der sich zum abschreckenden Beispiel eines Scheintoten entwickeln sollte, war bis 1791 Pfarrer in Jahrsdorf, Ger. Hilpoltstein. Vom »Schlagfluß« (Schlaganfall) getroffen wurde er, so die Sage, für tot gehalten und begraben. In der Nacht hörte man aus dem Grab ein klägliches Winseln und beim Öffnen des Grabes fand man ihn, nun auf dem Gesicht liegend und »wahrhaftig tot«.[31] Das im Bayerischen Landboten veröffentlichte Ende des Pfarrers war der Hintergrund für eine Erneuerung der Anordnung des Jahres 1789, Tote nicht vor 36 Stunden, besser aber nach 48 Stunden zu begraben, außer es war ein eindeutiger Fäulnisprozeß erkennbar.[32] Offensichtlich wurde diese Anordnung wie so viele der kurfürstlichen Mandate nicht streng befolgt, und so bedurfte es auch in diesem Fall stetiger Ermahnung. Einige Ärzte, die sich zu dem Problem äußerten, bezweifelten die traurige Geschichte des Pfarrers, hatten jedoch selbst eine weit bessere an der Hand, die noch dazu den Vorteil hatte, daß es sich dabei um eine hochgestellte Persönlichkeit aus München handelte: die verwitwete Baronesse de Perfahl. Man hatte die Scheintote bereits »für die Grube präpariert«, aber noch nicht zu Grabe getragen, als es ihr gelang, auf ihren jämmerlichen Zustand aufmerksam zu machen.[33]

Weitere ärztliche Gutachten brachten keine neuen Erkenntnisse. Als Beispiele dienten die aus ganz Europa zusammengetragenen Erzählungen von Scheintoten, die im Grab in einer veränderten Lage gefunden worden waren, sich selbst die Finger abgebissen hatten, von Grabräubern gerettet wurden oder – ein Beispiel aus der Antike – auf dem Scheiterhaufen wieder zum Leben erwacht waren.[34] Nicht nur Sagen oder Halbwahrheiten ließen den Scheintod zum Problem werden, sondern vor allem tatsächlich erworbene Erfahrungen mit Unglücksopfern. In Augsburg hatte der Senat bereits im Januar 1756 erste Direktiven erlassen, wie bei Ertrunkenen, Erhängten, im Kohlenrauch Erstickten oder Erfrorenen Wiederbelebungsversuche einzuleiten seien.[35] Der Stand der medizinischen Forschungen hatte zwar neues Wissen gebracht, aber auch die Frage aufgeworfen, wie denn der Tod eines Menschen tatsächlich zu erkennen sei, denn die erworbenen medizinischen Kenntnisse reichten noch nicht aus, die Frage nach dem Zeitpunkt des Todes befriedigend zu beantworten. Die Trennung von Leben und Tod war damit undeutlich und zu einem Problem geworden. Daher blieb den Münchner Ärzten nur die Feststellung, daß letztendlich nur das Öffnen des Körpers eine Entscheidung darüber zuließ, ob der Mensch schon tot oder aber nur scheintot war. Wie man aber auch sehr richtig feststellte, konnte die Sektion dann die Todesursache sein. (Auch dafür hatte man bereits Beispiele.)[36] Die Sammlung verschiedener Anordnungen und Erlasse aus anderen Teilen Deutschlands, die die Stadt zu diesem Problem anlegte, läßt die Intensität vermuten, mit der man sich in München damit beschäftigte.[37] Und letztendlich folgte man dann den Wegen, die andere Staaten bereits vorgegeben hatten.

Eine ärztliche Totenbeschau, die nicht nur Todesursache, sondern auch den Todeszeitpunkt feststellen sollte, kannten sowohl Österreich als auch Frankreich. Joseph II. hatte die Pflicht, bei Verstorbenen eine Totenbeschau durchzuführen, in einem Mandat bekräftigt. In Bayern war bereits seit 1760 die Leichenschau gesetzlich eingeführt,[38] in München dagegen liegen die Anfänge früher. Hier war die Totenbeschau seit Anfang des 17. Jahrhunderts als Mittel der Seuchenprävention angeordnet, fand jedoch nur in Zeiten einer grassierenden Seuche regelmäßig statt. Eine Totenbeschau durch den Wundarzt oder »Doctores« mußte daneben auch bei allen »totgefundenen Menschen« stattfinden, falls die Vermutung gegeben war, daß der Tote ermordet worden war.[39] Die Feststellung des Todeszeitpunkts als wichtigste Aufgabe der ärztlichen Totenbeschau führte schließlich gegen Ende des 18. Jahrhunderts zu einer allgemeinen Pflicht einer amtlichen Totenbeschau. Noch im März 1791 stellte sich der Hofoberrichter allerdings gegen eine »ordentliche« Totenbe-

Markt auf dem ehemaligen Friedhofsgelände an der Salvatorkirche.
(Zeichnung Joseph Helldobler v. 1840)

73

schau, da dies zu größerem Aufsehen führen würde – der Geruch der Kriminalität hing anscheinend noch zu sehr daran. Da sich die Ärzteschaft dafür aussprach, erfolgte eine Weisung des Kurfürsten, daß die Besichtigung des Leichnams durch einen Arzt nur durchzuführen sei, falls der Arzt gerufen wurde. Ein Jahr später jedoch erfolgte die landesherrliche Verordnung vom 2. Februar und dem 26. März, die eine Bestattung erst nach den bekannten 36 bzw. 48 Stunden und nicht ohne ärztliche Beschau gestattete.[40]

Warum dieser plötzliche Entschluß? Wieder einmal war es auf dem Friedhof vor dem Sendlinger Tor zu einem verhängnisvollen Ereignis gekommen. Eine für tot geglaubte Frau war im Januar, also in der kalten Jahreszeit, im Totenhaus angeblich wieder in das Leben zurückgekehrt, aus dem Sarg aufgestanden und bis zur Türe gekommen. Die aber war versperrt, und daher fand man die Unglückliche am nächsten Morgen neben der Tür erfroren auf. Sofort wurde der Stadtmagistrat um eine Stellungnahme und Aufklärung des Falles ersucht. Der dazu befragte Mesner gab zur Aussage, es würde sich nur um ein Gerücht handeln. Daraufhin ordnete man die Exhumierung der Leiche an, anscheinend ohne Erfolg. Trotz seines ungewissen Ausgangs war dieser Vorfall der Anlaß für ein erneutes Aufflammen der Diskussion um die ärztliche Totenbeschau und ihre endgültige Einführung.[41] Es sollte aber noch Jahre dauern, bis die kurfürstliche Verordnung auch zur Durchführung gelangte. Im Juli 1793 entwarf ein bürgerlicher Wundarzt Anleitungen für eine Totenbeschau und nun erst wurde die Stelle auch ausgeschrieben.[42]

Etwa zeitgleich mit der Totenbeschau wurde auch die Ablieferung eines Totenscheins für jeden Verstorbenen Pflicht – auch dies wahrscheinlich nach dem Vorbild der Reformen Josephs II. Für jeden Verstorbenen hatte nun die mit dem Begräbnis beauftragte Seelnonne einen eigenen Schein auszufüllen, der Name, Alter und Beruf des Verstorbenen angab. Dieser Schein war dann dem Pfarrer zu übergeben, der wieder hatte die Scheine an die Oberlandesregierung weiterzuleiten.[43] Während die Totenbeschau, wenn auch entstanden aus dem Versuch einer polizeilichen Kontrolle, primär für den Schutz der Bevölkerung vor dem Scheintod gedacht war, hatte der Totenschein in erster Linie statistische Zwecke zu erfüllen. Nicht nur in der Pfarrei war der Einzelne nun registriert, sondern auch beim Staat.[44]

Die Verordnungen über Einhaltung einer bestimmten Frist zwischen Tod und Bestattung enthielten eine zusätzliche Bestimmung: der Leichnam mußte an einem dafür »geeigneten Ort« aufbewahrt werden.[45] Damit war die Einrichtung eines Leichenhauses gemeint, in das die Leichen gebracht wurden, um dort unter dem wachsamen Auge eines Wächters die Zeit bis zur Bestattung zu verbringen. Auf diese Weise sollten letzte Zweifel über den Tod des Verstorbenen ausgeräumt werden. Das Leichenhaus trat an die Stelle der Totenkapelle, in der die Leiche bisher bis zum Zeitpunkt der Beerdigung aufgebahrt lag. 1791 wurde der ehemalige »Totenkerker« auf dem Friedhof vor dem Sendlinger Tor zu einem Leichenhaus umgebaut und auch für Sektionen verwendet. München war damit eine der ersten Städte, die ein Leichenhaus besaßen, Weimar folgte ein Jahr später mit dem Bau eines Hauses nach den Plänen Hufelands.[46]

Sehr bald schon wurde das Leichenhaus, errichtet als ein Provisorium, zu klein. Nach Aussagen eines Mesners benützten die Ärzte daher immer häufiger seine Wohnung als Sezierzimmer. An manchen Tagen mußte die Sektion sogar im Freien durchgeführt werden und rangierte schon bald unter den Volksbelustigungen.[47] Bereits zwei Jahre später wurde der Bau eines neuen »Totenhauses« diskutiert und ein Plan erarbeitet. Es war geplant mit insgesamt drei Zimmern für Tote, eines davon für Höhergestellte, einem Zimmer für die zwei Wächter, einem Altar, einem Operationszimmer für Ärzte und einer kleinen Wohnung für die Wächter. Ein oder zwei Ärzte sollten nur für das Totenhaus arbeiten, vier Viertelchirurgen waren für die Untersuchungen und Besichtigungen verantwortlich. Weder dieser frühe noch ein späterer Vorschlag des Architekten Franz von Thurn von 1807 kamen zur Ausführung; es fehlte wohl an finanziellen Mitteln.[48]

Aus Gründen der Hygiene war schon 1774 der in München so beliebte Transport des Sarges auf dem Friedhof durch Träger kritisiert worden, denn bei ihrem letzten Dienst für den Verstorbenen waren gerade die Träger des Sarges der Ansteckungsgefahr ausgesetzt. Die Ansteckungsgefahr und zu erwartende Transportschwierigkeiten hinsichtlich der geplanten Verlegung aller Friedhöfe vor die Stadt legten die Anschaffung eines Leichenwagens nahe, wie er in Österreich als eine Folge der Josephinischen Reform an einigen Orten bereits benutzt wurde. Der Wagen, so ein Vorschlag von 1774, könne ja vor dem Sendlinger Tor bereit stehen und nach der Aussegnung durch den Priester gleich mehrere Leichen auf einmal hinaus auf den Friedhof fahren. Roß und Wagen möge die Stadt zur Verfügung stellen, deren Anschaffung sehr einfach durch dafür erhobene Gebühren zu finanzieren sei.[49] In Seuchenzeiten wurde diese Art des Transportes dann offensichtlich praktiziert, denn anläßlich einer großen Pockenepidemie im Jahr 1796 rügte das Collegium Medicum nun wieder diese Praxis, da der Transport von etwa fünf bis sieben Leichen auf dem Wagen, die von einem Priester begleitet, auf den Friedhof gefahren wurden, die Ansteckungsgefahr sehr erhöhten.[50] Mit der Konzentrierung aller Bestattungen auf den äußeren Friedhof und der nun einsetzenden Reformbemühungen um die Einrichtung eines Leichenhauses wurde auch wieder die Anschaffung eines Leichenwagens in seuchenfreien Zeiten von den Ärzten befürwortet.[51] Und es scheint, daß in der Folgezeit einige Münchner dazu übergingen, den Sarg ihres Verstorbenen auf dem langen Weg zum Friedhof in Kutschen zu begleiten, die eigens für den Leichentransport ausgestattet waren.[52]

Der Anstoß für die Verwendung besonderer Leichenwagen kam offensichtlich von staatlicher Seite, denn noch 1790 hatte die Stadt große Bedenken hinsichtlich dieser Einrichtung geäußert, da der Leichenkondukt mit einem Leichenwagen meist in aller Stille stattfinden würde, also mit wenig Begleitpersonal. Geistliche und Bruderschaften würden auf diese Weise große Verluste erleiden. Offensichtlich konnte sich die Stadt in dieser Frage nicht durchsetzen, denn 1798 wurden die bürgerlichen Lehenrössler (Lohnkutscher) befragt, ob sie sich imstande sähen, Wagen für diesen Verwendungszweck anzuschaffen. Da für die Lehenrössler die Anschaffung zu teuer kam, gab die Stadt selbst drei Wagen in Auftrag, zwei einfache und einen schö-

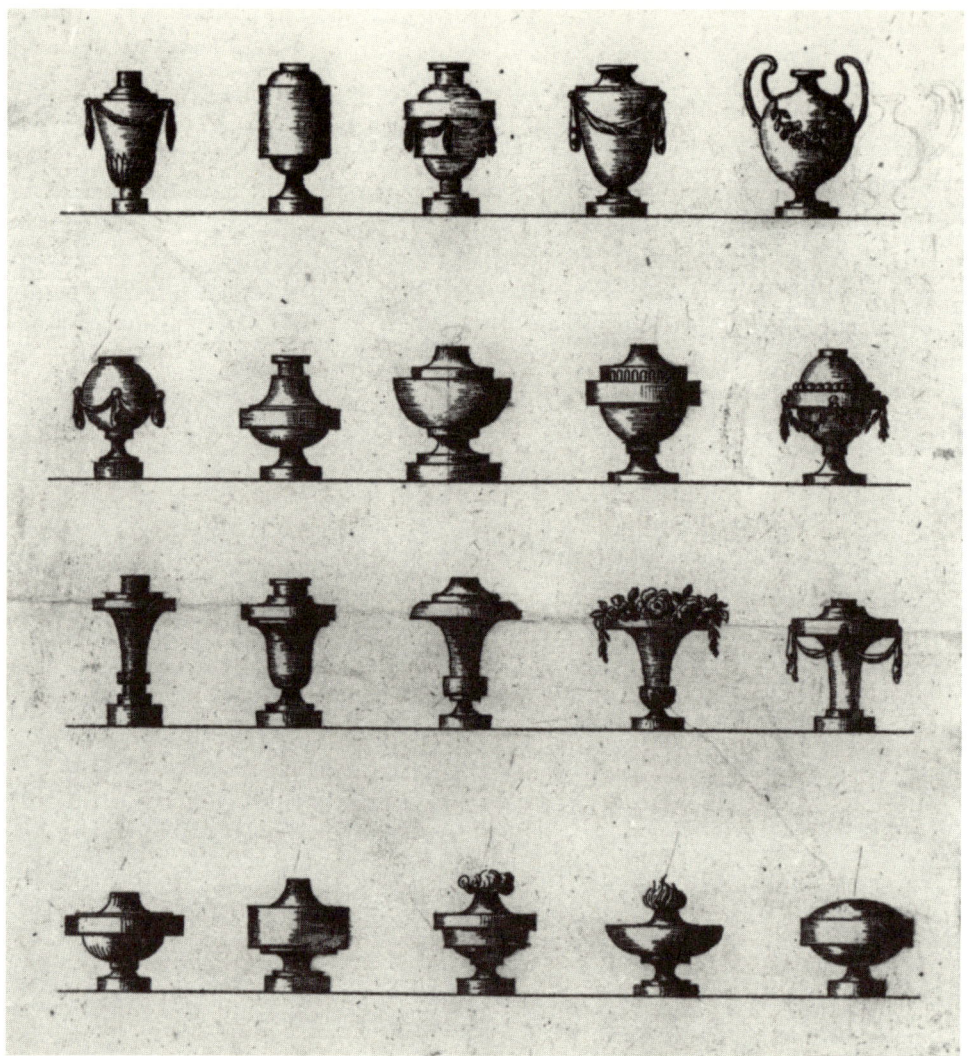

Vorlagen für Grabmalzubehör im klassizistischen Stil.

neren für die Bestattungen in einer höheren Klasse. Die Wagen blieben in städtischem Besitz, Kutscher waren die bürgerlichen Lehenrössler, die für ihre Fahrten 20 Kreuzer bei einfachen Fahrten und 30 Kreuzer mit dem schöneren Wagen verlangen konnten.[53]

Am 1. Juli 1798 erging die polizeiliche Order, daß für alle Fahrten nur noch die städtischen Wagen benutzt werden durften. Auch Kinderleichen sollten nun auf den Wagen transportiert werden. Leichen von bei oder kurz nach der Geburt verstorbenen Kindern nahmen unter den verschiedenen Begräbnisklassen nur einen sehr niedrigen Rang ein und wurden in der Regel ohne großes Aufheben von der Heb-

Vorlagen für Grabmäler und Epitaphien im klassizistischen Stil. Grabmäler konnten bereits zu Beginn des 19. Jahrhunderts anhand von Musterbüchern bei Steinmetzen in Auftrag gegeben werden.

amme selbst sofort in ein Tuch gewickelt oder eine Schachtel gelegt und auf den Friedhof getragen. Am 5. Juli 1798 erhielten daher die in der Stadt praktizierenden Hebammen sowie alle Seelschwestern die Aufforderung, für Kinderleichen nur noch die städtischen Wagen zu benützen. Die Regel wurde der Leichentransport auf den Wagen offensichtlich noch nicht; erst 1827 wurde diese Art des Transports verbindlich.[54]

Der Kampf um die finanzielle Entschädigung

Die Schließung aller innerstädtischen Friedhöfe 1789 war mit der Auflage ihrer sofortigen Planierung und Bepflasterung verbunden – ein Befehl, der auch ausgeführt wurde. Es ging jedoch nicht nur um eine visuelle Veränderung im Stadtbild, sondern auch sehr bald um rechtliche Fragen, da die nun frei gewordenen Areale neuen Zwecken zugeführt werden sollten – sie wurden verkauft. Einigkeit hatte noch bei der öffentlichen Versteigerung des ehemaligen Salvatorfriedhofes geherrscht. Er war zum größten Teil aus Generalmitteln für das »deutsche Schauspielhaus« erstanden worden, um dem Publikum eine bessere Zufahrt zu dem Theater bieten zu können.[55] Für die Stadt bedeutender war ein Rechtsstreit anläßlich der Auflassung des Friedhofs bei der Kreuzkirche. Bürgermeister und Rat hatten sich dafür ausgesprochen, daß als Käufer des Areals das städtische Bruderhaus als angrenzender Nachbar bevorzugt werden sollte. Das Bruderhaus wollte den Platz unbebaut lassen und einen Garten für Rekonvaleszenten anlegen, was den stadtplanerischen Interessen entgegengekommen wäre. Das Bruderhaus sei auch imstande, so das Argument der Stadt, mit Hilfe der eigenen landwirtschaftlichen Geräte und Materialien die Kosten der Einebnung zu tragen. Der Besitzer des Geländes, die Kummulativverwaltung von St. Peter und der Filialkirche Allerheiligen am Kreuz, also ebenfalls Mitglieder des Rats, war damit einverstanden.

Die Stadt war dabei der Auffassung, daß sie Grundeigentümer beider Friedhöfe sei, sowohl von St. Salvator als auch Allerheiligen am Kreuz, da sie die dafür nötigen Grundstücke im 15. Jahrhundert käuflich erworben hatte. Als Beweis brachte man zwei Kaufurkunden vor. Der Geistliche Rat, Gegner in diesem Rechtsstreit, konnte sich der Argumentation der Stadt nicht anschließen und verwies darauf, die Stadt sei nicht rechtmäßiger Eigentümer, hätte aber beide Plätze käuflich erwerben können. Im übrigen müßten zuerst die finanziellen Bedürfnisse der Kirchenstiftungen ausgeglichen werden, die bei der Verlegung der Friedhöfe Verluste erlitten und die Gelder für die Erweiterung des Friedhofs vor dem Sendlinger Tor vorgeschossen hatten.[56] In der Tat konnte die Stadt keinen Anspruch auf die von ihr ehemals angekauften Grundstücke geltend machen, die ja außerdem nur einen kleinen Teil des gesamten Friedhofsareals ausmachten. Nach der Rechtslage ging mit der Friedhofsweihe kommunaler Grund in den Besitz der Kirche über.[57] Ebenso verhielt es sich mit dem Friedhof vor dem Sendlinger Tor. Auch hier waren die ältesten Teile seit ihrer Weihe im Besitz der Kirche. Da die Stadt sich geweigert hatte, die Kosten für die Erweite-

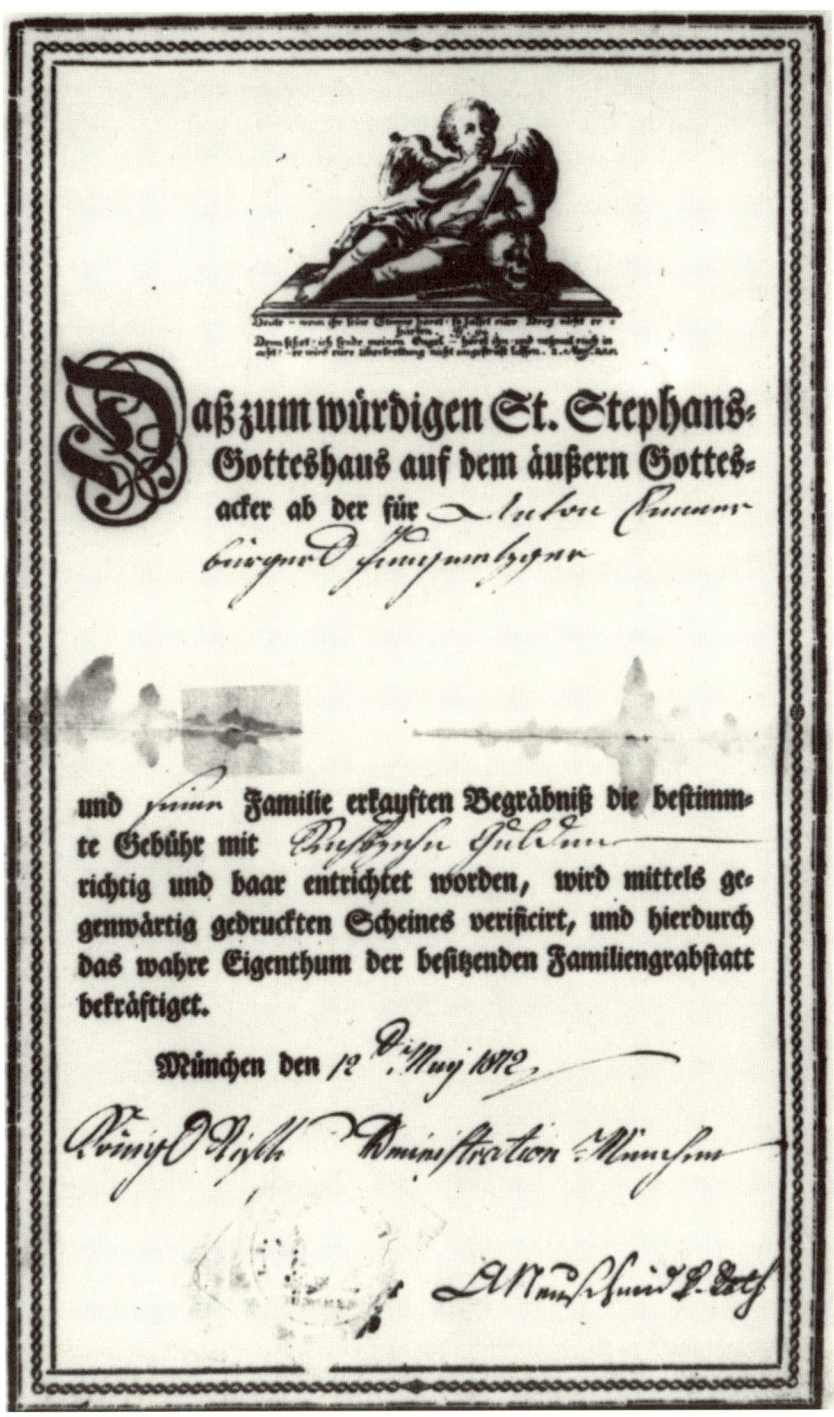

Graburkunde für ein Familiengrab auf dem alten südlichen Friedhof von 1812.

rung von 1789 zu tragen, hatten auch diesmal die Kirchenstiftungen das Geld vorge-
schossen und mußten nun aus den einfließenden Grabgeldern entschädigt werden.
Einen Teil der Kosten deckte der Verkaufserlös der beiden eingeebneten Friedhöfe.[58]
Auch 1789 war also der Friedhof vor dem Sendlinger Tor kein städtischer Friedhof,
sondern lag noch in kirchlicher Verwaltung, und in der Folgezeit sollte nicht die
Stadt, sondern der Staat zunehmenden Einfluß auf das Bestattungswesen und die
Verwaltung der Friedhöfe nehmen.

Mit den Erlässen von 1789 wurde auch die Kirchenverwaltung neu geregelt. Alle
Filialkirchen war nun ihren Mutterkirchen inkorporiert, der vorhandene Besitz sowie alle Verpflichtungen mit übernommen. Der Besitz der Friedhofskirche St. Stephan auf dem Friedhof vor dem Sendlinger Tor kam damit zu der Mutterkirche
St. Peter. Innerhalb des Friedhofes jedoch wurde die getrennte Verwaltung der beiden Friedhofshälften durch St. Peter und Unsere Liebe Frau beibehalten. Als Entschädigung der durch die Transferierung des Friedhofs entgangenen Einnahmen
mußte eine bestimmte Summe aus den eingegangenen Grabgeldern an die Hauptkir-
chen abgeführt werden.[59]

Eine neue Regelung traf man auch für das Kirchenpersonal. Die Mesner von Unserer Lieben Frau, von St. Peter und St. Stephan erhielten nun ein festes Jahresgehalt.
Das Gehalt des Mesners der Friedhofskirche wurde zu gleichen Teilen von St. Peter
und von Unserer Lieben Frau aufgebracht. Zusätzlich zu seinem Jahresgehalt erhielt
der Mesner von Unserer Lieben Frau eine Entschädigung für die ihm nun entgehen-
den Einkünfte – wohl aus dem Verlust der Gelder bei Bestattungen von Hofbediensteten – eine Regelung, die auch noch nach der Gründung der Städtischen Leichenanstalt 1819 beibehalten wurde.[60] Alle Einnahmen für Grabplätze und Bestattungen
sollten nun direkt an die Kirchenverwaltung gehen und nicht mehr wie bisher von
den Seelnonnen gesammelt und erst dann weitergereicht werden. Jedoch konnten
die Seelnonnen die ihnen zustehenden Beträge selbst einbehalten. Die Kirchenverwaltung, bestehend aus einem Inneren Rat, einem Äußeren Rat, dem »Rechnungs-
Justificanten« der milden Stiftungen und dem städtischen Rechnungs-Verfasser,
hatte dem Geistlichen Rat jährlich die Rechnung vorzulegen; dies war allerdings
längst gängige Praxis bei allen Kirchenstiftungen.[61]

Der längere Weg auf den Friedhof führte auch zu Änderungen der priesterlichen
Aufgaben. Aussegnung und Begleitung des Sarges bis zum Grab wurden in zwei
Abschnitte geteilt. Ein Priester führte in der Stadt die Aussegnung durch und begleitete den Sarg bis an das Stadttor. Dort wartete bereits der Beneficiat von St. Stephan,
um den Sarg in Empfang zu nehmen und ihn auf den Friedhof zu begleiten. Die für
diesen Dienst zu erhebende Stolgebühr durfte auf keinen Fall erhöht werden, sondern mußte zwischen beiden Priestern geteilt und genau mit der betroffenen Pfarrei,
also entweder St. Peter oder Unsere Liebe Frau, abgerechnet werden.[62]

Die Beneficiatenstelle bei St. Stephan war kein sehr ertragreicher Posten. Bitter-
lich beschwerte sich 1806 der dortige Priester, daß er wegen Mangels an Messen, die
er zelebrieren könne, Not leiden müsse. Bei gestifteten Messen lese der Priester die
Messe, der die Stiftung genieße, bei den Jahrtagsmessen bringe der Stifter einen Prie-

ster aus der Stadt mit, und bei den Klagmessen schließlich, die nun seine Aufgabe seien, da sie nach dem Hauptgottesdienst in der Pfarrkirche am Gottesacker gehalten werden, würden die Seelnonnen oder der Mesner von St. Stephan ihre Günstlinge aus der Stadt mitbringen. Da kein Priester über ein festes Jahresgehalt verfügte, waren die Streitigkeiten um Einkünfte aus den Messen und Stiftungen als einzige Besoldung verständlich. Um dem Hungertod zu entgehen, hatte der arme Beneficiat von St. Stephan sich noch zur Krankenseelsorge bereit erklärt, sah jetzt jedoch wegen der »Bösartigkeit der grassierenden Krankheit (Pocken) sein Leben in Gefahr«. Besonders traf ihn die Tatsache, daß sich für diese gefährliche Tätigkeit keiner der durch die Säkularisation arbeitslos gewordenen Exreligiosen hatte finden lassen, daß aber genau dieser Personenkreis zu den Bevorzugten der Seelnonnen gehörten, aus denen sie ihre Günstlinge bei der Vergabe der Klagmessen rekrutierten.[63]

Die Beschwerde des Beneficiaten zeigt nicht nur, welche zentrale Stelle die Seelnonnen nun im Bestattungswesen der Stadt einnahmen, eine Position, die sie offensichtlich auch häufig mißbrauchten, wie noch zu sehen sein wird. Die Klagen des Priesters um ein zu geringes Einkommen sind auch vor dem Hintergrund der Säkularisation zu sehen, denn offensichtlich ließ die Schließung der Klöster 1802/1803 wohl nicht nur in München einen Konkurrenzkampf unter zahlreichen in »die Freiheit« entlassenen Klosterinsassen entstehen, die nun »arbeitslos« geworden waren.

Die Verstaatlichung des Bestattungswesens

Weit einschneidender noch als die Auswirkungen der Klostersäkularisation war für das Bestattungswesen die Reform des Bayerischen Staates unter Graf Montgelas, denn für eine kurze Übergangszeit von etwa 12 Jahren wurde das Bestattungswesen zur Sache des Staates. Die Reformen Montgelas betrafen nicht nur kirchliche Belange bei Bestattungen, sondern auch die Stadtgemeinde München, die mit der völligen Entmachtung des Rates durch die Gemeindeedikte von 1808 an einem Tiefpunkt der kommunalen Verwaltung angelangt war. Ein erster Schritt auf diesem Weg war die Aufhebung der Polizei- und Gerichtshoheit der Stadt im Jahr 1802, womit der Stadt die Aufsicht über das Bestattungspersonal entzogen war. Mit der Übernahme der Gemeinde- und Stiftungsvermögen durch die Staatsverwaltung im Jahr 1806 folgte die Verwaltung der Kirchenstiftungen und damit auch der Friedhofkirche St. Stephan, sowie aller Wohltätigkeitsstiftungen, zu denen auch die meisten der Seelhausstiftungen gerechnet wurden. Der Friedhof selbst stand nun unter der Aufsicht der Administration des Kultus, Stiftungen unter der Verwaltung der kgl. Stiftungs-Administration. Seelnonnen und Mesner, als aus Stiftungsvermögen besoldetes Personal, aber auch Totengräber unterstanden der kgl. Stiftungs-Administration, und Vergehen dieser Personen waren bei ihr zu melden.[64]

Sehr bald zeigten sich die Mängel des neuen Systems, und mit der Entmachtung Montgelas 1817 begann die vorsichtige Erneuerung kommunaler Selbständigkeit. Das Gemeindeedikt vom Mai 1818 setzte hier mit der Einführung eines Zweikammersystems von Magistrat und Collegium der Gemeindebevollmächtigten einen vorläufigen Endpunkt. Mit der Rückgewinnung kommunaler Selbstverwaltung gelangte auch das Stiftungsvermögen wieder an die Stadt zurück; äußeres Zeichen dieser Neuordnung war ein Verwaltungsakt: alle Akten und Urkunden, die 1807 an die kgl. Stiftungsadministration ausgeliefert worden waren, wurden 1819 wieder der Stadt übergeben.[65] Die relativ kurze Zeit staatlicher Zuständigkeit blieb allerdings für das Bestattungswesen nicht ohne Folgen. Sowohl für die Seelnonnen als zentrale Organisatorinnen der Bestattungen als auch für die Totengräber wurden Instruktionen ausgegeben, die sowohl bereits bestehende Regeln als auch neue Bestimmungen aufnahmen und das Bestattungswesen auf eine fest vorgeschriebene Grundlage stellten. Alle späteren Ordnungen bauten auf diesen Dienstinstruktionen des Jahres 1814 auf.[66]

Ein wichtiger Punkt der Instruktionen galt den Verhältnissen auf dem Äußeren Friedhof, der um 1800 einen äußerst schlechten Ruf genoß. Er galt als Sammelpunkt räuberischen Gesindels und zweifelhafter Frauen – auch noch im 18. Jahrhundert wurde der Friedhof nachts also nicht gemieden. Da er nur unzulänglich mit einer Mauer umschlossen und zum Teil auch nur mit einem Plankenzaun von den Nachbargrundstücken abgegrenzt war, kam es zu Grabschändungen und Diebstählen von Grabmonumenten, die auch durch Verbote nicht abzustellen waren. Um ihre Einkünfte bangende Münchner Bildhauer stellten zwar den Antrag auf die Errichtung einer vollständigen Mauer, da sie fürchteten, ihrer Aufträge durch eine verärgerte Bürgerschaft verlustig zu gehen, eine Lösung war jedoch nicht in Sicht.[67] Im Jahr 1800 geriet zudem der bei St. Stephan angestellte Mesner zusammen mit seiner Frau in Verdacht, nachts mithilfe des Mesnerknechts Gräber geöffnet und die Leichen ihrer Kleider beraubt, Weihbrunnen zertrümmert sowie Kreuze entwendet zu haben. Da in der Wohnung der Mesnersleute Stöße von Kinderkleidern gefunden wurden, die ganz offensichtlich nicht aus dem Besitz des kinderlosen Ehepaares stammten, konnten die Übeltäter überführt werden. Wegen »Ausgrabung und Beraubung toter Körper« bzw. dem Zertrümmern von Weihbrunnen und entwendeter Kreuze wurden sie mit einigen Jahren Zuchthaus bestraft und die Mesnerstelle neu vergeben.[68]

Die Ordnungen von 1814 sollten eine weitere Besserung der Verhältnisse auf dem Äußeren Friedhof bewirken, das Friedhofspersonal wurde daher ermahnt, sich anständig zu betragen.[69] Der Totengräber war ausschließlich unter Aufsicht des Mesners tätig und durfte nur von diesem Anweisungen entgegennehmen. Bei den Gräbern hatte er die genauen Bestimmungen über Tiefe und Ruhezeit einzuhalten und er war auch verantwortlich dafür, daß nur nächste Angehörige in ein Familiengrab kamen. Kreuze oder Monumente mußten auf dem Grab bleiben, bis dieses wieder geöffnet wurde, erst dann durften sie entfernt werden und gingen in den Besitz der Kirche über. Als Teil seiner Besoldung wurde dem Totengräber neben der Bezahlung für das Grabmachen das Heu auf den Grabhügeln zugestanden. Der Mesner hatte neben seinem Mesnerdienst auch die Sicherheit des Friedhofes zu garantieren und mutwillige Streiche zu verhindern. Zu diesem Zweck mußte das Tor jeden

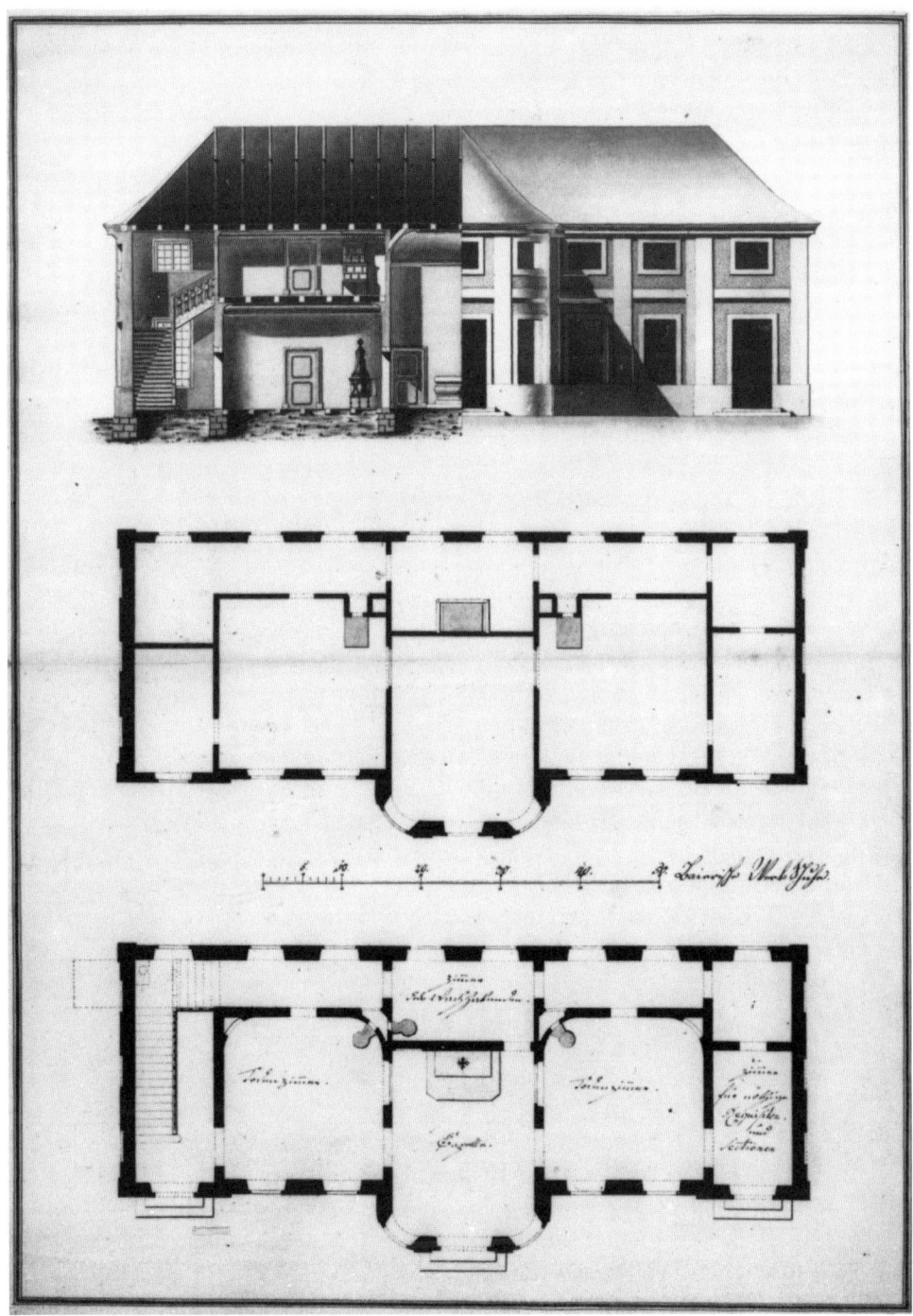

Grundriß des Hofmaurermeisters Streittner für ein Leichenhaus von 1794.

Abend geschlossen und am Morgen wieder geöffnet werden. Auch um das äußere Erscheinungsbild des Friedhofs war man bemüht. Die Gräber mußten ordentlich in einer Linie gegraben sein, in der für sie bestimmten Reihe und Sektion, ein Grab durfte die Länge von 9 Schuh und die Breite von 3 Schuh nicht überschreiten, auch Gitter oder Einfassungen sollten nicht darüber hinausragen.

Mit den Dienstordnungen[70] waren auch die Aufgaben des übrigen Friedhofspersonals und der für die Bestattung zuständigen Seelnonnen klar umrissen und nach den Bestimmungen des Staates ausgerichtet. Wesentlicher Bestandteil der neuen Ordnungen war die genaue Registrierung aller Verstorbenen bzw. Bestattungen. Als zentralen Bestatterinnen fiel diese Aufgabe den Seelnonnen zu. Erhielt eine Seelnonne den Auftrag, eine Beerdigung zu organisieren, mußte sie bei der Polizeibehörde Anzeige über den Todesfall machen und nahm hier den Erlaubnisschein für die Beerdigung in Empfang, den sie bei dem zuständigen Pfarrer vorweisen und schließlich dem Mesner aushändigen mußte. Eine Bestattung ohne den ausgestellten Schein war nicht zugelassen. Mit dem Mesner sprach die Seelnonne über die mit den Auftraggebern abgesprochenen Beerdigungsbedingungen und das vorgesehene Grab. Auch der Mesner mußte hierzu die Einzelheiten festhalten, nicht nur auf einem Schein, sondern in einem besonderen Aufschreibbuch, das er und auch die Seelnonnen zu führen hatten. Zweimal wurde auf diese Weise Name, Stand, Adresse und Pfarrei des Verstorbenen festgehalten. Alle finanziellen Regelungen waren den Seelnonnen übergeben, die jedoch ebenfalls äußerst genau Buch zu führen hatten. Der Seelnonne waren nun auch die Verhandlungen über Grabkäufe überlassen, Grabscheine gab die Stiftungsadministration aus. Kontrolliert wurden die Einnahmen der Seelnonnen vom Pfarrer und auch vom Mesner, der die Abrechnung wieder in seinem Buch festzuhalten hatte und schließlich seine Rechnung der Stiftungsadministration übergeben mußte. Ihre Stellung als eigenständige Bestatterinnen hatten die Seelnonnen jedoch verloren, da sie nun ganz den Weisungen der Stiftungsadministration unterworfen waren. Als Lohn stand ihnen eine Beteiligung von 10 % der Beerdigungskosten zu, die Abrechnung erfolgte wahrscheinlich bei Ausbezahlung der Gesamtsumme.

Zeitgleich mit den Dienstinstruktionen für Seelnonnen, Totengräber und Mesner entstand auch eine Dienstordnung für die Totenwächter. Auch bei ihnen war die genaue Registrierung jeder Leiche oberstes Gebot; Leichen ohne Schein, und hier dachte man vor allem an Kinderleichen (der Kindsmord war zu dieser Zeit ein beliebtes literarisches Motiv!), mußten sofort dem Mesner gemeldet werden und durften nicht in das Leichenhaus übernommen werden. Nach der Aufnahme sollten die Särge ordentlich in einer Reihe aufgestellt und sofort die Deckel abgenommen werden. Auf jede plötzliche Veränderung bei einer Leiche war sorgsam zu achten und diese dem Mesner zu melden. Das Leichenhaus wurde abgesperrt und nur Verwandten der Verstorbenen war der Zutritt erlaubt – Diebstähle kamen auf dem Friedhof offensichtlich häufiger vor. Auch bei den Leichenwächtern findet sich die Ermahnung, auf ordentliches Betragen zu achten und die Leichen nicht zu bestehlen.

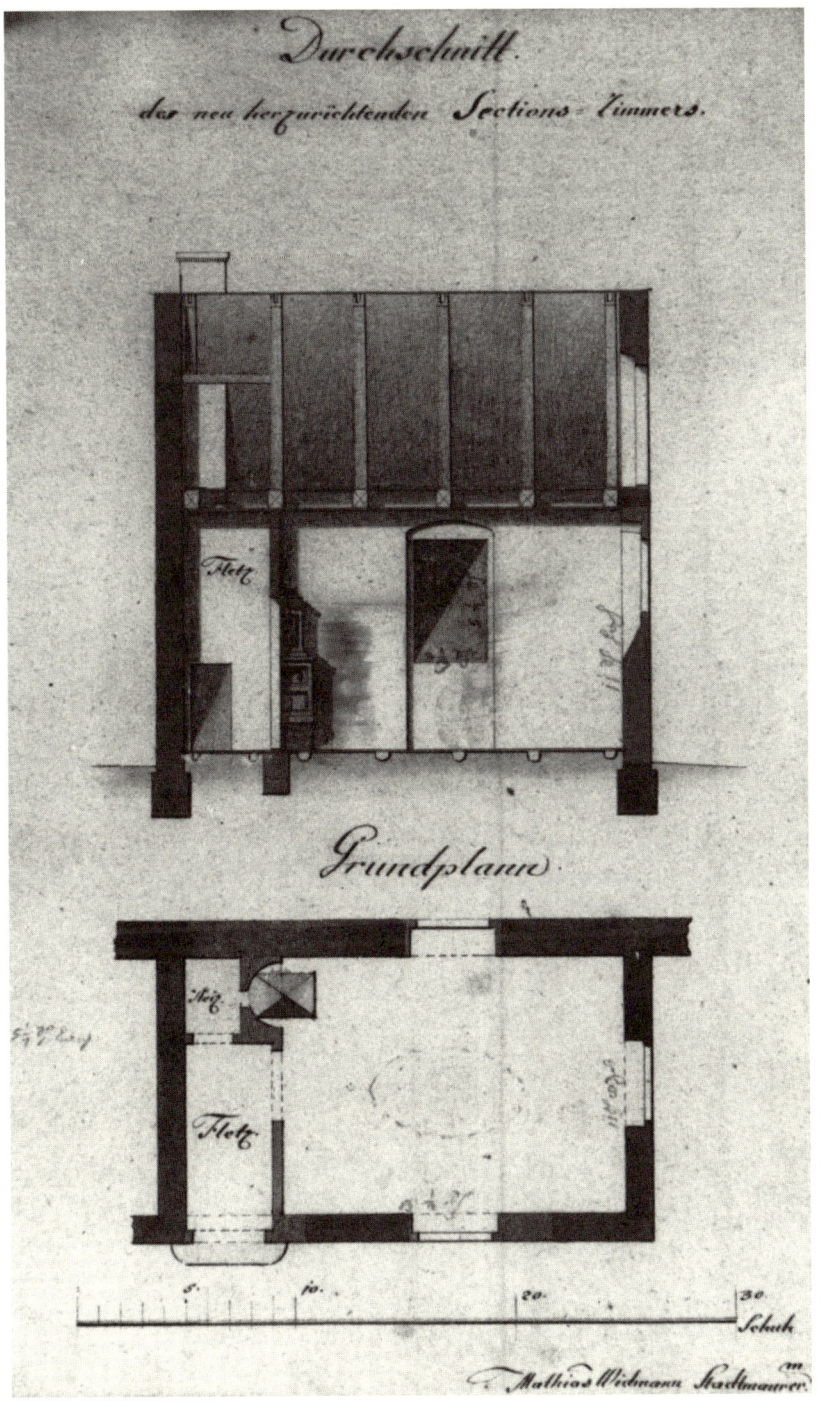

Schnitt und Grundriß des Münchner Stadtmaurermeisters Mathias Wichmann für ein neues Sektionszimmer, ca. 1798. Der Bau wurde nicht ausgeführt.

Bei den Münchner Seelhäusern war gegen Ende des 18. Jahrhunderts ein Nachlassen ihrer Popularität festzustellen. Einige der Häuser litten unter Auftragsmangel, da die Schwestern in Verruf geraten waren, andere waren unterbesetzt – die Tätigkeit einer Seelnonne hatte wohl auch an Attraktivität verloren. Es wurden sogar Stimmen laut, die den Dienst der Seelnonnen an weiblichen und männlichen Toten als unschicklich empfanden, und in einem Schreiben an den Kurfürsten ist die Forderung zu finden, daß die »Besorgung der Leichen« getrennt nach Männern und Frauen vorgenommen werden sollte.[71] 1780/81 und 1785 wurden daher das Ridler'sche Seelhaus am Oberen Elend und das Schluder'sche, später Kheiss'sches Seelhaus genannt, in der Augustiner Gasse aufgelöst, die Schwestern in andere Seelhäuser versetzt.[73] Die noch verbliebenen Seelhäuser überstanden die Klostersäkularisation 1802/03 einigermaßen unbeschadet, da sie keine klösterlichen Einrichtungen waren. Einzige Neuerung war das Ablegen der »bürgerlichen Kleidung«, also der Seelnonnentracht und die Annahme einer modernen Kleidung, auch diese allerdings der Tätigkeit angemessen, in Schwarz.[73]

Die Schwierigkeiten begannen erst mit der Übernahme der Stiftungsvermögen durch den Staat 1806. Die Vermögen des Hofseelhauses (ehem. Schluder), des Pienzenauer-, Fugger'schen (ehemals Rudolf)- und Rosenbusch (ehemals Katzmair) Seelhauses fielen an die kgl. Stiftungsadministration. Auch das Vermögen des Barth'schen Seelhauses ging im Jahr 1810 diesen Weg, obwohl es nicht unter Verwaltung der Stadt, sondern der Familie Barth stand, eine Übernahme des Vermögens durch den Staat rechtlich also nicht abgesichert war.[74] Das Fugger'sche Seelhaus wurde 1809 auf Befehl der Stiftungsadministration aufgehoben, das Haus einem Geigenmacher vermietet. Nur mit Mühe und »vielen Füßfahl« konnten die übrigen Schwestern einer Auflösung ihrer Häuser und der Übersiedelung in das Heiliggeistspital entgehen. Jedoch waren die Tage dieser Einrichtungen gezählt, da es offensichtlich auch an Nachwuchs fehlte. Das Rosenbusch-Seelhaus wurde noch bis 1819 von einer Oberin geführt und mußte dann schließen, das Stiftungsvermögen blieb unter dem Namen des Seelhauses unter städtischer Verwaltung. Die restlichen drei Häuser bestanden noch einige Zeit weiter.[75]

3. SICHERHEIT, RUHE UND ORDNUNG
Die städtische Leichenanstalt 1819

Das Gemeindeedikt von 1818 brachte der Stadt nicht nur die Verwaltung des eigenen Vermögens und das der frommen Stiftungen zurück, sondern legte auch für einige Jahre das Vermögen derjenigen Kirchenstiftungen, die schon früher unter der Aufsicht des Rats gestanden hatten, in die Hände der Stadt. Da die Kirche Zu Unserer Lieben Frau zur Metropolitankirche mit einer eigenständigen Verwaltung erhoben wurde, war davon vor allem St. Peter mit seinen Filialkirchen betroffen. Erst im Jahr 1834 gelangten die Kirchenvermögen aufgrund des revidierten Gemeindeediktes wieder an die neu geschaffenen Kirchenverwaltungen zurück.[1]

Die Umstrukturierungen der Jahre 1817 und 1818 gaben der Stadt München einen neuen Aufgabenbereich, der bis dahin vorrangig in den Händen der Kirche gelegen hatte: das Bestattungswesen. Wie in der 1819 festgelegten Ordnung der dafür eingerichteten Behörde, der Leichenanstalt, näher definiert, gehörten nun »Anlegung und Unterhalt eines der Bevölkerung der Stadt mit Beobachtung des öffentlichen Anstandes und aller polizeilichen Rücksichten zusprechenden Begräbnisplatzes« sowie »die Aufnahme und Behandlung, – die Anstalten zur gerichtlichen und medizinisch chirurgischen Untersuchung der Leichen, – und die Anstalten zur Belebung der Scheintoten« in die Zuständigkeit der Stadt. Da die kgl. Polizeidirektion auch weiterhin alle Belange der Wahrung von Sicherheit, Ruhe und Ordnung zu regeln hatte, erarbeiteten Magistrat und Polizeibehörde in Absprache miteinander alle Bestimmungen des Bestattungswesens.[2] Die neu eingerichtete Leichenanstalt unter der Leitung eines Angehörigen des Magistrats war dagegen zuständig, wie in ihrer Ordnung bereits angedeutet, für die Einhaltung der polizeilichen Vorschriften und für die Verwaltung des Friedhofs. Darüber hinaus wurden von ihr Leistungen übernommen, die zuvor bereits in Ansätzen unter städtischer Regie gestanden waren: Versorgung der Leichen, Leichentransport und die Anlage der Gräber. Alle Kosten, die für Grab und Bestattung zu begleichen waren, gingen an die Kasse der Leichenanstalt.

In den linksrheinischen Staaten war es zu einer Kommunalisierung des Friedhofwesens bereits 1804 gekommen, da man hier einem Dekret Napoleons Folge zu leisten hatte, das die Friedhöfe der Aufsicht der Gemeindebehörden unterstellte. Baden und das Großherzogtum Berg folgten 1807 diesem Beispiel, in den anderen deutschen Staaten und auch in den Habsburgischen Ländern schloß man sich dieser Entwicklung zumindest nicht sofort an; abgesehen von einigen Einschränkungen blieben die Friedhöfe weiter unter kirchlicher Aufsicht. Auch für Bayern änderte sich die Rechtslage erst mit der Gemeindeordnung von 1869, die Gemeinden dazu verpflichtete, einen eigenen Friedhof zu errichten, falls nicht genügend Bestattungsraum vorhanden war.[3] Für Bayern übte München also eine Vorreiterrolle auf dem

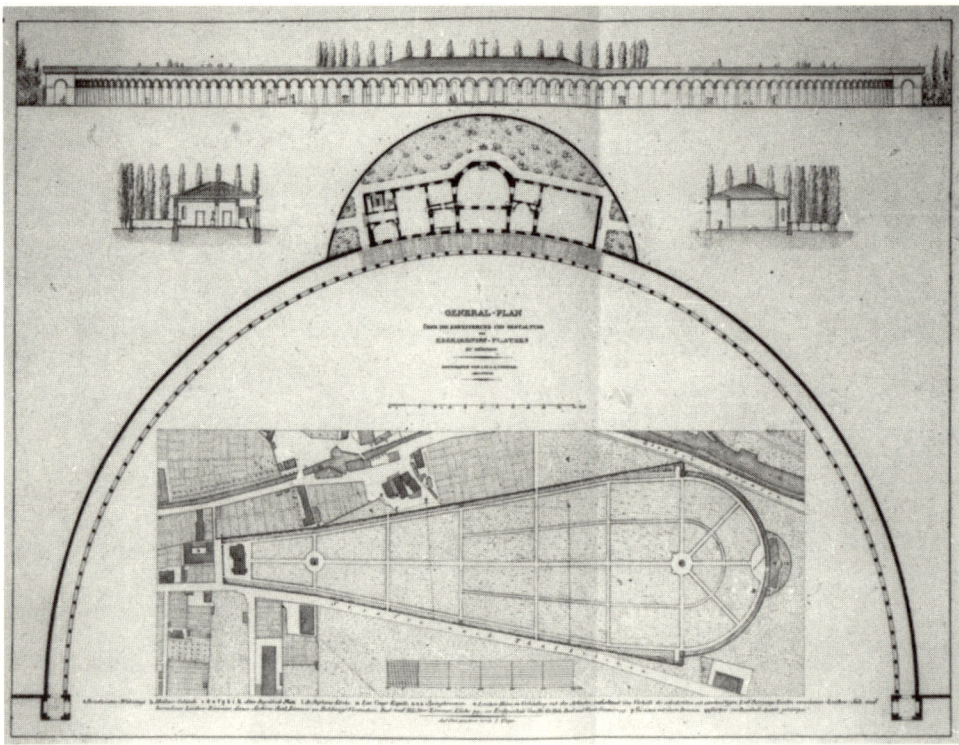

General-Plan des Südfriedhofs von Gustav Vorherr. Der 1818 erweiterte und neu gestaltete Südfriedhof zeigt sich hier in seiner sarkophagähnlichen Form. Im Scheitel des mit Arkaden-gängen versehenen Halbrunds liegt das Leichenhaus.

Gebiet des Bestattungswesens aus, die Anstöße dazu dürften mit der Säkularisierung der Kirchenstiftungen gekommen sein.

Der Ruhegarten vor dem Sendlinger Tor

Mit der Schließung aller innerstädtischen Friedhöfe hatte auch München einen Zen-tralfriedhof, eine Entwicklung, die durch die zumindest formelle Gleichstellung von Katholiken und Protestanten im Jahr 1818 ihren Abschluß fand. Nun war der Südli-che Friedhof zum gemeinsamen Friedhof beider Konfessionen geworden, die bishe-rige räumliche Trennung aufgehoben. (Eine Ausnahme blieb weiterhin der jüdische Friedhof, der seit 1816 an der Thalkirchner Straße als Bestattungsort aller Israeliten diente.)[4] Doch diese neue zentrale Begräbnisstätte stand schon bald im Mittelpunkt herber Kritik, da ihr Aussehen nicht den veränderten Ansprüchen entsprach.[5] Mit Abscheu betrachteten die Münchner Bürger diese Ansammlung schief stehender Grabkreuze und die ungeordnete Anhäufung aufgeschütteter Grabhügel, deren Zierde im besten Fall vom Totengräber an Feldrainen abgestochene und auf das

Der alte Südliche Friedhof 1831. Links im Vordergrund die Erinnerungssäule an Herzog Albrecht V., im Hintergrund die Friedhofskirche St. Stephan und die Kapelle der Lateinischen Kongregation. (Nach einem Ölgemälde von Wilhelm Schauchzer.)

Grab gelegte Rasenstücke waren. Der Großteil der Gräber jedoch blieben Schutthügel, auf denen sich Unkraut ansammelte.[6] Nur schlecht ließ sich dieses Bild, das der Friedhof dem Betrachter darbot, mit der sehr distanzierten Haltung vereinen, die man nun dem Tod gegenüber gefunden hatte. Der schöne, erhabene Tod, der die Verstorbenen wie Schlafende auf ihrer letzten Lagerstatt ruhen ließ, paßte schlecht in diesen Friedhof, dessen Gräberfeld nicht wohlgeordnete Ruhe ausstrahlte, sondern das Chaos der Unordnung.[7]

Da das Gelände bereits wenige Jahre nach der Erweiterung überbelegt war, wurden Stimmen laut, die erneut die unzulänglichen Hygieneverhältnisse beklagten und sogar die Einrichtung eines zweiten Friedhofs vor den Toren der Stadt forderten – diesmal am Gasteig.[8] Die Totengräber beider Pfarreien gaben an, daß aufgrund der zunehmenden Knappheit einige Gräber bereits nach vier Jahren wieder geöffnet werden mußten, und dabei »halb vermoderte Bretter der Särge und andere höchst ekelhafte Gegenstände« ans Licht kamen. Wieder einmal sah man also die Gesundheit der Bewohner in Gefahr.[9]

1815 entschloß sich daher die kgl. Stiftungsadministration zur fünften Erweiterung des Friedhofes und übergab das Projekt einer Neugestaltung des Geländes an

»Der neue Friedhof zu München von Fritz Gärtner«. Der Blick fällt hier aus dem Arkadengang auf den von Fritz Gärtner als »Campo Santo« gestalteten neuen Teil des Südlichen Friedhofs. (Xylographie aus der Illustrierten Zeitung ca. 1848.)

den Kreisbauinspektor und Baurat Gustav Vorherr. Vorherr legte seinen Planungen die Prinzipien »Zweckmäßigkeit und Ökonomie, Ordnung und Symmetrie« zugrunde und wollte das Areal in einem »möglichst einfachen, reinen, der Natur der Sache und unserem Klima gemäßen Stil« darstellen. Es entstand der Friedhof in seiner sargähnlichen Form, mit einem Arkadengang an der Umfassungsmauer als Standpunkt herausragender Familiengrabplätze und einem neuen Leichenhaus am Scheitelpunkt des Arkadenrondells am Südende des neuesten Teils.[10] Dem Grundsatz der Ordnung und Symmetrie folgend, sah die Planung Vorherrs in strenge Reihen ausgerichtete Gräber und gerade gezogene Wege vor, sehr zum Unwillen der Grabinhaber, die nun gezwungen waren, ihre Grabmonumente in Reih und Glied zu bringen. Gehwege auf dem Gottesacker, durch natürlichen Gebrauch entstanden, mußten nun erweitert und vor allem begradigt werden[11] – alle Eingaben um den Erhalt bestehender Verhältnisse blieben fruchtlos.

Noch während der Arbeiten an der Neugestaltung ging die Verwaltung des Friedhofs in städtische Hände über. Die Grundsätze der Vorherr'schen Planung blieben jedoch erhalten und wurden in der neuen Ordnung noch genauer definiert. Alle Gräber hatten nun einen Abstand von 9 Fuß zueinander einzuhalten, wovon 5 Fuß

Erinnerungssäule an Herzog Albrecht V. auf dem alten Südlichen Friedhof. Herzog Albrecht V. ermöglichte durch eine großzügige Stiftung den Bau der ersten Friedhofskirche. Der Friedhof ist hier in romantischer Unordnung dargestellt, die jedoch bis zur Umgestaltung des Friedhofs 1818 der Wirklichkeit entsprochen haben dürfte.

Grabmäler auf dem Südlichen Friedhof.

für die Graberhöhung und 4 Fuß für einen Zwischenweg vorgesehen waren. Der mit der gärtnerischen Gestaltung des Friedhofs beauftragte Ludwig von Sckell wollte Grabhügel in Blumenbeete verwandeln und Bäume pflanzen, die den Grabmonumenten eine feierliche Hülle geben würden. Platzmangel ließ den Gedanken eines üppigen Baumwuchses scheitern, ein spärlicher Rest blieb in den beiden Trauerweiden erhalten, die als Schmuck der beiden Wasserbehältnisse vorgesehen waren.[12] Die Gräber selbst sollten mit Rasenstücken bedeckt und mit Blumenschmuck bepflanzt werden und das ganze Jahr in »möglichst reinlichem und freundlichem Stand« erhalten bleiben, mit dem Erfolg, so die Klage des Magistrats, daß 1821 bereits die zur Verfügung stehenden Rasenstücke knapp wurden.[13] Der freundliche Ruhegarten, mit wohlriechenden Kräutern und Blumenrabatten verschönert, gedacht als Parkanlage, in dem sich auch Lungenkranke erholen konnten, ließ sich also nicht realisieren. Das Bevölkerungswachstum der Stadt hatte die Planungen überholt.[14]

Monumente auf den Gräbern, das Andenken der Verstorbenen zu ehren und zu erhalten, waren erwünscht, sollten dem Zeitgeschmack entsprechen und keinen Anstoß erregen. Auch hier wollte man durch die Vorgabe der Größe eine gewisse Ord-

92

Grabmäler auf dem Südlichen Friedhof.

nung erzielen. Auf einfachen Gräbern durften Monumente nicht mehr als $2^1/_2$ Fuß Breite und $1^1/_2$ Fuß Länge betragen, auf einem Doppelgrab aber 4 Fuß Breite und $1^1/_2$ Fuß Länge. Die Aufschrift mußte in Schriftsprache verfaßt sein und – das ist in der Ordnung nicht enthalten – unterlag einer Zensur. Hintergrund dieser Vorsichtsmaßnahme war das Epitaph für Georg Elf, eines Mathematikprofessors an der Militärakademie. Das Epitaph erregte 1791 beim Geistlichen Rat Aufsehen, da es eine zeitkritische Note enthielt:

»Hier liegt Georg Elf, Professor der Mathematik in der Churfürstlichen Militärakademie.
Er ward gelehrt, und mußte dürftig leben.
Er dachte rechtschaffen und wurde von allen Seiten unterdrückt und verfolgt.
Er hinterließ dem Vaterlande eine Witwe mit zwei Kindern, die noch das traurige Schicksal ihres Gatten und Vaters empfinden müssen.
Aus diesem, Leser, kannst Du schliessen, zu welcher Zeit er lebte.
Er starb im 35ten Jahr seines Alters den 3ten Jänner 1791.«

Mit einer Mahnung an den Magistrat, in Zukunft dafür Sorge zu tragen, daß dergleichen nicht mehr vorkäme, wurde die Änderung der Inschrift befohlen und die Einsendung aller Inschriften an den Magistrat zur Pflicht.[15]

Schon 1825 beklagte man im Südlichen Friedhof erneut Platzenge, obwohl man noch 1819 bei der Einweihung des neuen Teils davon ausgegangen war, für die Zukunft Vorsorge getroffen zu haben. Als 1836 die Cholera zum ersten Mal in München auftrat, kamen zwar die Münchner bei dieser ersten der Epidemien des 19. Jahrhunderts noch einmal glimpflich davon. Jedoch wurde man sich offensichtlich der Tatsache bewußt, daß der Friedhof bei einer hohen Sterblichkeitsrate keineswegs ausreichen würde. 1840 wurde daher eine erneute und letzte Erweiterung des Friedhofs beschlossen. Beauftragter Architekt war Friedrich Gärtner, dessen nach italienischen Vorbildern angelegter »Campo Santo« 1850 geweiht wurde.[16]

Von einem Ort der Ruhe war der Friedhof noch immer weit entfernt. Seit 1830 mußte der Aufseher zwei Fanghunde halten, die in der Nacht das Gelände bewachten und tagsüber an einer Hundehütte angekettet waren. Auch die bereits im 18. Jahrhundert beklagten Diebstähle und Zerstörungen von Grabschmuck kamen offensichtlich auch weiterhin vor. Die 1854 für den »Aufseher des allgemeinen Leichenackers« ausgegebene Dienstinstruktion hat neben dem Hinweis, darauf zu achten, daß die bei den Leichenbegängnissen gebrauchten Fackeln nicht an der Mauer des Gebäudes gelöscht werden, auch die Sorge um Ruhe und Ordnung zum Inhalt. Zum ersten Mal findet man auch die immer noch gebräuchlichen Verhaltensregeln: keine Kinder ohne Aufsicht, keine streunenden Hunde, kein Lärmen, Pfeifen, Singen und – kein Tabakrauchen.[17] Das große Gewicht, das im Gegensatz zu früheren Anweisungen in dieser Dienstordnung auf die Einhaltung von Würde und Sauberkeit gelegt wird, zeigt doch, daß es darum nicht besonders gut bestellt war, und die Bevölkerung dem allgemeinen Leichenacker wesentlich »unverkrampfter« begegnete. Dabei muß auch berücksichtigt werden, daß das Friedhofsgelände nun nicht mehr auf freiem Feld lag, sondern allmählich von der wachsenden Stadt umgeben wurde. Um 1800 wohnten bereits 2000 Personen vor dem Sendlinger Tor, mit wachsender Tendenz, wie ein Zeitgenosse feststellte.[18] Der ehemals abgelegene Friedhof war bald von Wohngebieten umgeben, eine Entwicklung, die der allmähliche Abbruch der Festungsmauern seit dem Ende des 18. Jahrhunderts noch begünstigte.[19]

Leichenschau und Leichenhaus

Mittelpunkt der Bauten in der Anlage Vorherrs als auch der Planungen Gärtners war das Leichenhaus. Bis 1818 war noch der ehemalige »Totenkerker« als Leichenhaus in Gebrauch, in dem Leichen bis zum Begräbnis aufgebahrt blieben und auch Sektionen durchgeführt wurden. Enge Raumverhältnisse und zu große Nähe des alten Hauses zu den Spaziergängern vor der Stadt machten schon sehr bald die Errichtung eines neuen Hauses wünschenswert. Erste Planungen zu einem neuen Haus sind von Hofmaurermeister Streittner und später von Franz Thurn erhalten; jedoch ka-

*Denkmal für die in der »Sendlinger Mordnacht« 1705 gefallenen Bauern auf dem alten Südfried-
hof. (Aus: Auswahl der vorzüglichsten Denkmäler des Münchner Kirchhofes in III Abtheilungen,
München 1841.)*

men beide Projekte, wie schon erwähnt, nicht zur Ausführung. Bereits im Entwurf
Thurns aus dem Jahr 1807 finden sich jedoch die wesentlichen Einrichtungen der
späteren Bauten. Da, so der Architekt, beim gedrängten Zusammenleben der zahlreichen Menschen es von Übel sei, wenn sich Verstorbene drei mal 24 Stunden im
Kreis der Lebenden befinden, andererseits aber diese Frist abzuwarten sei, um ganz

Besuch der Gräber am Allerseelentag. Zeichnung von C. Stauber.

sicher zu gehen, daß nicht ein Mensch lebendig begraben werde, sind Leichenhäuser unabdingbar.[20]

Die für ein Leichenhaus geeignete Stelle ist nach Thurn an einem abgeschiedenen Ort zu suchen und nicht an einem Durchgangsweg, wie das gegenwärtige Haus, das an der Straße nach Thalkirchen lag. Das Leichenhaus darf in keiner Vertiefung stehen und muß von reiner Luft bestrichen werden. Wohlriechende Kräuter und doppelte Linden- und Fichtenbaumreihen sollten das Haus umgeben, nach einem zeitgenössischen Traktat über Leichenhäuser ein Gegenmittel gegen schädliche Ausdünstungen und ein gutes Luftreinigungsmittel.[21] Die von Thurn geplanten Innenräume umfaßten nicht nur Leichensäle mit Vorzimmern, sondern auch ein Hilfszimmer für »Erwachende« mit medizinischen Einrichtungen, ein Badezimmer mit Wasserbehälter und eine eigene Wächterwohnung mit separatem Eingang. Wesentliche Kriterien waren gute Belüftung und Heizbarkeit der Räume.[22] Zu finanzieren war dieses Haus nach Ansicht Thurns aus den Mitteln eines noch zu errichtenden Fonds, für dessen Grundlagen der Staat Bayern nicht zuständig sein könne – gerade Bayern hätte bereits aufgrund seiner Ärzte und der Impfanstalt eine vorzügliche medizinische Versorgung. Die Bezahlung hätten vielmehr Familien und Individuen zu tragen, um für das eigene physische Wohl zu sorgen. Eine unentgeltliche Nutzung war nach Auffassung Thurns nicht ratsam, da dann von dieser Einrichtung kein Gebrauch gemacht werden würde.[23]

Allerheiligen in den Arkaden des alten Südlichen Friedhofs 1894. (Zeichnung im NMT, Nr. 307)

Weder im Plan Thurns noch in dem schließlich zur Ausführung gelangten Projekt Vorherrs von 1818 finden sich Einrichtungen, die die dort aufgebahrten Körper für einige Zeit vor der Verwesung schützen konnten. Die für die heutigen Leichenhäuser so typischen Kühlräume widersprachen den Intentionen des frühen 19. Jahrhunderts völlig. Ziel der Aufbahrung im Leichenhaus war ja nicht die Bewahrung vor der Verwesung, sondern vor dem lebendig Begrabenwerden. Sie waren Rettungsstationen für Scheintote, denen im Falle des Wiedererwachens mit den verschiedensten Hilfsmitteln beizustehen war. Daher auch die medizinischen Gerätschaften, die Heizmöglichkeiten und Wasserbehältnisse, mit denen der Wiedererwachte gewaschen werden konnte. Ging der Körper des dort Aufgebahrten aufgrund der in den Räumen herrschenden Wärme bereits in Fäulnis über, konnte man wenigstens sicher sein, den größten vorstellbaren Schrecken der Zeit auszuschließen. Alle Vorschriften über die Dauer der Aufbahrung vor der Bestattung weisen deshalb darauf hin, daß die »Wartezeit« nicht eingehalten werden mußte, falls der Körper bereits eindeutige Zeichen des Todes, z. B. Geruch, zeigte.[24]

Das 1818 vollendete Leichenhaus enthielt alle für damalige Zeiten wesentlichen Räumlichkeiten. Durch eine Glastüre gelangte man in eine Vorhalle und anschließend in den kleineren Leichensaal für »gehobene« Schichten mit einer Apside für »besonders ausgezeichnete« Personen. Die Wände des Raumes waren mit Friesen und allegorischen Figuren verziert, an der Decke hatte Hofmaler Hungermüller die Auferstehung des Weltheilands dargestellt. Zwei »geschmackvolle« Öfen konnten die nötige Wärme in der kalten Jahreszeit erzeugen. Durch eine weitere Türe gelangte man in den größeren Leichensaal, in dem sich auch eine Truhe für Leichen von Selbstmördern und unbekannten Toten befand, und der ebenfalls beheizt werden konnte. Ab 1830 war die Raumtemperatur sogar mithilfe zweier Thermometer zu kontrollieren.[25] Linkerhand befanden sich das Wärterzimmer, das Badezimmer und der Sektionsraum mit chirurgischen Instrumenten, den Apparaten zur Belebung von Scheintoten und eine Küche. In den Räumen mußte Tag und Nacht eine Lampe brennen und auch für eine gute Belüftung war gesorgt: nach einem System des Krankenhausdirektors Max von Haberl, der dieses System auch im Krankenhaus eingeführt hatte, sorgten Ventilatoren für Frischluft. Dem Vorschlag Thurns folgend war das Haus mit einem Halbkreis von hohen Bäumen umgeben, die auch außerhalb des Gebäudes für gute Luft zu sorgen hatten.[26] In den Leichensälen wurden die offenen Särge in einem Halbkreis angeordnet, das Gesicht der Leichen entblößt, an Händen und Beinen angelegte Fesseln sofort entfernt. Einer der beiden Wächter mußte häufig nach den dort aufgebahrten Toten sehen und bei dem geringsten Anzeichen des Erwachens, wie Veränderung der Gesichtsfarbe, Zittern der Augenlider, leisem Hauch aus dem Munde oder der Nase, Bewegung der Brustwölbung oder Nachgiebigkeit der Arm- und Fußgelenke, den Körper sofort in das Wächterzimmer tragen, ihn dort auf ein mit Matratze und wollenen Decken versehenes Lager betten und Wiederbelebungsversuche einleiten, während der zweite Wächter sofort einen Arzt herbeiholen sollte.[27] War jedoch die Aufbahrungszeit ohne ein Wiedererwachen vorübergegangen, mußten sich Seelnonne und Wächter noch einmal vom Tod des im Sarg Liegenden überzeugen und schlossen erst dann den Sargdeckel, um ihn zur Bestattung freizugeben.[28]

Stehen die Anordnungen für Leichenwächter und Seelnonnen vor allem unter dem Vorzeichen des Schreckensgespenstes Scheintod, zeigen sich in den 1821 von der kgl. Polizeidirektion München herausgegebenen Instruktionen für die Totenbeschau auch andere Intentionen. Zwar ist auch hier noch die Totenbeschau ein Mittel, den Eintritt des Todes genau festzustellen und alles für eine Wiederbelebung in die Wege zu leiten, falls eine auch nur sehr entfernte Hoffnung besteht – womit die gewandelte Einstellung zum Tod auch »amtlich« dokumentiert ist. »Diese Beruhigung der Menschheit zu geben«, ist jedoch nur noch ein Aspekt der Totenbeschau. Daneben gilt es auch Gewalttaten zu entdecken und die Täter der »strafenden Gerechtigkeit« zuzuführen – einer der Gründe für die Totenbeschau des 17. Jahrhunderts. Dabei sollte der Totenbeschauer auch darauf achten, ob der Verstorbene vielleicht unzuträgliche Medikamente eingenommen hatte, denn es galt »häufigen Pfuschereien« entgegenzutreten. Ein dritter und ebenso wichtiger Grund nach Ansicht der Behörde war die Vorbeugung ansteckender Krankheiten. Bestand der Verdacht auf Ansteckungsmöglichkeit, konnte der Beschauer anordnen, Kleidung und Bettzeug des Verstorbenen verbrennen zu lassen und das Sterbezimmer zu reinigen.[29]

Die Verpflichtung zur Überführung aller Leichen in das Leichenhaus ist 1821 noch nicht in den Ordnungen vorgesehen. Aus dem Stolgebührregulativ von 1828

Der Münchner Gottesacker. Aus: »Vergißmeinnicht«. 100 Illustrierte Ansichten von München, Georg Franz'sche Buch- und Kunsthandlung. (E. Lotzbeck)

Der 1868 fertiggestellte Nordfriedhof an der Arcisstraße. Zwei Jahre nach der Friedhofsweihe sind nur wenige Gräber in den einzelnen Sektionen belegt.

99

geht jedoch hervor, daß alle in der vierten und fünften Klasse Aufgebahrten bis zur
Bestattung im Leichenhaus lagen, und nur den ersten drei Klassen eine Aufbahrung
im Sterbehaus zustand. Auch dieses Zugeständnis galt nur, solange nicht sanitätspo-
lizeiliche Erwägungen dagegen sprachen, also keine ansteckenden Krankheiten zu
befürchten waren.[30] Da die in der fünften und vierten Klasse Bestatteten zum größten Teil den ärmeren Schichten angehörten, war damit zu rechnen, daß dort die Aufbewahrung der Leiche in einem eigenen Zimmer nicht gewährleistet war. Möglicherweise war hier jedoch auch die in jedem Fall angestrebte Überführung in das
Leichenhaus leichter durchzusetzen. Die Totenbeschau hatte zweimal stattzufinden,
zuerst kurz nach dem Tod durch einen der acht Distriktsärzte. Verantwortlich für
die Benachrichtigung des zuständigen Arztes waren die Seelnonnen. Die zweite Totenbeschau fand dann entweder im Sterbehaus oder im Leichenhaus kurz vor der
Beerdigung durch den Polizei-Chirurgen statt. Dieser war verpflichtet darauf zu
achten, daß alle Beteiligten den Instruktionen gemäß gehandelt hatten und er mußte
noch einmal sicherstellen, daß bei dem Toten keinerlei Lebenszeichen festzustellen
waren.[31] Als Kontrollmittel diente der Beschauzettel. Ausgefüllt vom 1. Leichen-
schauer, wurde er von der Seelnonne weitergereicht an den Aufseher der Leichenanstalt, der ihn dem 2. Leichenbeschauer übergab. Dieser lieferte ihn schließlich bei der
Polizeibehörde ab, die den Begräbnisschein ausstellte.[32]

Zunehmend gewannen Vorsichtsmaßregeln bei Seuchen an Bedeutung und dräng-
ten sogar die Furcht vor dem Scheintod in den Hintergrund. Herrschten in der Stadt
die Blattern (Pocken) oder auch Cholera, wurden die Leichen bereits nach 24 Stunden bestattet, ohne daß die sonst übliche Frist von 48 Stunden eingehalten wurde.[33]
Die Furcht vor Ansteckung überwog wohl in diesem Fall. Als über München 1854
die zweite Choleraepidemie mit ca. 3000 Toten hereinbrach, führte diese schwerste
der Epidemien des 19. Jahrhunderts zu einem Umdenken und verstärkt widmete
man sich nun gesundheitspolitischen Fragen. Diesem neuen Bewußtsein war es zu
verdanken, daß München als eine der ersten Städte im Jahr 1862 eine allgemeine Leichenhauspflicht einführte. Nun mußten alle Leichen nach der ersten Leichenbeschau spätestens 12 Stunden nach dem Tode, bei ansteckenden Krankheiten aber
nach 6 Stunden, in das städtische Leichenhaus überführt werden. Ausnahmen waren
nur mit Bewilligung der Polizei- Direktion möglich.[34]

Damit waren die Maßnahmen für eine Erkennung Scheintoter nicht abgestellt.
Auch jetzt noch gehörte ihre Behandlung zu dem von den Leichenwächtern geforderten Dienst.[35] Die Erweiterung des Friedhofs unter Friedrich Gärtner ab 1840
hatte auch eine Renovierung des Vorherr'schen Leichenhauses miteingeschlossen
und die alten Räume waren modernen Bedürfnissen angepaßt worden. Neben Wohnungen für die Wächter wurde dort auch die Mannhard'sche Rettungsglocke in den
Leichensälen installiert, die mit Schnüren an Füßen und Händen des Toten befestigt
war und angeblich jede Regung sofort anzeigte.[36] Eine dieser Anlagen wurde 1861
auch in der »Totenkammer« eingerichtet, die der Aufbewahrung von unbekannten
Toten und Selbstmördern diente. Verunglückte Unbekannte lagen dort in einer
Truhe und wurden nicht selten begraben, ohne daß sie ein Angehöriger zu Gesicht

bekam (und für die Beerdigung bezahlte). Daher zog man in Erwägung, diese Leichen wie in Paris auszustellen. Da dort aber die Leichen unbekleidet auf Steintischen lagen, die ständig mit kaltem Wasser übergossen wurden, die Kleider der tot Aufgefundenen aber zu ihren Häupten aufgehängt wurden, erachtete man diese Möglichkeit als äußerst unsittlich und daher undurchführbar. Es war schon vorgekommen, daß bekannte Persönlichkeiten in dieser Truhe lagen und dort von entsetzten Angehörigen aufgefunden wurden – wie unschicklich wäre da erst ein öffentliches Zurschaustellen! Noch ein weiterer Umstand war zu bedenken. In der Truhe gab es für einen Scheintoten keine Möglichkeit sich bemerkbar zu machen. Auch in die Truhe wurde daher eine der Rettungsglocken gelegt. Der Glaube der Ärzte an diese Klingeleinrichtungen war anscheinend groß, denn man wußte zu berichten, daß einer der Ärzte sogar Füße und Hände seiner sezierten Leichen an den Klingelschnüren befestigte.[37]

Das Dienstpersonal der Leichenanstalt

Mit dem Übergang des Bestattungswesens in die Hände der Stadt wurde auch das vormals kirchliche Personal unter die Aufsicht des Magistrats gestellt. Die Verwaltung der Leichenanstalt übernahm ein Angehöriger des Magistrats,[38] der für die Endabrechnungen der erhobenen Gebühren verantwortlich war sowie für eine präzise Buchführung. Wie bei der statistischen Erfassung aller vom Leichenbeschauer besehenen Leichen, über die die Leichenanstalt ebenfalls Buch zu führen hatte, mußten alle Grabkäufe vom Mesner auf dem Friedhof in ein Buch eingetragen werden. Eine Kopie dieses Buches lag bei der Verwaltung der Leichenanstalt und war für einen Zeitraum von mindestens 100 Jahren aufzubewahren. Zum Aufseher der Leichenanstalt war mit März 1819 der Mesner von St. Stephan, der Friedhofskirche, ernannt worden.[39] Neben seiner Mesnertätigkeit, die er auch weiterhin zu versehen hatte, führte er Buch über eingelieferte Leichen, Grabverkäufe und erhobene Gebühren. Selbständig konnte er entscheiden, welchen Ärzten der Sektionsraum des Leichenhauses jederzeit offen stand oder wer von den Ärzten dazu erst um einen Erlaubnisschein nachfragen mußte. Außerdem war er, wie schon erwähnt, für Reinlichkeit der Gräber, Monumente und Räume des Leichenhauses zuständig, für die aufgestellten Weihwassergeschirre und das Nachfüllen mit Weihwasser. Münchner, die auf dem Friedhof ein Grab erwerben wollten, wandten sich zuerst an ihn, da er wußte, welche Gräber bereits vergeben waren oder aufgrund einzuhaltender Ruhezeiten noch nicht geöffnet werden konnten.[40] In der neuen Leichenbeschauordnung von 1821 wurde die Kontrollfunktion des Aufsehers über die korrekte Einhaltung aller für die Bestattung ausgegebenen Bestimmungen noch einmal betont. Ohne Beschauzettel durfte keine Leiche begraben werden. Wurde trotzdem eine Leiche ohne Schein eingeliefert, war der Aufseher verpflichtet, den Überbringer solange festzuhalten, bis die Polizei eintraf. Bei Nachlässigkeiten mußte er mit einer Geldstrafe oder auch »Arrest« rechnen.[41]

Da die Pflichten des Aufsehers äußerst vielschichtig und umfassend waren, gab es spätestens ab 1854 neben dem Aufseher auch einen Gehilfen auf dem Friedhof, der sich mit dem Aufseher die Aufgaben teilen sollte. Dieser Gehilfe war nun auch anstelle des Leichenwächters zuständig für das Öffnen des Friedhofportals im Sommer morgens um 6 Uhr, im Frühjahr und Herbst um 7 Uhr und im Winter um 8 Uhr und für sein Schließen jeden Abend mit dem Gebetläuten. Die Pflege der Wege und die Bepflanzung der Gräber und Rabatten hatte man dem Gehilfen ebenfalls übertragen. 1854 vergrößerte der Magistrat auch das Verwaltungspersonal der Leichen-Beerdigungsanstalt, wie sie jetzt genannt wurde: in letzter Instanz war nun der Verkauf zur Verfügung stehender Gräber einem Aktuar übertragen und er entschied nun auch in zweifelhaften Fällen.[42]

Der Mesner bzw. Aufseher hatte nicht nur eine verantwortungsvolle Position auf dem Friedhof, er war auch einer der wenigen aus dem städtischen Personal, die ein festes Jahresgehalt bezogen. Von diesem Gehalt, das zu Anfang des 19. Jahrhunderts 600 Gulden betrug, hatte er allerdings die Unterhaltskosten der Sakristei abzuzweigen, so daß das Gehalt weit geringer war, als es auf den ersten Blick erscheinen mag. Im Mesnerhaus standen ihm allerdings freie Wohnung und daneben ein Gärtchen zur Verfügung und er war anteilsmäßig an Verkäufen beteiligt, die er für die Leichenanstalt auf dem Friedhof tätigte. Dazu gehörten die Erträge aus den Weihwassergebühren, aus dem Verkauf von Gras und Heu von den Gräbern, ein Umstand, den das Medicinal Collegium als äußerst unschicklich empfand, und die Gelder, die der Verkauf von Grabmonumenten, Totenschilden und Leichenkronen einbrachte.[43] Leichenkronen wurden allen ledig Verstorbenen auf den Sarg gelegt und waren nach der Bestattung ursprünglich zugunsten der Kirche verkauft worden.[44] Die auf einem Grab aufgestellten Monumente wurden bei Wiedereröffnung entfernt und ein halbes Jahr für Verwandte aufbewahrt. Forderten sie diese nicht zurück, wurden sie von der Verwaltung der Leichenanstalt verkauft.[45]

Die Einstellung seiner sieben Gehilfen konnte der Aufseher der Leichenanstalt bis 1854 selbst vornehmen, ab diesem Zeitpunkt war sie dem Verwaltungsrat vorbehalten und bedurfte der Genehmigung des Magistrats. Zu dem Hilfspersonal gehörten die Totengräber und wenn möglich ein Gärtner für Pflege der Blumen und Bäume, sowie ein Maurer, der die Gedenksteine versetzte. Alle übrigen Maurerarbeiten an Grundmauern waren dem Stadtbauamt vorbehalten und durften nicht von einem bügerlichen Maurer oder einem »anderen Individuum« vorgenommen werden.[46] Auch die Totengräber sollten, wenn möglich, zur Instandhaltung und zum Säubern der Wege herangezogen werden, zur »Bewasung« der Gräber (Bedecken mit Rasenstücken), zum Schneeräumen im Winter und dem Abdecken der Wasserbecken mit Tannenzweigen. Bezahlt wurden die Totengräber tageweise von der Verwaltungskasse beim Aufseher. Einer der Totengräber mußte am Abend zum Leichenwächter in das Leichenhaus gehen und sich dort mit diesem die Totenwache teilen.[47]

Eine Leichenwächterin war seit der Öffnung des Leichenhauses auf dem äußeren Friedhof angestellt. Sie versah ihre verantwortungsvolle Tätigkeit allerdings nur ungenügend und stellte, wie man kritisch bemerkte, keine Rettungsmöglichkeit für die

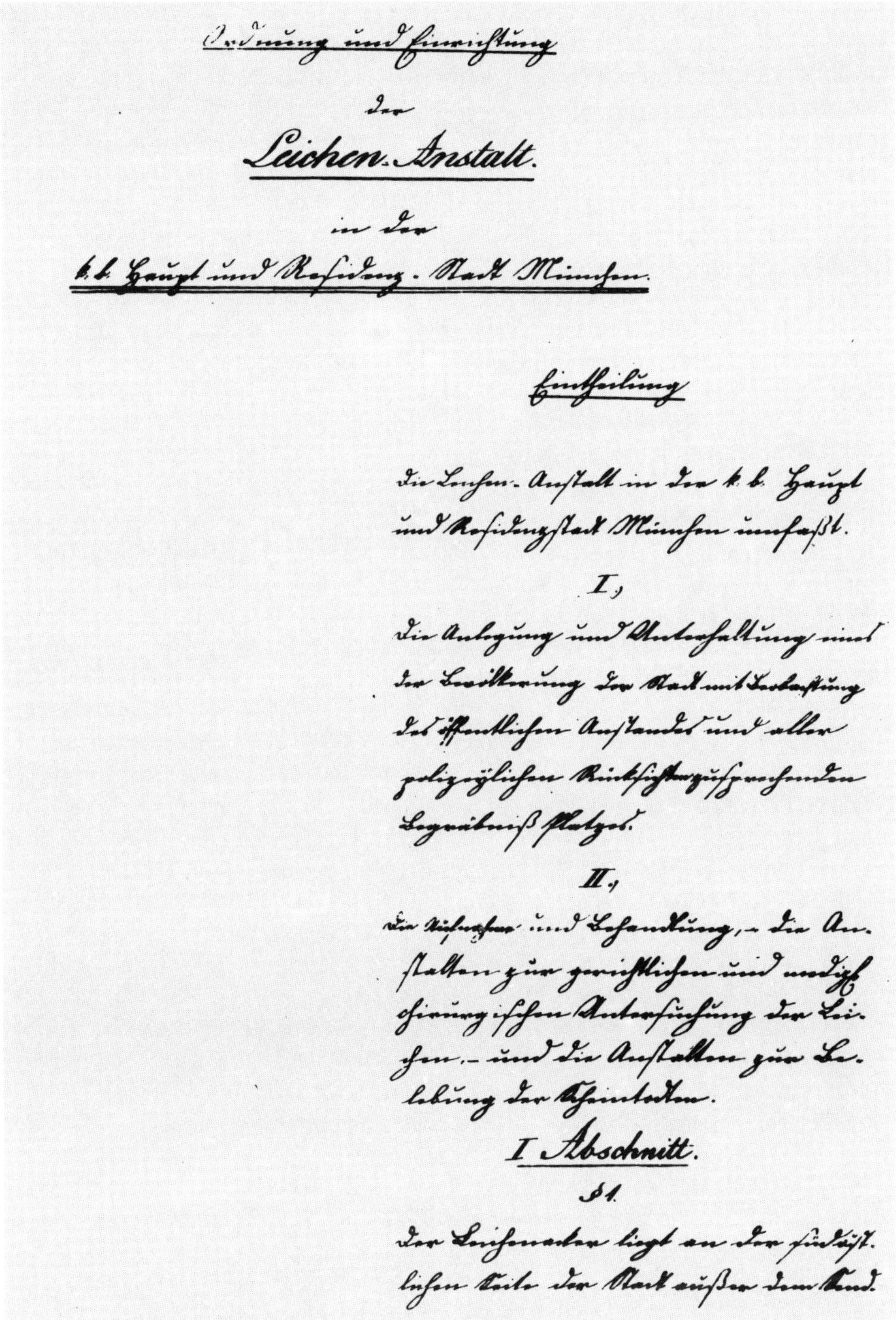

Ordnung und Einrichtung

der

Leichen-Anstalt.

in der

k. b. Haupt- und Residenz-Stadt München.

Eintheilung

Die Leichen-Anstalt in der k. b. Haupt-
und Residenzstadt München umfaßt.

I.,

Die Anlegung und Unterhaltung und
der Erweiterung der Stadt mit Beobachtung
des öffentlichen Anstandes und aller
polizeilichen Rücksichtzugehenden
Begräbniß Plätze.

II.,

Die Aufsicht und Behandlung, — die Anstalten zur gerichtlichen und medizinischen Untersuchung der Leichen. — und die Anstalten zur Belebung der Scheintodten.

I Abschnitt.

§ 1.

Der Leichenacker liegt an der südöst-
lichen Theile der Stadt außer dem Stadt

Ordnung der 1819 errichteten Münchner Leichen-Anstalt.

103

Aufgebahrten dar, die vielleicht im Leichenhaus zu sich kamen. Ein »unmaßgeblicher Vorschlag« des Jahres 1800 sah daher die Anstellung zweier lediger, noch brauchbarer Invaliden vor (die Armee hatte Schwierigkeiten, ausgediente Soldaten unterzubringen), die die Wache im Nebenraum der Totenkapelle, versehen mit Ober- und Untergewehr, halten sollten. Der jetzigen Wächterin wurde eine wenig rosige Zukunft in Aussicht gestellt. Sie könnte vom Armeninstitut eine Unterstützung beziehen, bis sie ihr Kind im städtischen Waisenhaus untergebracht und selbst Aufnahme im Spital gefunden hatte. Über das weitere Schicksal dieser Frau ist nichts aus den Akten zu erfahren, jedoch auch die beiden Invaliden erhielten keine Anstellung.[48]

Mit dem Nachfolger der Wächterin, dem Bruder des Mesners, hatte die Leichenanstalt dann ebenfalls keine gute Wahl getroffen. Er war säumig beim Öffnen des Friedhofes und lebte außerdem in seiner Dienstwohnung, dem Zimmer zwischen Sektionsraum und Leichensaal, im »Konkubinat«. Wie er auf Anfragen erläuterte, war er bei einigen Arbeiten wie dem Reinigen der Leichensäle, Heizen und dem Säubern der Wäsche nach den Sektionen, auf eine Frau geradezu angewiesen. Die Anordnung, diese Frau sofort »zu entfernen«, befolgte er nicht, heiratete sie allerdings bald darauf.[49] Für seine Dienste erhielt der Wächter neben freier Wohnung im Leichenhaus monatlich 4 Gulden und ein Essen am Tag bei seinem Bruder, dem Mesner. Wurden bei den Leichen von den Verwandten Kerzen oder Blumenschmuck gewünscht, bezog er noch einmal zwischen 12 Kreuzer bis zu einem Gulden pro Leiche. Diese Gelder entfielen aber mit der Einführung der Stolgebührordnung von 1828, und nun war das Gehalt des Leichenwächters für seine Bedürfnisse nicht mehr ausreichend. Er und seine Frau beantragten daher eine Erhöhung des Jahresgehalts. Begründet wurde diese Forderung auch mit einer durch den starken Leichengeruch äußerst angegriffenen Gesundheit. Die Erhöhung der Bezüge wurde offensichtlich gewährt, denn 1829 bezogen beide ein Jahresgehalt von 200 Gulden.[50]

Die Choleraepidemien der Jahre 1835/37 und 1854 bedeuteten für die Leichenwächter eine große Belastung; Anträge auf Erhöhungen der nun in Tagegelder von 1 Gulden umgewandelten Bezüge wurden daher bewilligt und auf 1 Gulden 12 Kreuzer erhöht. Auch im Krankheitsfall konnten die Leichenwächter mit Zuschüssen rechnen, vor allem falls die Krankheit aus der Tätigkeit im Leichenhaus abzuleiten war. So beantragte der an Bronchitis erkrankte Leichenwächter Sailer im Jahr 1860 einen Urlaub, um sich bei einer dreiwöchigen Molkekur auf dem Land zu erholen. Seinem Antrag, dem er auch ein ärztliches Attest beigelegt hatte, wurde stattgegeben und ihm für seinen, wie allgemein üblich, lohnfreien Urlaub ein Zuschuß von 30 Gulden gewährt, da die Tätigkeit eines Leichenwächters als gesundheitsgefährdend angesehen wurde.[51]

Weniger großzügig war die Stadt bei der Besoldung von Leichenträgern. Noch um 1800 hatten Leichenträger im Bestattungswesen der Stadt keinen festen Platz, da noch häufig Angehörige oder Freunde die Toten auf den Friedhof trugen. Träger wurden daher nur benötigt, falls ein Verstorbener nicht in das System sozialer Bindungen an Familie, Nachbarschaft oder auch Bruderschaft einbezogen war, wie z. B. Arme, Fremde oder Dienstboten, die vom Land zugezogen waren. Für diese Fälle

Abbildung der zwei weißen Tauben, welche am Sonntag den 3. Sept. 1848 bei der Beerdigung der unglücklichen Elise Maierhofer lange Zeit über deren Grabe schwebten.

Ein Leichenzug, so still und bang,
Und unter dumpfem Glockenklang
Der Sarg mit Blumen frisch bedeckt,
Mit Trauermusik sich bewegt.

Ein Mädchen schließt der Sarg wohl ein,
Ein blutig Opfer, jung und rein,
Ein langer Zug, von Mädchen, weiß,
Begleitet sie nach frommer Weis'.

Als angelangt am Friedhofthor,
Der Priester giebt den Segen,
Da sah man über'm Grab empor
Zwei weiße Täublein schweben.

Das fromme Volk, davon entzückt,
Mit Ahnung gegen Himel blickt,
Sieht in dem schönen Sinnbild traut
Den Schutzgeist mit der Himelsbraut.

gab es in der Stadt die Almosenträger oder auch die Träger des städtischen Krankenhauses. In Notfällen sprangen auch von der Pfarrei Beauftragte ein. Mit sich ändern-
den sozialen Strukturen wurde jedoch für alle Münchner dieses soziale Geflecht, auf
das man sich auch noch im Tode verlassen konnte, brüchig. Leichenträger wurden
daher ein für weitere Kreise benötigtes Personal. Da sie nicht fortwährend im Dienst
waren, erhielten die Leichenträger im Gegensatz zu Mesner bzw. Aufseher und Leichenwächter keine festen Bezüge, sondern wurden wie die Totengräber nach Aufwand bezahlt. Nach der Stolgebührordnung von 1828 standen den sechs Leichen-

Bekanntmachung.

(Das provisorische Regulativ für die Stolgebühren in München betreffend.)

Seine Majestät der König haben das nachstehende provisorische Regulativ für die Stolgebühren in München mit dem Anhange allergnädigst zu genehmigen geruht, daß dasselbe mit dem 1ten May dieses Jahrs in Wirksamkeit treten soll.

Indem man aus Auftrag der kbnigl. Regierung des Isarkreises, K. d. I., dieses Regulativ hiermit bffentlich bekannt macht, verbindet man damit die folgenden Bestimmungen und Aufklärungen:

I. Allgemeine Bestimmungen.

1.

Es bleibet Jedem, der die Anordnung der Taufe, der Trauung oder des Leichenbegängnisses zu bestimmen hat, völlig überlassen, die Klasse selbst anzugeben, nach welcher die kirchlichen Funktionen vorgenommen werden sollen.

Ist die Wahl geschehen, so hat es dabey sein Verbleiben, und es findet die kirchliche Funktion nur nach den für die bestimmte Klasse vorgeschriebenen Feyerlichkeiten Statt. Wenn also das Leichenbegängniß nach der 1ten Klasse angeordnet wird, so müssen auch die Seelengottesdienste nach der 1ten Klasse gehalten werden, oder wer in der 2ten Klasse begraben läßt, kann nicht den Seelengottesdienst nach den für die erste oder eine andere Klasse bestimmten Ceremonien anordnen.

2.

Sogleich nach der Anzeige einer Geburt, einer vorzunehmenden Trauung oder eines Sterbefalles sind die kbnigl. Pfarrämter verbunden, die Erklärung der Betheiligten darüber zu erholen, nach welcher Klasse die Taufe, Trauung oder Beerdigung vorgenommen werden soll.

3.

Die Erhebung der Gebühren bey Taufen, Trauungen, Provisuren und Leichenbegängnissen für das gesammte Kirchenpersonal geschieht allein durch das einschlägige kbnigl. Pfarramt, welches hierauf den einzelnen Kirchendienern den treffenden Antheil hinausbezahlt.

Die Erhebung der Gebühren für die polizeylichen Beerdigungs-Funktionen und Anstalten und für die damit beschäftigten Personen aber wird durch den Stadtmagistrat dahier besorgt.

Den Seelnonnen ist es strenge untersagt, Leichenkosten zu erheben.

4.

In Zukunft geschieht der Transport der Leichen vom Hause bis zum Leichenacker allein durch Leichenwägen. Die Gebühren für diese Leichenwägen, die Bespannung derselben, und für die noch nbthigen Funktionen der Leichenträger sind bereits im Regulativ festgesetzt, und es werden unverzüglich diese Leichenwägen verfertigt und hergestellt werden.

Bis dahin beziehen die 6 Leichenträger bey Leichen von Erwachsenen für die Ueberbringung der Leiche vom Hause in den Leichensaal und von dort in das Grab in der:

I. Klasse 9 fl.
II. „ 6 fl.
III. „ 4 fl.
IV. „ 3 fl. 36 kr. und in der
V. „ 3 fl. — kr. bey Leichen von Kindern aber erhalten die 2 Träger, wenn sie nbthig sind, in der
I. Klasse 2 fl. — kr.
II. „ 1 fl. — kr. und
III. „ — fl. 30 kr.

Nrs. currens.	Vortrag.	Betrag									
		I.		II.		III.		IV.		V.	
		Klasse.									
		fl.	kr.	fl.	kr.	fl.	kr.	fl.	kr.	fl.	kr.
	Transport	108	26	63	12	29	43	13	58	4	16
28	Für das Aufführen bei der Beerdigung und dem Gottesdienste dem Cooperator	2	42	1	12	—	—	—	—	—	—
29	Für das herkömmliche Opfer	20	—	10	—	4	—	2	—	—	—
30	Für das Wachs auf dem Hauptaltar und das Trauergerüste	30	—	10	—	5	—	—	—	—	—
31	Der Seelnonne	12	—	8	—	6	—	4	—	1	30
32	Für die Todtenbeschau	1	—	—	36	—	30	—	30	—	12
33	Für das Geläute beim Begräbniß	1	12	—	48	—	30	—	18	—	12
34	Für das Beisetzen im Leichensaale	6	—	5	—	4	—	1	—	—	24
35	Für das Grabmachen	2	—	2	—	2	—	1	30	1	—
	Der Sarg muß selbst beigeschafft und bezahlt werden.										
	Summa .	183	20	100	48	51	43	23	16	7	28

Nrs. currens.	Vortrag.	Betrag					
		I.		II.		III.	
		Klasse.					
		fl.	kr.	fl.	kr.	fl.	kr.
	D. Bey Kinderleichen.						
1	Dem Priester für Beisetzung und Begräbniß	2	—	1	—	—	24
2	Dem Meßner incl. des Schragens	1	12	—	30	—	12
3	Den Kruzifix- und 2 Laternenträgern	1	—	—	30	—	18
4	Für den Leichenwagen sammt Bespannung	2	—	1	20	1	—
5	Für die 2 Träger, wenn solche erforderlich sind . . .	2	—	1	—	—	30
6	Für das Läuten beim Begräbniß	—	48	—	18	—	12
7	Für ein Bahrtuch	1	30	—	—	—	—
8	Für das Seelengeläuth	1	—	—	30	—	15
9	Der Seelnonne	2	—	1	—	—	36
	Muß dieselbe den Sarg eines kleinen Kindes zum Beisetzen und Begraben tragen, so erhält sie zu der vorstehenden Gebühr noch in der I. Klasse 42 kr. II. Klasse 12 kr. und in der III. Klasse 6 kr.						
10	Für die Todtenbeschau	—	36	—	20	—	12
11	Für das Grabmachen	1	—	—	50	—	30
12	Für das Beisetzen im Leichen-Saale	2	—	1	—	—	30
	Summa .	17	6	7	58	4	33

107

trägern für ein Begräbnis Gebühren zwischen 9 (1. Klasse) und 3 Gulden zu, die sie dann noch untereinander teilen mußten. Bezahlt war damit das Überbringen der Leiche in den Leichensaal und dann von dort bis zum Grab.[52]

Mit der Einführung der Leichenwagenpflicht 1830 änderte sich die Tätigkeit der Leichenträger. »Trauerwagen« hatte die Stadt bereits 1798 angeschafft, Pflicht war die Benutzung dieser Wagen jedoch nicht. Da Leichenwagen in anderen Städten mittlerweile allgemein üblich waren, wollte München offensichtlich nicht zurückstehen. In der modernen und rasch wachsenden Stadt sah man die täglichen Leichenzüge, die sich langsam durch die Stadt bewegten, wohl nicht mehr so gerne – auch in München begann man sich von den Erscheinungsbildern des Todes zu distanzieren.[53] Seit 1827 wurde daher die Einführung allgemeiner Leichenwagen diskutiert und für diesen Zweck sollten auch neue Wagen angeschafft werden, deren Kosten die Leichenanstalt zu tragen hatte. Am 12. Dezember 1827 erging daher die Mitteilung an sämtliche Münchner Mietkutscher, daß von nun an alle Leichen auf dem städtischen Leichenwagen zu transportieren seien und man Verträge mit einigen Lohnkutschern abzuschließen gedachte. Der Akkordnehmer hatte dafür 4 Pferde zu halten und erhielt als Gegenleistung eine Gebühr von 1 Gulden 30 Kreuzern pro Fahrt. Da die Münchner Kutscher sich gegenseitig unterboten, um sich dieses ertragreiche Geschäft zu sichern, wurde man schnell handelseinig. Relativ schwierig war es nur, nun auch noch Wagenfabrikanten zu finden, die die Wagen, einer für die 1. Klasse und zwei einfachere, herstellen sollten. Endlich hatte die Suche Erfolg und man bestellte für je 650 bzw. 830 Gulden drei Wagen mit einer Länge von $7\frac{1}{2}$ Schuh, einer Breite von $3\frac{1}{2}$ Schuh und einer Höhe gleichen Maßes, die mit je zwei Pferden bespannt werden konnten, eine hölzerne Achse besaßen und schwarz lackiert waren. Für den Wagen 1. Klasse war eine zusätzliche Verzierung aus Silber vorgesehen. Auch die Produktion der Wagen ging nicht mit der von der Polizeidirektion gewünschten Schnelligkeit voran, und noch im Januar 1830 wurde die Stadt ermahnt, endlich die Wagen bereitzustellen, um die Leichentransporte mit Trägern endlich verbieten zu können. Aber erst im Februar war es soweit, und die städtischen Leichenwagen kamen zum Einsatz.[54] Kinderleichen wurden allerdings weiterhin von den Hebammen oder Seelnonnen ohne Beanstandung auf den Friedhof getragen.

Sofort nach der Einführung der Leichenwagenpflicht kam es zu ersten Beschwerden. Der Weg, den die Leichenwagen nahmen, führte vorbei an den Kalköfen, so die Beschwerde des Pfarramts St. Peter, war eng, unbequem und in Frühjahr und Herbst schmutzig. Nicht selten gingen die Verwandten, die dem Leichenwagen folgten, zwischen Leichenwagen und Wagen des Abdeckers, der den gleichen Weg nach Thalkirchen hatte. Zu bevorzugen wäre also ein etwas anders gewählter Weg direkt zum Portal des Friedhofs gewesen. Dies bedeutete allerdings, daß nun der Sarg wieder vom Eingang bis zum Leichenhaus getragen werden mußte, während er jetzt fast bis zum Haus auf dem Wagen transportiert werden konnte. Die Stadt war einsichtig und ordnete eine Neuregelung nach den Wünschen des Pfarrers an.[55] Die Bevölkerung konnte sich mit dieser neuen Regelung trotzdem nicht anfreunden, und so kam es zu einer Beschwerde der Polizeidirektion, die auf wiederholte Vergehen gegen die

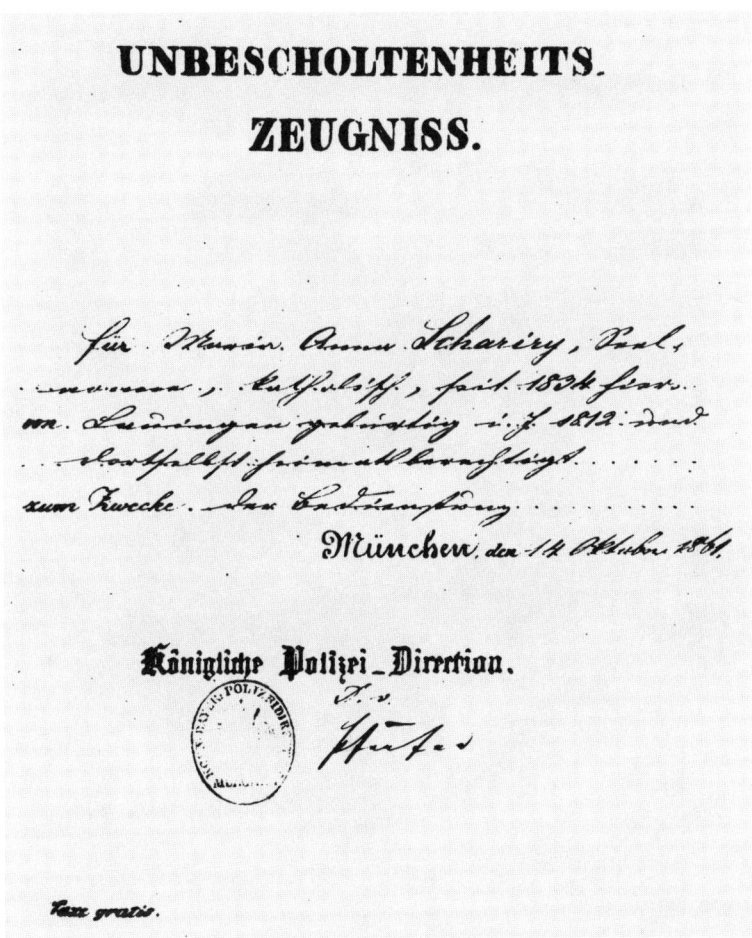

Ansagzettel einer Seelnonne.

Unbescholtenheitszeugnis für die Seelnonne Maria Anna Scharig von 1861.

Legitimationskarte der Leichenfrau Josepha Mecklinger. (Ende 19. Jahrhundert)

Noch in den 90er Jahren des 19. Jahrhunderts wurden Kindersärge von den Leichenfrauen auf den Friedhof getragen. (Abb. in der Leipziger Illustrierten Zeitung v. 1. März 1879 nach einer Zeichnung v. W. Grögler.)

Leichenwagenpflicht hinwies und dabei das Begräbnis Professor Görres rügend hervorhob, der von Studenten zu Grabe getragen worden war.[56] Trotzdem mußte 1834 ein vierter Wagen angeschafft werden, da einer der Wagen immer in Reparatur war und dann u.U. der »Galawagen« für die 1. Klasse Verstorbene aus den Spitälern oder »andere niedere Personen » transportieren mußte. Da man vor allem im Winter mit einer Anzahl von 10–12 Sterbefällen pro Tag rechnete, wurde ein neuer Wagen dringend benötigt, und an einen Wagenfabrikanten erging die Bestellung eines vierten Leichenwagens für 400 Gulden.[57]

Die Aufsicht über das für den Transport zuständige Personal war dem Verwalter der Leichenanstalt, Magistrat Wendling, übertragen und dieser hatte sich auch mit den Beschwerden des Pfarrers über die Leichenträger auseinanderzusetzen. Deren Tätigkeit hatte sich mit der Einführung der Leichenwagenpflicht 1830 gewandelt. Sie mußten nun die Leiche aus dem Haus bis zum Leichenwagen und nach dem Transport zum Friedhof wieder bis zum Leichenhaus tragen. Während der Fahrt hielt der Wagen zum vorausgehenden Pfarrer einen Abstand von etwa 10–12 Schritt ein, während die Träger den Wagen zu beiden Seiten in feierlicher Haltung begleiteten.[58] Wie schon vor 1819 waren die Leichenträger den einzelnen Pfarreien zugeordnet, bezogen aber ihren Lohn wöchentlich von der städtischen Leichenanstalt, auch wenn die für sie von den Kunden zu bezahlende Gebühr noch nicht eingegangen war.[59] Da sie nun der Stadt, nicht aber dem Pfarrer weisungsgebunden waren, war es schon zu einem Disput mit dem Pfarrer von St. Peter gekommen, den die Leichenträger aufgefordert hatten, die Aussegnung der Leiche nicht im Haus, sondern am Leichenwagen vorzunehmen. Auch waren die Träger ohne Ausstattung, also ohne Bahrtuch und Kruzifix erschienen, auch dies nun Aufgabe der Leichenanstalt anstelle des bis dahin – kirchlichen – Mesners. Die Neuordnung von 1819 führte also zu einigen Unklarheiten, da bestimmte Punkte nicht eindeutig geregelt waren. Die Streitsache wurde beigelegt und die Leichenträger ermahnt, während der Aussegnung den Anordnungen des Priesters Folge zu leisten.[60]

1854 wurden die Beträge der Leichenträger um 24 Kreuzer erhöht, da ihr bisheriger Lohn in keinem angemessenen Verhältnis zu ihrer »oft ekelhaften und gefährlichen Arbeit« stand. Wurde in der Pfarrei ein Todesfall gemeldet, hatten sie den Transport zu übernehmen, auch sonntags und an Feiertagen. Die Löhne wurden auch an der Tatsache gemessen, daß die meisten der Leichenträger weiterhin ihren ursprünglichen Berufen nachgingen oder dies zumindest vom Magistrat erwartet wurde, da sie nur bei Bedarf gerufen wurden. Allerdings brachten auch die Tätigkeiten, die die Leichenträger vor ihrer Beschäftigung bei der Leichenanstalt ausgeübt hatten, nur geringe Einkünfte, denn sie arbeiteten z. B. als Schuhflicker, Gärtner, Ziegelarbeiter, Taglöhner oder Kleiderreiniger.[61] In der Realität aber waren wohl nur die als Reserve vorgesehenen Träger imstande, noch ihren ursprünglichen Berufen nachzugehen, während die fest eingeplanten Träger bei den mit steigender Einwohnerzahl wachsenden Todesfällen dazu sicher nicht mehr in der Lage waren.

Eine zentrale Rolle im Bestattungswesen nahmen immer noch die Seelnonnen ein. Mit der Übergabe des Stiftungsvermögens an die Stadt waren auch die Fonds der

Seelhäuser wieder unter städtische Aufsicht gelangt. Durch die Einrichtung der städtischen Leichenanstalt oder Leichenbeerdigungs-Anstalt, wie sie später genannt wurde, wurden die Seelnonnen zu Dienstpersonal der Stadt. Der Magistrat stellte sie ein, und von der magistratischen Verwaltung der Beerdigungsanstalt bezogen sie auch ihr prozentual aus den Bestattungskosten errechnetes Gehalt. Daneben konnten sie noch wie bisher über ihre Bezüge aus dem Stiftungsvermögen verfügen. Ausdrücklich wird darauf hingewiesen, daß Seelnonnen außer diesen Bezügen keine Geschenke empfangen dürfen, wie z. B. Kleider des Verstorbenen. Gingen beim Magistrat Beschwerden wegen nachlässigen Dienstes ein oder versuchten sie selbst Gebühren einzufordern, hatten sie mit hohen Strafen oder Entlassung zu rechnen.[62]

Außer den magistratischen Dienstherrn unterstanden die Seelnonnen auch der kgl. Polizeibehörde, da sie neben ihren traditionellen Pflichten immer stärker dazu herangezogen wurden, die Einhaltung polizeilicher Anordnungen zu überwachen. Wurden sie in das Haus eines Verstorbenen gerufen, war ihre erste Pflicht nun nicht mehr, den Toten zu versorgen, sondern sie hatten als erstes den Distriktsarzt zur Totenbeschau zu rufen. Erst nach dieser ersten Totenbeschau wurde der Leichnam von der Seelnonne versorgt. Den vom Distriktsarzt ausgefüllten Totenschein übergaben dann die Seelnonnen dem Polizeiarzt, der die zweite Totenbeschau hielt, danach dem Pfarrer, mit dem der Begräbnistag besprochen wurde, und schließlich dem Aufseher auf dem Friedhof. Blieb der Leichnam bis zur Bestattung im Haus, mußte die Seelnonne dafür sorgen, daß er im geöffneten Sarg in einem gut gelüfteten und warmen Zimmer aufgebahrt blieb, und weder Hände noch Füße gebunden waren – daß also alle Vorkehrungen getroffen waren, die das Begraben eines Scheintoten verhindern konnten. Seit 1832 hatte sie bei einer Aufbahrung im Haus des Verstorbenen auch noch selbst den Wächterdienst zu versehen.[63] Alle versorgten Toten mußten von ihr in ein Buch eingetragen werden, wobei die Angaben Name, Stand, Alter und Adresse sowie den Todestag und die zuständige Pfarrei zu enthalten hatten.

Erst in zweiter Linie, so scheint es, erscheinen in den Dienstvorschriften auch die herkömmlichen Pflichten einer Seelnonne, also das Versorgen des Toten und die Regelung der Bestattung. Auch hier ist die Seelnonne nun städtischen Weisungen unterworfen. Sie mußte die Familie sehr genau über die von der Stadt festgelegten Begräbnisklassen und deren Kosten sowie über die ebenfalls fixierten Stolgebühren informieren, die dafür festgelegten Gelder in Empfang nehmen und bei der Verwaltung abliefern.[64] Eigene Vorschläge konnte sie nicht mehr unterbreiten. Da damit auch die Möglichkeiten eingeschränkt waren, den eigenen Verdienst durch geschicktes Verhandeln mit den Hinterbliebenen zu verbessern, ist es nur verständlich, daß einige Seelnonnen diese Verluste bei der Vermittlung eines Sarges wieder hereinzuholen versuchten. Es kam daher immer wieder zu Beschwerden über Seelnonnen, die Särge nur bei bestimmten Kistlern bestellten, mit denen sie anscheinend eine Gewinnabsprache getroffen hatten, das städtische Sargmagazin dagegen boykottierten.[65] Neben der Bestellung eines Sarges informierte die Seelnonne auch die Leichenträger und den Leichenwagen – sie übernahm also alle für eine Bestattung nötigen Besorgungen, für die Hinterbliebenen eine nicht geringe Entlastung.

112

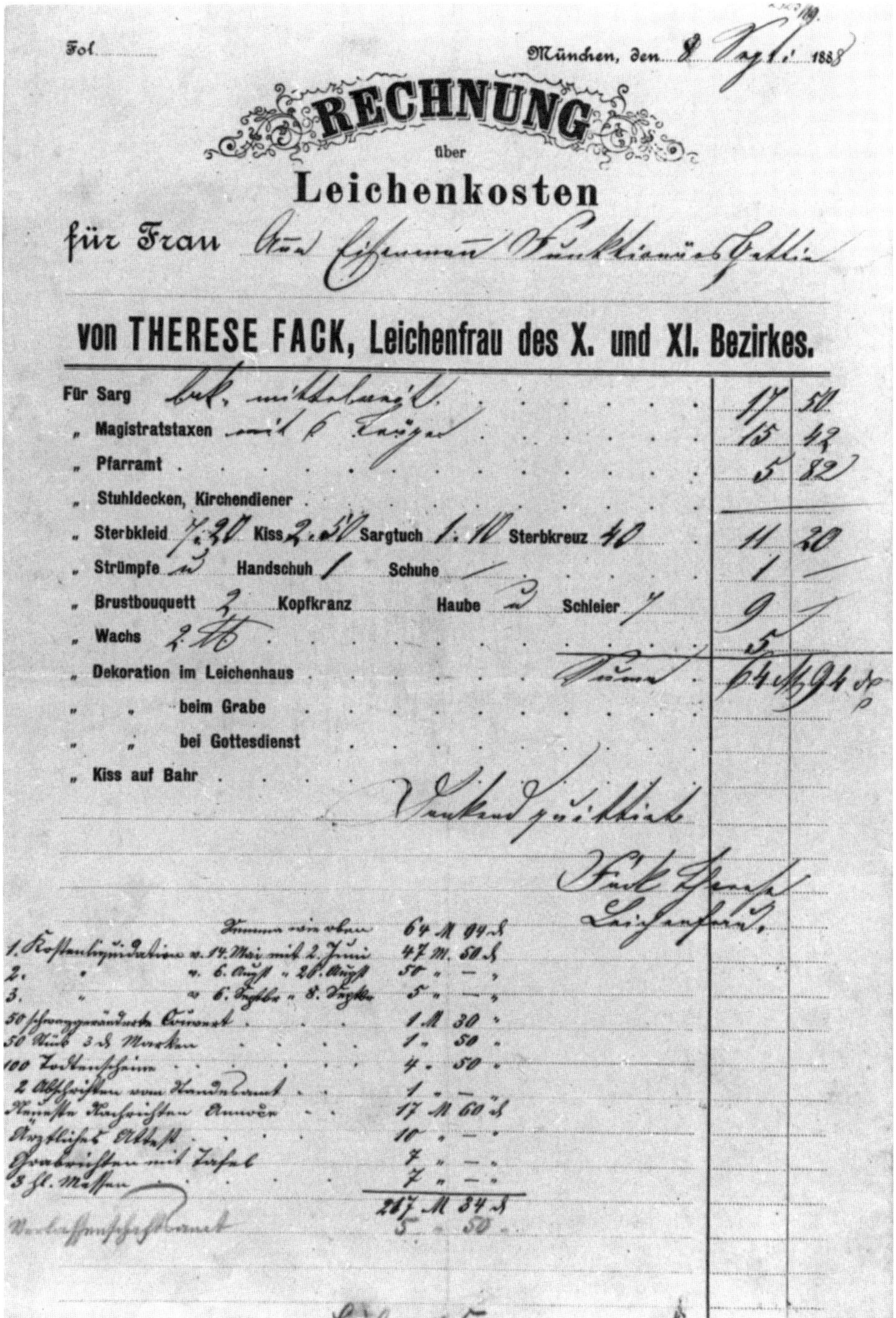

RECHNUNG

über

Leichenkosten

für Frau *[handschriftlich]*

von THERESE FACK, Leichenfrau des X. und XI. Bezirkes.

München, den *8. [...]* 1888

Für Sarg	*[handschriftlich]*	17	50
„ Magistratstaxen	*[handschriftlich]*	15	42
„ Pfarramt		5	82
„ Stuhldecken, Kirchendiener			
„ Sterbkleid *[...]* Kiss *[...]* Sargtuch *[...]* Sterbkreuz *40*		11	20
„ Strümpfe *[...]* Handschuh *1* Schuhe *[...]*		1	—
„ Brustbouquett *[...]* Kopfkranz Haube *[...]* Schleier *[...]*		9	—
„ Wachs *[...]*		5	—
„ Dekoration im Leichenhaus		64	94
„ „ beim Grabe			
„ „ bei Gottesdienst			
„ Kiss auf Bahr			

[handschriftliche Aufstellung im unteren Teil:]

Summe von oben	64 M 94 S
1. *[...]* v. 14. Mai mit 2. Juni	47 M. 50 S
2. „ 6. *[...]* „ 28. *[...]*	58 „ — „
3. „ 6. *[...]* „ 8. *[...]*	5 „ — „
50 *[...]*	1 M 30 „
50 *[...]* 3 S Marken	1 „ 50 „
100 *[...]*	4 „ 50 „
2 Abschriften vom *[...]*	1 „ — „
[...]	17 M 60 S
[...]	10 „ — „
[...]	7 „ — „
5 fl. Messen	7 „ — „
	207 M 34 S
[...]	5 „ 50 „

[...] 5

Rechnung einer Leichenfrau über Bestattungskosten von 1888.

Die ursprünglichste Aufgabe der Seelnonnen, das Gebet für den Verstorbenen, entfiel damit jedoch keineswegs; weiterhin war es ihre Pflicht, auch bei der Beerdigung zu erscheinen und beim Seelengottesdienst »abzudanken«.[66] Die ausdrückliche Erwähnung dieser Pflichten läßt darauf schließen, daß die religiöse Seite eines Seelnonnendienstes keineswegs mehr selbstverständlich war – die Seelnonnen hatten sich fast vollständig ihren weltlichen Aufgaben zugewandt. Andachtsübungen und fromme Werke, so die bedauernde Feststellung 1851, waren nicht mehr Lebensinhalt der »Nonnen«.[67]

Mit dem Einbinden der Seelnonnen in die städtischen Dienste gehörte die alte Form der Seelhäuser der Vergangenheit an. Die Seelnonnen wohnten zwar noch in den Seelhäusern und hielten sich an eine gewisse Hausordnung. Die alten Regeln, die die Stifter aufgestellt hatten, wurden jedoch nicht mehr befolgt. 1829 unternahm die Stadt noch einmal den Versuch, in den Seelhäusern wieder ein klosterähnliches Leben einzuführen, jedoch ohne Erfolg.[68] Die Häuser standen daher den mit dem Leichendienst beauftragten Frauen als Wohnungen zur Verfügung, Heizmaterial erhielten sie aus dem Stiftungsvermögen ersetzt; die Barth'schen Seelnonnen hatten dazu noch ein Anrecht auf Gelder für Beleuchtung. Ihren Lebensunterhalt bezogen sie, wie schon erwähnt, über die Stadt aus dem Stiftungsvermögen und der prozentualen Beteiligung an den Bestattungskosten (2%). Daneben scheinen einige der Seelnonnen noch durch das Vermieten von Trauerkleidung und für die Bestattung notwendiger Gerätschaften einen Nebenverdienst erzielt zu haben. Konnten sie ihren Dienst nicht mehr ausüben, stand ihnen keinerlei Unterstützung zu – daher wird verständlich, daß immer wieder Seelnonnen bei ihren Abrechnungen der »Unordentlichkeit« beschuldigt wurden.[69]

Nach 1819 gab es in der Stadt noch drei Seelhäuser: das Pienzenauer Seelhaus in der Schäffler Gasse, das Hofseelhaus am Salvatorplatz und das Barth'sche Seelhaus in der Oberen Kreuzgasse. Hatten früher mehrere Schwestern unter einer Oberin gearbeitet, wohnte in den einzelnen Häusern nur noch eine Oberin mit ihren Gehilfinnen. Diese Gehilfinnen wurden von der Oberin auf ein Jahr wie Dienstboten angestellt und neben Kost und freier Wohnung mit einem festen Jahreslohn bezahlt. Unter Aufsicht der Oberin verrichteten sie Seelnonnendienste.[70]

Wie man noch 1832 betonte, stand es im Ermessen des einzelnen, eine Seelnonne zu beauftragen. Wurde eine Seelnonne gerufen, hatte sie jede Adresse aufzusuchen, auch wenn sie in den Vorstädten lag.[71] Um den Kunden weitere Wege zu ersparen, war es jedoch hier zu eigenen Einrichtungen gekommen. Spätestens seit 1809 war für die St. Anna Vorstadt eine eigene Seelnonne eingestellt. Da diese Stelle nicht auf eine bestehende Seelhausstiftung begründet war und die dortige Seelnonne unter erschwerten Bedingungen arbeitete (sie hatte einen besonders weiten Weg zum Friedhof und von der meist armen Bevölkerung nur geringe Erträge), erhielt sie als einzige vom Magistrat ein festes Jahresgehalt von zuerst 8 und später 11 Gulden. Zu einem nicht bekannten Zeitpunkt wurde auch für die Vorstadt Au eine eigene Seelnonne bestellt, deren Bezüge dem Stiftungsvermögen des aufgelösten Fugger'schen Hauses entnommen wurden.[72]

Seit der Errichtung des »Allgemeinen Krankenhauses« versorgte auch hier eine eigene Seelnonne die im Krankenhaus Verstorbenen. Sie hatte darauf zu achten, daß in der Leichenkammer Ordnung und Sauberkeit herrschten, daß die Särge gerade geordnet und die Toten, mit einem Hemd bekleidet, ebenfalls gerade in den Särgen lagen. Die Leichen durften nicht im geschlossenen Sarg, bereits sezierte Leichen nicht im offenen Sarg in der Kammer liegen. Die Vorhänge waren zu schließen und auf keinen Fall sollten die Leichen Fremden gezeigt werden. Da wiederholt Beschwerden über die aus dem Krankenhaus getragenen Särge laut geworden waren, die angeblich häufig mit Blut verschmiert oder so unsauber verschlossen waren, daß aus den Särgen das Blut troff und der Platz, an dem die Särge abgestellt wurden, einer »Schlachtbank« glich, mußte die Seelnonne auch auf ordentlich verschlossene Särge achten. Hatte der Verstorbene Verwandte, konnte sie wie die anderen Seelnonnen eine prozentuale Gebühr an der Bestattung einfordern. Fand die Bestattung auf Kosten der Stadt statt, erhielt sie für jede Leiche 24 Kreuzer, für Kinderleichen aus dem Gebärhaus, die sie in einen Sarg zusammen mit einem Erwachsenen legen durfte, erhielt sie nichts.[73] Das Einkommen einer Seelnonne im Krankenhaus reichte offensichtlich kaum zum Leben. Eine freie Unterkunft wurde ihr nicht gewährt, in Ausnahmefällen konnte sie in einem der freien Betten in den Krankensälen nächtigen, die sich üblicherweise die Krankenschwestern teilten. Sehr bald war die Stelle unbesetzt, und eine ehemalige Seelnonne des Hofseelhauses, die sich für diesen Posten gemeldet hatte, nahm von dieser Aufgabe Abstand, als sie feststellte, wie niedrig ihr Einkommen dann anzusetzen war. Erst eine Erhöhung des Mindestlohns verbesserte die Situation.[74]

Da durch die Ausdehnung der Stadt die Wege sowohl der Kunden als auch der Seelnonnen länger wurden, ging man ab 1849 an eine Neueinteilung der Bezirke, für die die einzelnen Seelhäuser zuständig waren. Für die neu errichteten Pfarreien St. Ludwig und St. Bonifaz sowie für die Isarvorstadt errichtete man weitere Filialen, die dann den bestehenden Seelhäusern zugeteilt wurden. Die Oberin des Hofseelhauses versorgte mit zwei Gehilfinnen und einer Hausmagd noch die Pfarrei St. Ludwig. Die Seelnonne der St. Anna Vorstadt war verstorben und ihre Stelle hatte man dem Pienzenauer Seelhaus zugeordnet. Die Oberin des Pienzenauer Seelhauses arbeitete daher zusammen mit ihren zwei Gehilfinnen und einer Hausmagd in der St. Anna Pfarrei und der Isarvorstadt. Die Oberin des Barth'schen Seelhauses schließlich war zusammen mit ihren drei Gehilfinnen, einer Hausmagd und einer Köchin für die Pfarrei St. Bonifaz zuständig. Diskutiert wurde auch die Einführung einer besonderen, schwarz gehaltenen Kleidung für alle Seelnonnen. Dieser Vorschlag stieß jedoch auf Ablehnung, da, so das Argument, das Publikum bereits beim Anblick eines Leichenträgers oder des Leichenwagens erschrecken würde. Umso mehr sei dies die Gefahr bei der Begegnung mit einer schwarzgekleideten Frau, die an den »Geist einer Ahnfrau« erinnere.[75]

Die Einrichtung der Filialseelhäuser bewährte sich nicht. Da die Seelnonnen auch weiterhin in den Seelhäusern wohnten und in den eigens angemieteten Wohnräumen in den Vorstädten nur ein bis zwei Mal am Tag nachfragten, ob ein Sterbefall gemeldet worden war, zum Mittagessen und Schlafen aber auf jeden Fall nach Hause gingen, traf man sie in den Filialen seltener an als erwünscht. Ein längerer Aufenthalt in den Filialgebäuden ließ sich aber auch aus Personalmangel nicht ermöglichen. Da die Klagen über die getroffene Einteilung nicht aufhörten, traf man eine neue Regelung und erließ 1852 noch einmal eine Ordnung für die Münchner Seelnonnen.[76] Die Seelhäuser wurden nun den einzelnen Pfarreien zugeordnet, waren jedoch weiterhin frei wählbar. Das Hofseelhaus versorgte nun die Frauenpfarrei, das Barth'sche Seelhaus die Pfarrei St. Peter und das Pienzenauer Seelhaus die Heiliggeistpfarrei. Für die Vorstädte und deren Pfarreien wurden eigene Häuser eingerichtet, wobei die Seelnonne des Allgemeinen Krankenhauses die St. Ludwigs Pfarrei mit übernahm. Die Kosten der neuen Seelhäuser trug die Fugger'sche Seelhausstiftung.[77]

Die Neuordnung des Seelnonnendienstes war nur ein weiterer Schritt zur Verweltlichung dieser Einrichtung. Auch das Publikum, so jedenfalls die Meinung der Stadtverwaltung, verlor das Vertrauen in die klösterlichen Einrichtungen und bevorzugte eine eher weltliche Ausrichtung.[78] Dies war wohl mit ein Grund dafür, daß Seelnonnen nur auf geringe Unterstützung beim Magistrat hoffen konnten, falls sie ihre baufällig gewordenen Häuser renovieren wollten. Den noch bestehenden Einrichtungen war daher nur noch eine kurze Zeit beschieden. Mit dem Tod der Oberin 1851 wurde das Pienzenauer Seelhaus aufgelöst, und die Zahl der noch bestehenden Seelhäuser beschränkte sich danach auf zwei Stück: das Barth'sche und das Hofseelhaus. Die Seelnonnen des Barth'schen Seelhauses waren 1854 zum Umzug in eine Mietwohnung gezwungen, da ihr Gebäude in den erweiterten Schulbau der benachbarten Servitinnen mit einbezogen wurde, und 1873 mußte sich schließlich auch die Hofseelschwester eine neue Wohnung suchen, da ihr Haus verkauft wurde.[79]

Die übrigen Seelnonnen hatten sich schon früher eigene Wohnungen gesucht oder eine Dienstwohnung bezogen. Die Stiftungsvermögen der Seelhäuser wurden unter deren Namen weiter geführt und stellten die Grundlage für die neu eingerichteten Stellen der Leichenfrauen dar.[80] Dieser Entwicklung trug man 1862 bei einer Neufassung der Ortspolizeilichen Vorschriften Rechnung: die Seelnonnen sind darin nun offiziell als »Leichenfrauen« bezeichnet.[81] An diese neue Bezeichnung gewöhnte man sich allerdings nur langsam, denn noch bis in das Jahr 1887 taucht in den Akten auch die Bezeichnung »Seelnonne« auf.[82] An ihrer Kleidung waren die ehemaligen Seelnonnen noch gut zu erkennen, denn die Ordnung von 1862 forderte noch einmal eine anständige und reinliche Kleidung von schwarzer oder dunkler Farbe. Diese dunkle Kleidung, die sie eindeutig als Personal der Leichenbeerdigungs-Anstalt kennzeichnete, wirkte auf die Einwohner Münchens anscheinend abschreckend, denn für Leichenfrauen war es äußerst schwierig, eine Mietwohnung zu finden. Da die Wohnung einer Leichenfrau gemäß den Bestimmungen auch mit einem Schild versehen sein mußte, war sie von der Straße aus nicht zu übersehen – eine Abschreckung für alle Besucher dieses Hauses![83] Verglichen mit den Dienstordnungen der vorausgegangenen Jahre brachten die polizeilichen Vorschriften von 1862 für die Leichenfrauen wenig Neues, mit einer Ausnahme: mit der Einführung einer allgemeinen Leichenhauspflicht entfielen die Pflichten, die die Leichenfrauen bei der

Totenfeier auf dem alten Südlichen Friedhof für die in der Sendlinger Mordweihnacht 1705 gefallenen Bauern.

Totenwache im Haus des Verstorbenen einzuhalten hatten. Hatte die Familie des Verstorbenen keine Sondergenehmigung bei der Polizeibehörde beantragt, entging den Leichenfrauen auf diese Weise eine sehr einträgliche Einnahmequelle.[84]

Das standesgemäße Begräbnis

Vor allem die unteren Schichten hatten seit dem Beginn des 19. Jahrhunderts mit einem sich immer stärker auswirkenden Auseinanderklaffen der Lohn- und Preisverhältnisse zu kämpfen: steigende Lebensmittelpreise und Mietkosten standen gleichbleibenden Löhnen gegenüber.[85] Bei etwa 10 bis 20 % war der Anteil, den die Miete

117

am Einkommen ausmachte, aus heutiger Sicht äußerst gering. Jedoch gerade untere Schichten mußten den größten Teil ihres Verdienstes für die tägliche Nahrung veranschlagen; der Rest wurde für Brennholz ausgegeben, und falls dann noch etwas übrig blieb, war erst an ein neues Kleidungsstück zu denken.[86] Da für einen Großteil der Bevölkerung das Einkommen gerade für das tägliche Leben reichte, wurde es immer schwieriger, die Kosten für ein würdiges Begräbnis aufzubringen. Die 1819 vom Magistrat für die neue Leichenanstalt erlassene Ordnung enthält auch Angaben darüber, welche Aufwendungen für ein Begräbnis zu bezahlen waren: Gebühren wurden danach erhoben für das Geläut bei der Kirche St. Stephan, für das »Beisetzen«, also für die Unterbringung im Leichenhaus und das Wachen bei dem Verstorbenen, für das Grabmachen und für den Grabplatz selbst. War eine Sektion gefordert, mußte auch für diese bezahlt werden. Damit war es jedoch noch nicht getan. Weitere Zahlungen an die Leichenanstalt enthielten die Gebühren der Seelnonne, der Leichenträger und seit der Einführung der Totenbeschau mußte auch der Beschauer bezahlt werden. Ab 1830 wurde dazu noch die Gebühr für den Leichenwagen erhoben.[87]

Über diese Forderungen hinaus durfte das Personal keine weiteren Vorschläge zu Verzierungen des Sarges im Leichenhaus vorbringen oder Beträge für Dienstleistungen einsammeln, ausgenommen Verzierungen des Grabes auf dem Friedhof. Es scheint jedoch, daß sich vor allem die Leichenwächter nicht an diese Vorgaben hielten, sondern von den Verwandten noch einmal eine Bezahlung für das Ordnen der Leichen im Sarg und das Bereitstellen von Sargschmuck erhielten, gestaffelt nach dem Ort der Aufbahrung. War die Leiche im »schönen« Leichensaal aufgebahrt, erhielt der Wächter eine Summe von 48 Kreuzer bis zu einem Gulden. Lag die Leiche im »Kommunsaal«, wurden zwischen 12 bis 24 Kreuzer fällig.[88]

Es ist anzunehmen, daß sich den Vorschlägen der Leichenwächter zur Bereitstellung eines würdigen Sargschmuckes nur sehr verhärtete Gemüter entziehen konnten. Die Staffelung der Preise nach verschiedenen Klassen entsprach allgemeinem Gebrauch. Grabplätze waren unterteilt in Familiengrablegen, Doppelgräber und Einzelgräber, Einzelgräber noch einmal in ein Fünfklassensystem, je nach Entfernung des Grabes vom Weg. Die von der Stadt angekauften Leichenwagen waren in zwei Klassen eingeteilt, eine bessere und eine gewöhnliche. Ebenso hatte das Leichenhaus einen »kommunen« Raum und einen »schöneren«, für deren Nutzung natürlich unterschiedliche Preise zu zahlen waren. Die für die Leistungen der Leichenanstalt erhobenen Gebühren waren zwar in einem Preis-Regulativ grundsätzlich festgelegt, konnten jedoch in einer bestimmten Bandbreite variieren, je »nach Charakter und Stand« des zu Bestattenden. Wie in den Kleiderordnungen der Frühen Neuzeit wurde auch bei der Bestattung davon ausgegangen, daß jedem Stand beim Begräbnis Grenzen des Luxus gesetzt waren. Ein einfacher Handwerker hatte daher keineswegs das Recht auf ein ebenso prunkvolles Begräbnis wie ein Angehöriger des Adels. Innerhalb dieser Standesgrenzen waren dann noch einmal die finanziellen Möglichkeiten des einzelnen ausschlaggebend. So konnte die Beisetzung einer Leiche im Leichensaal entweder 30 Kreuzer oder aber 60 Kreuzer, im

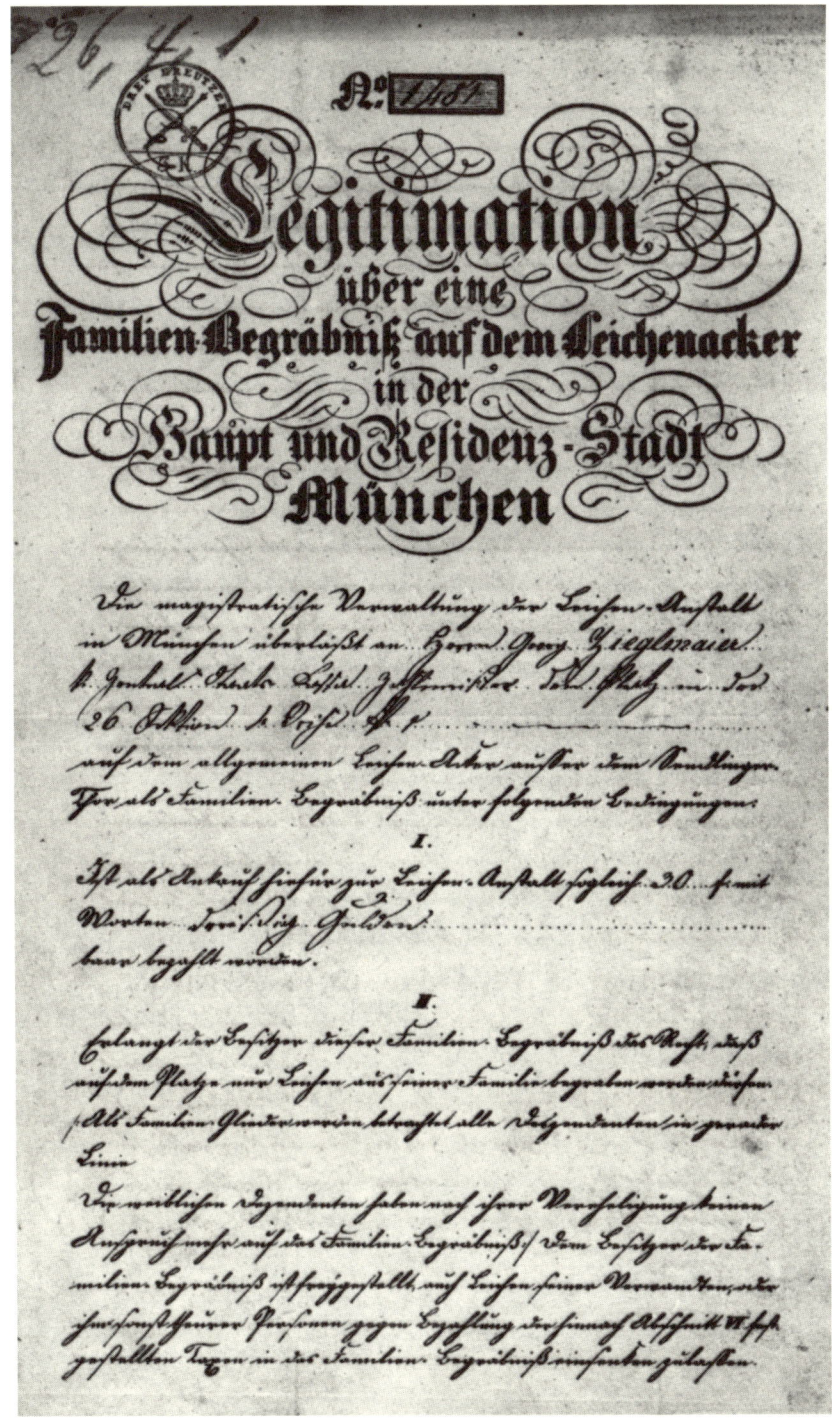

Graburkunde für ein Familiengrab auf dem alten Südlichen Friedhof von 1841.

Instruktion

für

die Wächter bey der Leichen-Anstalt auf dem Gottesacker zu München,
Behufs der Todten-Beschau.

---

§. 1.

Es müssen wenigstens zwey, möglichst verläßige, gesunde und noch thätige Männer als Leichen-Wächter bestellt werden, welche von der königl. Polizey-Direktion besonders zu verpflichten sind.

§. 2. Wenn eine Leiche zur Beysetzung in die Leichen-Anstalt gebracht werden soll, so muß dieß vorhersamst dem Aufseher über dieselbe gemeldet, und ihm der vorgezeichnete Beschau-Zettel, oder eine besondere ämtliche Weisung hierüber eingehändiget werden.

§. 3. Es ist daher den Todten-Wächtern untersagt, ohne Vorwissen des Aufsehers und dessen Bewilligung eine Leiche zu übernehmen, oder beyzusetzen.

§. 4. Unterliegt die Beysetzung keinem Anstande, so wird die überbrachte Leiche sogleich von den Todten-Wächtern übernommen, und an den für sie bestimmten Platz gesetzt.

§. 5. Der Deckel des Sarges muß sodann auf der Stelle abgenommen, das Gesicht des Verstorbenen entblößt, und Hände und Füße von den etwa daran befindlichen Fesseln befreyet werden.

§. 6. Der Ort, wo die Leichen aufbewahrt werden, ist im Winter bey Tag und Nacht gehörig zu erwärmen, und die Beleuchtung desselben darf zur Nachtzeit nie unterbrochen werden.

§. 7. Auf die Erhaltung der größten Reinlichkeit, und einer guten Luft ist alle Sorgfalt zu verwenden.

§. 8. Die Wächter müssen sich beständig in dem Wachtzimmer aufhalten, und von dort aus öfters, sowohl bey Tag als Nacht, sich in die Leichensäle verfügen, um die dort aufgestellten Leichen genau zu beobachten.

§. 9. Der Polizey-Chyrurg wird die Todten-Wächter besonders unterrichten, auf welche Erscheinungen sie bey den Beygesetzten vorzügliche Rücksicht zu nehmen, und wie sie überhaupt ihr Benehmen gegen dieselben einzurichten haben. Hiernach haben sie sich pünktlich zu achten.

Instruktion für die städtischen Leichenwächter von 1821.

§. 10. Sollte sich an einer Leiche eine solche Erscheinung äußern, welche auf das Wiedererwachen derselben Bezug haben kann, so muß sie augenblicklich, jedoch mit aller Vorsicht und Schonung, in das Wachtzimmer gebracht, und auf das dort zu diesem Behufe errichtete, mit einer Matraße und wollenen Decken versehene Lager niedergelegt werden.

§. 11. Von einem solchen Vorfalle ist nicht nur dem Aufseher die schleunigste Eröffnung zu machen, sondern auch der Polizey-Chyrurg ohne die geringste Verzögerung beyzurufen.

§. 12. Welche Handlungen an einem solchen Leichname bis zur Ankunft des Arztes vorgenommen werden können, und sollen, hierüber erhalten die Aufseher und die Todten-Wächter ebenfalls den erfoderlichen Unterricht durch den Polizey-Chirurgen. Auf jedem Falle aber muß sogleich warmes Wasser bereitet, und der Rettungs-Apparat beygeschaft werden.

§. 13. Der von dem Todesschlafe Erwachte ist mit aller Ruhe zu behandeln, und es ist sorgfältig jedes zu vermeiden, was auf ihn einen starken Eindruck machen könnte.

§. 14. Weder darf der Sarg, worin sich eine Leiche befindet, geschlossen, noch sonst eine Vorbereitung zu ihrer Beerdigung vorgenommen werden, bis von dem Polizey-Chirurg die ausdrückliche Erlaubniß hiezu ertheilt wurde.

§. 15. Der Zutritt in den Leichensaal kann unter der gehörigen Aufsicht jedem, der dieß verlangt, gestattet werden; nur darf die Ruhe und Ordnung durch nichts gestört werden.

§. 16. Derjenige Todten-Wächter, welcher sich in Erfüllung der ihm übertragenen Pflichten nachläßig finden lassen wird, soll mit einer angemessenen Geld- oder Arrest-Strafe belegt, und bey fruchtloser Wiederholung derselben entlassen werden.

München, den 20. November 1821.

Königliche Polizey-Direktion München.

von Stetten, Direktor.

Höchstfall aber 4 Gulden kosten, wobei zwischen den einzelnen Stufen jeweils 30 Kreuzer Aufschlag berechnet wurden. Ebenso wie der städtische Anteil an den Begräbnissen war auch der kirchliche unterteilt in verschiedene Stufen, wobei hier vor allem die verschiedenen Messen und die Zahl der Priester, die den Sarg zu seiner letzten Ruhe begleiteten, ins Gewicht fielen. Zu bezahlen waren aber auch das Bahrtuch und die Paramente – auch hier gab es Abstufungen in der Qualität und Verzierung.[89]

Die im Jahr 1828 vom Magistrat aufgrund sich mehrender Klagen über gestiegene Begräbniskosten beschlossene Einführung von fünf Begräbnisklassen[90] brachte keine grundsätzlichen Neuerungen. Und sie führte auch sicher nicht zu der von vielen erhofften Reduzierung der Preise. Zum ersten Mal jedoch wurde Klarheit in dem fast undurchschaubaren Gemenge von mehr oder weniger Priestern, teuren oder weniger teuren Bahrtüchern, schönem oder kommunem Leichensaal geschaffen. Die Beerdigung in einer der fünf Klassen umfaßte nun alle Leistungen sowohl von seiten der Kirche als auch von der Stadt. Einmal gewählt, galt die Klasse für Begräbnis und Seelmesse. Lediglich das Grab konnte davon unabängig ausgesucht werden. Die im gleichen Jahr erlassene Ordnung der kgl. Polizeidirektion zum »provisorischen Regulativ für die Stolgebühren« geht auf jeden bei einer Beerdigung anfallenden Posten ein. Neben den bereits genannten städtischen Leistungen, deren Gebühren von der Stadt eingezogen wurden, bildeten den weit größeren Teil die Stolgebühren, die allein vom königlichen Pfarramt erhoben werden durften.

Die Kosten für ein Begräbnis der 1. Klasse umfaßten danach die Totenbeschau durch den Leichenbeschauer, die Dienste der Seelnonnen, das Aussegnen im Haus und das Beisetzen im Leichensaal, das bei Begräbnissen der 1. bis 3. Klasse noch im Haus des Verstorbenen stattfinden konnte. Darauf folgten die Gottesdienste: die Vigil mit 3 Offiziatoren, 8 Priestern und den Choralisten, das Seelamt (Choralamt) samt Libera mit dem Priester, 2 Leviten, Ceremoniar, Mesner, Sakristan, Ministranten und dem Kirchendiener. Zusätzlich wurde bezahlt für das Bahrtuch in der Kirche, Paramente und Geläute, das Seelgerät, Chormusik, Kerzenwachs und noch einmal für die einzelnen Messen. Die Beisetzung umfaßte dann Kosten für den Pfarrer, den Ceremoniar, 2 Leviten, den oder die begleitenden Priester (je 1 Gulden), den Mesner, der auch den Schragen stellte, die 4 bzw. bei schweren Leichen 6 Leichenträger, Leichenwagen samt Bespannung, 1 Kreuz und 2 Laternenträger, 1 Fahnenträger, 4 Fackelträger und für die Musik, bestehend aus dem Chordirigenten, 3 Posaunenbläsern, 6 Choralisten und 6 Singknaben. Wieder wurden Kosten für Bahrtuch und Paramente fällig, noch einmal mußte auch für Geläut bezahlt werden, diesmal an die Stadt. Nach Beendigung der Feierlichkeiten verließen die Trauernden den Friedhof und der Totengräber schloß das Grab – das Grabmachen war natürlich ebenfalls zu bezahlen.

Aus den insgesamt 35 Posten einer Rechnung des Begräbnisses 1. Klasse ergab sich ein Gesamtpreis von 183 Gulden und 20 Kreuzern.[91] Dagegen erscheinen die 7 Gulden und 28 Kreuzer der 5. Klasse äußerst wenig, betrachtet man jedoch die Leistungen, die das Begräbnis dieser Klasse enthielt, wird klar, warum das Bestreben

der meisten dahin ging, ein Begräbnis einer höheren Klasse zu erhalten.[92] Die Seelmesse entfiel hier ganz und damit auch die öffentliche Fürbitte für die Seele des Verstorbenen. An der Beisetzung waren nur ein Priester und drei Ministranten beteiligt,
die Leichenträger, die den Sarg zum Leichenwagen und später zum Grab brachten,
und die Seelnonne, die das Begräbnis leitete. Selbstverständlich mußten auch hier
Leichenbeschau und Grabmachen bezahlt werden, ebenso die in der Kirche verwendeten Paramente, also Chorrock des Priesters und Altartuch. Alle schmückenden
Beiwerke wie das Bahrtuch beim Beisetzen, Chormusik oder Fackelträger fehlten.
Die Preisunterschiede der verschiedenen Begräbnisklassen ergaben sich nicht nur
aus der Anzahl beteiligter Personen, sondern auch aus der Qualität der verwendeten
Gegenstände. Auch jetzt noch stand der schönere Leichensaal nur den ersten drei
Klassen zur Verfügung, Leichenwagen und Bahrtücher wurden den jeweiligen Klassen zugeordnet. So wurde für die 1. Klasse nun das »schönste Tuch« benützt, für die
2. und 3. Klasse das »minder schöne« und für die 4. und 5. Klasse das »einfachste«.[93]

Mit der Einteilung in fest vorgegebene Klassen wurde zwar die soziale Einord-
nung des Einzelnen zementiert, da nun Zwischenstufen fehlten. Für die Bevölkerung jedoch bedeutete die Festlegung der Preise sicher eine finanzielle Entlastung.
Nicht umsonst wird in den Dienstordnungen der Seelnonnen immer wieder auf die
Pflicht dieser Frauen verwiesen, ihre Kunden über die fünf Begräbnisklassen und
das Angebot an Leistungen, die darin enthalten sind, zu informieren und keine weiteren Gebühren für Dienstleistungen zu fordern. Ohne die nun bestehende Über-
sicht der von Stadt und Kirche gleichermaßen gebotenen Leistungen war der trauernde und selten hinreichend informierte Hinterbliebene gezwungen, sich von den
nicht ganz selbstlos argumentierenden Seelnonnen die verschiedensten Angebote
unterbreiten zu lassen. Nun aber standen Preis und Leistung fest, sobald die Klasse
gewählt war. Die finanziellen Anforderungen, die ein Begräbnis an die Angehörigen
stellten, waren damit zumindest vorhersehbar.

Ein wesentlicher Punkt der Bestattung war vorerst nicht mit in das Preisklassen-
system der Stadt mit eingebunden: der Sarg. Särge wurden von Kistlern in Auftrags-
arbeit hergestellt und bei den Herstellern üblicherweise von den Seelnonnen in Absprache mit den Kunden bestellt. Das einträgliche Geschäft der Sargherstellung war
bei dem zu dieser Zeit nicht gerade florierenden Kistlergewerbe offensichtlich heiß
umkämpft. Bereits im 18. Jahrhundert hatte sich die Kistlerzunft darauf geeinigt,
daß jede Woche ein Meister die in dieser Zeit anfallenden Särge herstellen sollte.[94]
Mit der Einrichtung der Leichenanstalt hatte der Münchner Magistrat das Sargmagazin ins Leben gerufen, um auf diesem Gebiet weiterhin Chancengleichheit zu ge-
währleisten. Alle Münchner Kistler, so jedenfalls die Vorstellung des Magistrats,
sollten Särge verschiedener Bauart mit festgesetzten Preisen in das Sargmagazin liefern. Das Magazin stand unter der Aufsicht eines Magazinleiters, der die Bestellun-
gen der Seelnonnen entgegennahm und mit diesen auch abrechnete. Durch diese Art
der Abrechnung kam es immer wieder zu Unstimmigkeiten, da die Seelnonnen angeblich die Preise bei den einzelnen Särgen bestimmten und den Kunden überhöhte
Kosten in Rechnung stellten. Auch einzelne Kistler wollten sich nicht an die Über-

Skizze zu einem städtischen Leichenwagen von 1827.

Städtischer Leichenwagen der schönen Klasse um 1870.

Leichenwagen gegen Ende des 19. Jahrhunderts.

Der motorisierte Leichenwagen ca. 1920.

125

einkunft halten, sondern verkauften die Särge sehr zum Ärger ihrer Kollegen auf eigene Rechnung unter Umgehung des Sargmagazins. Eine Eingabe an die Regierung von Oberbayern mit dem Ziel, die Abtrünnigen zur Mitarbeit zu zwingen, blieb ohne Erfolg – das Sargmagazin blieb eine private Einrichtung und keiner der Kistler, so der Regierungsentschluß, konnte gezwungen werden, beizutreten.[95]

Trotzdem hatte diese für das Wohl der Münchner Einwohner und Kistler geschaffene Sammelstelle Bestand und war anscheinend erfolgreich, denn sie fand sogar in der Vorstadt Au Nachahmer.[96] In der zweiten Hälfte des 19. Jahrhunderts hatte sich das Sargmagazin eine Monopolstellung erkämpft und war einzige Lieferadresse für Särge.[97] Nun waren auch bei den Särgen die Preise gestaffelt, hier allerdings nicht nach Klassen, sondern nach Qualität und Größe. Als günstigster Sarg findet sich in der Preisliste der flache, weiß gestrichene Kindersarg für 15 Kreuzer, ein Erwachsenensarg in gleicher Qualität kostete 1 Gulden 24 Kreuzer. Eine etwas bessere Ausführung, der gewölbte und gestrichene Sarg, schlug bei einer Länge von 7 Fuß (1 Fuß = ca. 29 cm) mit 4 Gulden zu Buche, die Steigerung hierzu war der gekehlte und lackierte Sarg zu 11 Gulden bei einer Länge von 7 Fuß. Der Sarg für die gehobensten Ansprüche war aus Eiche, gekehlt und mit Beschlägen versehen; er kostete 50 Gulden.[98]

Trotz der Einrichtung des Klassenbegräbnisses, das die Einhaltung gewisser Regeln auch bei der Bestattung in der untersten Stufe gewährleistete, gab es, wie früher auch, Ausnahmefälle, die mit einem würdigen Begräbnis nicht rechnen konnten. Für Spitalinsassen waren häufig nicht einmal Socken und Hemden vorhanden, um den Leichnam damit zu bekleiden, und die Toten wurden nicht selten in Lumpen gehüllt im Ökonomiegebäude des Spitals aufgebahrt – bei geöffnetem Sarg, um das Graben eines Scheintoten zu verhindern.[99] Ungetaufte Kinder wurden von der Seelnonne auf den Friedhof getragen, in einen zur Bestattung bereit stehenden Sarg auf die darin liegende Person gelegt und zusammen mit dieser begraben. Für diese Kinderleichen mußte auch kein eigener Totenschein ausgestellt werden.[100]

Nach moderner Anschauung ähnlich unbekümmert verfuhr man mit den Verstorbenen des Strafarbeitshauses in der Au. Die Leichen wurden entweder in die Anatomie gebracht oder zusammen mit anderen »Büssern«, also Gefangenen, in einen Sarg gelegt – meist waren es drei (was auf eine gewisse Unterernährung schließen läßt) – und auf dem Friedhof verscharrt. Die Arbeit des dafür Zuständigen fiel offensichtlich wenig zur Zufriedenheit der Giesinger Gemeinde aus, deren Friedhof zeitweise als Begräbnisplatz für das Strafarbeitshaus diente, denn sie beschwerte sich über die nur dünne Bodenschicht, die auf das Grab gehäuft wurde. Erste Bedenken über diese Praxis äußerte die Gemeinde Giesing 1854, als mit dem Ausbruch der Cholera täglich fünf bis sechs Särge angeliefert wurden, die jeweils mit 2 bis 3 Personen gefüllt waren. (Die Anatomie verweigerte infolge des Überschusses inzwischen die Annahme.)[101] Im Jahr 1876 finden sich dann Beerdigungstaxen für Zuchthäusler (1 Mark 80 für das Grabmachen und für den Grabplatz noch einmal die gleiche Summe), was darauf schließen läßt, daß nun Mehrfachbestattungen in einem Sarg nicht mehr vorkamen.[102]

4. München, eine gesunde Stadt
Bestattungswesen als kommunale Aufgabe 1898

In der zweiten Hälfte des 19. Jahrhunderts begann für München eine Phase extremer und rascher Veränderungen, die das Bild der Stadt innerhalb eines kurzen Zeitraums von einer kleinen, wirtschaftlich noch stark vom agrarisch strukturierten Umland geprägten Residenzstadt zu dem einer Großstadt veränderte, in der nun neben Handel und Gewerbe zunehmend Industriebetriebe die wirtschaftliche Entwicklung bestimmten. Von wesentlicher Bedeutung war auch das enorme Bevölkerungswachstum, das die Einwohnerzahlen von 30 000 des Jahres 1800 auf 100 000 im Jahr 1850 und schließlich auf 413 000 gegen Ende des Jahrhunderts steigen ließ. Die Gründe für dieses rasche Ansteigen lagen nicht nur in dem stetigen Zuzug der ländlichen Bevölkerung, sondern auch in der Eingemeindung von Vorstädten wie der Au, Haidhausen und Giesing (1854), Ramersdorf (1864), Sendling (1877), Neuhausen und Schwabing (1890) und schließlich Bogenhausen (1892).[1]

Dieses rasche Wachstum Münchens zu einer Großstadt hatte allerdings auch äußerst negative Auswirkungen. Beengte und ungesunde Wohnungen ohne ausreichende sanitäre Anlagen waren mit ein Grund für drei schwere Choleraepidemien in den Jahren 1836/37, 1854 und 1872 sowie für eine latente Typhusgefahr, besonders in den Vorstädten. Eine hohe Zahl an Todesfällen wirkte sich auch negativ auf das Münchenbild im Ausland aus. Die Stadt, für die schon damals der Tourismus einen wesentlichen Wirtschaftsfaktor darstellte, sah dieses Einkommen empfindlich geschmälert durch den Rat der ausländischen Presse, für das »Seuchennest« München keinen Aufenthalt einzuplanen. Diese Entwicklung erzwang das Umdenken. Gesundheitspolitik wurde zu einem zentralen Bereich der Münchner Kommunalpolitik, die Stadt zu einem wichtigen Zentrum naturwissenschaftlicher Forschung. 1865 entstand in München Deutschlands erster Lehrstuhl für Hygiene, dessen Inhaber Max v. Pettenkofer auf seinem Gebiet bald internationale Anerkennung erreichen sollte.[2]

Die Sicherstellung medizinischer Versorgung und befriedigender sanitärer Verhältnisse, also Gesundheitspolitik, waren nun wieder Aufgaben der Kommune. Die in der Gemeindeordnung von 1819 noch äußerst eingeschränkte Entscheidungsfreiheit der Stadt konnte in der zweiten Hälfte des 19. Jahrhunderts zunehmend gelockert werden, eine Entwicklung, die in der Gemeindeordnung von 1869 ihren Abschluß fand. Die ausgedehnteren Befugnisse, die die Stadt neben den herkömmlichen kommunalen Aufgaben, wie Armen- und Schulwesen, in den Bereichen der Ortspolizei, der Stadtplanung, des Verkehrsausbaus und des Gesundheitswesens gewinnen konnte, brachten jedoch auch eine ganze Fülle an Problemen mit sich. Deren Lösung blieb nun der Kommune überlassen, ohne daß ein finanzieller Ausgleich durch staatliche Mittel hätte geschaffen werden können.[3]

Gegen Ende des 19. Jahrhunderts wurde auch das Thema »Friedhofsanlagen und Bestattungswesen« zu einem zentralen Anliegen im Bereich der Gesundheitsfürsorge. Das schnelle Wachstum der Stadt erforderte die Planung neuer Friedhofsareale, ein Prozeß, der ab 1868 mit der Eröffnung des Friedhofs an der Arcisstraße eingeleitet war. Gestiegene Anforderungen an Hygieneverhältnisse, aber auch an die Verwaltung des kommunalen Bestattungswesens erforderten ein neues Überdenken bisher beibehaltener Gebräuche und die Umsetzung allmählich gewonnener Erkenntnisse in festgelegte Regeln. Im Jahr 1898 erfolgte daher eine grundlegende Reform des Bestattungswesens. Wesentliche Punkte dieser Reform waren das Festlegen eines Gräberturnus und Anleitungen zu Grabausschachtung, Verschiebungen in der Aufgabenverteilung von Personal und Verwaltung, die Anlage neuer Einrichtungen und Wirtschaftsgebäude und schließlich auch die Anpassung der Preislisten an die aktuellen Ansprüche der Einwohner.[4] Die Reform beinhaltete auch ein erhöhtes Engagement der Stadt auf dem gewerblichen Sektor des Bestattungswesens, eine Tendenz der Kommunalpolitik, die gegen Ende des 19. Jahrhunderts noch andere Bereiche betraf, man denke nur an die allmähliche Übernahme der Trambahnlinien oder der Stromversorgung in eigener Regie.[5]

Neue Friedhöfe am Stadtrand

Schon im 18. Jahrhundert war man davon ausgegangen, daß aus den turnusmäßig geöffneten Gräbern des Friedhofs vor der Stadt den Einwohnern Gefahr drohte, da der Wind häufig aus dieser Richtung wehte und die Ausdünstungen der Gräber in die Stadt führte. Zwei Choleraepidemien in den Jahren 1836/37 und 1854 mit einer hohen Zahl von Todesfällen lenkte die öffentliche Aufmerksamkeit erneut auf diese schädlichen Auswirkungen. 1858 erging daher an den Magistrat eine Aufforderung des Innenministeriums, die Fäulnisprozesse auf dem Friedhof prüfen zu lassen. Die Untersuchung brachte ans Licht, wie vom heutigen Standpunkt aus nicht weiter verwunderlich, daß die Verwesung sowohl von der Beschaffenheit des Bodens als auch von der Art des Sargholzes abhängig war: während auf dem alten Friedhofsteil die Verwesung wesentlich schneller voranschritt, war der Prozeß auf dem neuen Teil von längerer Dauer und Hartholzsärge z. B. aus Eiche verwesten langsamer als Särge aus weichem Holz wie Fichte. Nach fünf Jahren jedoch war in jedem Fall der Verwesungsprozeß beendet, und zu finden waren angeblich nur noch Knochenreste und Teile von Kleidungsstücken. Eine Streuung mit Kalk in alle Gräber, wie sie das Innenministerium vorschlug und damit wohl dem Vorbild Österreich folgte, sah man nicht als notwendig an. Noch dazu, so die Meinung des Stadtmagistrats, konnten sich nur Wohlhabende die dauerhaften Hartholzsärge leisten, und deren Familiengräber fielen erst nach 20 Jahren wieder an die Leichenanstalt zurück. Der übliche Turnus von 7 Jahren für Einzelgräber aber war bei Weichholzsärgen, wie sie von der Bevölkerungsschicht gekauft wurden, die sich nur Einzelgräber leisten konnten, vollkommen ausreichend.[6]

1861 kam das Thema wieder auf die Tagesordnung, da Polizeiarzt Dr. Frank eigene Untersuchungen auf dem Friedhof durchgeführt hatte und dabei feststellen mußte, daß die Ruhezeiten von 7 Jahren bzw. 4 Jahren bei Kinderleichen keineswegs ausreichten, um eine Verwesung zu garantieren. Im Gegenteil – bei einigen, an ansteckenden Krankheiten Verstorbenen hatte diese Ruhezeit nur geringe Veränderungen bewirkt. Unterstützt von den Aussagen des Mesners und dessen Totengräber befürwortete Dr. Frank eine Verlängerung der Ruhezeiten; die Frage mußte also erneut untersucht werden. Da die Gräber aber inzwischen wieder knapp wurden, trat genau das Gegenteil ein: die Ruhezeiten wurden auf 6 Jahre verkürzt.[7]

Mit der Eröffnung des nördlichen Friedhofs nach den Plänen Arnold von Zenettis glaubte man dieses Problem überwunden. Die 1866 begonnene Anlage mit Leichenhaus und Wirtschaftsgebäuden wurde am 5. Oktober 1868 geweiht und zwar für Katholiken und Protestanten gleichermaßen. Allerdings wäre die Friedhofsweihe fast gescheitert, da sich Erzbischof Scherer entschieden dagegen aussprach, daß sich die katholischen mit den protestantischen Priestern einen Altar teilen sollten. Ebenso ungehalten war er über die Nachricht, daß die protestantische Friedhofsweihe direkt anschließend an seine geplant war und drohte mit seinem Fernbleiben. Die Protestanten gaben nach und verlegten ihre Weihe auf den Nachmittag; ein protestantischer Altar wurde an anderer Stelle errichtet.[8]

Nach der Friedhofsweihe war der Nördliche Friedhof Bestattungsort für die Pfarreien im Norden der Stadt. Schon 1871 wurde jedoch auch dieser Friedhof zu eng. Man hatte offensichtlich nicht mit dem raschen Bevölkerungswachstum und der daraus resultierenden höheren Zahl an Todesfällen gerechnet: wurden im Rechnungsjahr 1867/68 noch 5562 Todesfälle in der Stadt gezählt, verdoppelte sich diese Zahl bis zum Jahr 1898 auf 10789.[9] Eine Folge der nun einige Jahrzehnte andauernden Gräberknappheit war das Umgruppieren der Bestattungsorte für die einzelnen Pfarreien. Neu verteilt wurde die Zugehörigkeit allerdings nur für die Turnusgräber, Familiengräber waren davon nicht betroffen. So mußte als Entlastung des Nördlichen Friedhofs an der Arcisstraße ab 1888 die Pfarrei St. Anna auf den Haidhauser Friedhof ausweichen, die Pfarrei Unsere Liebe Frau dagegen begrub ihre Toten nun nicht mehr auf dem Südlichen, sondern auf dem Nördlichen Friedhof. 1889 war die Zahl der Kindergräber auf dem Nördlichen Friedhof begrenzt, auf dem Südlichen aber – wohl durch die Anlage einer eigenen Sektion, den sog. »Kinderspitz« – reichlich vorhanden. Protestantische Kinder bis zum Alter von 11 Jahren mußten daher auf dem Südlichen Friedhof bestattet werden. Auch für weitere Entlastungen waren nur die Protestanten zuständig: ab 1. Februar 1890 hatten nördlich einer Linie von Ludwigsbrücke, Zweibrückenstraße, Tal, Marienplatz, Kaufingerstraße, Neuhauserstraße, Karlsplatz, Bayerstraße und Landsbergerstraße alle Protestanten ihre letzte Ruhe auf dem Östlichen Friedhof zu finden.[10]

Mit der Belegung des Östlichen Friedhofs war die Stadtplanung in eine neue Phase eingetreten. Durch die Ausdehnung des bebauten und besiedelten Gebietes waren die beiden »Münchner« Friedhöfe, der Südliche an der Thalkirchnerstraße und der Nördliche an der Arcisstraße, immer mehr von Wohnvierteln umgeben. Die

Leichenhaus des Alten Israelitischen Friedhofs an der Thalkirchnerstraße.

aus gesundheitlichen Gründen erwünschte Lage der Friedhöfe vor den Toren der Stadt war also längst nicht mehr gegeben.[11] Die Anlage neuer Friedhöfe im Stadtbereich stand nicht zur Debatte, da innerhalb der Stadtgrenze unbebauter Boden knapp und teuer war. Finanzielle und gesundheitspolitische Gründe zwangen daher weiterhin zur Anlage von Friedhöfen am Stadtrand. Bei der Wahl des Standorts spielte die günstige Verkehrsanbindung eine große Rolle, denn trotz ihrer vom Stadtzentrum entfernten Position mußten sie doch gut erreichbar sein: zuhilfe kamen hier neue Trambahnlinien, wie z. B. in die Au.[12]

Das Areal des Östlichen Friedhofs war 1817 als Bestattungsort der Gemeinde Au in Betrieb genommen worden und durch die Eingemeindung 1854 zur Stadtgemeinde München gelangt.[13] Als sich seit den 70er Jahren in München der »Gräbernotstand« abzeichnete, erwarben die Stadtväter 1888 ein zusätzliches Areal zur Erweiterung dieses Friedhofs. Geplant war hier ein großer Hauptfriedhof, also ein Ersatz für den früheren Friedhof der Stadt, den Südlichen Friedhof. Dabei wurde allerdings nicht bedacht, daß das Gelände nicht mehr erweiterungsfähig war und daher für einen »Zentralfriedhof« nicht ausreichen konnte.[14] Mit dem Nachrücken Hans Grässels an die Stelle des städtischen Bauamtmanns verlor dieses Projekt dann an Zugkraft. Grässel setzte sich nun für eine dezentrale Lösung ein mit vier Friedhöfen in den vier Himmelsrichtungen, ein Novum in der Friedhofsplanung, da bis dahin nur »Zentralfriedhöfe« wie in Wien bekannt waren.[15]

Alter Südlicher Friedhof um 1900. Im Hintergrund die Friedhofskirche St. Stephan.

Mit seiner Vorstellung von einer dezentralen Lösung konnte sich Hans Grässel bei der Stadt schließlich durchsetzen, und im Jahr 1891 beauftragte ihn der Magistrat mit der Planung der neuen Friedhofsanlage im Osten der Stadt; 1894 wurde Grässels Plan dann genehmigt und am 1. November 1900 schließlich das letzte Gebäude auf dem Ostfriedhof feierlich eröffnet.[16]

Wie schon zu Beginn des Jahrhunderts bei Vorherrs Konzept für die Neuanlage des Südlichen Friedhofs an der Thalkirchner Straße umfaßte auch die Planung Grässels die gesamte Friedhofsanlage mit Leichenhalle, Wirtschaftsgebäuden und Gräberfeld. Geprägt war die Anlage von der Idee eines Friedhofs mit harmonischer Gesamtwirkung. Den Südlichen Friedhof mit seinen mittlerweile restlos genutzten und mit Monumenten überfrachteten Gräberfeldern als negatives Beispiel vor Augen, unterwarf der Architekt die neue Anlage einem strengen Reglement. Zum ersten Mal in Deutschland waren nun sowohl Grabdenkmäler als auch Grabbepflanzung einer Ordnung unterworfen, die gleichzeitig mit der Eröffnung des ersten Friedhofsteiles in Kraft trat.[17] Ausgangspunkt war dabei die Vorstellung, die Gräber einer Sektion in einem Typus zu halten – die Gleichheit der Menschen vor dem Tod sollte auf dem Friedhof nicht durch prunkvollen und teuren Grabschmuck durchbrochen werden. Ein Zugeständnis an die bürgerliche Oberschicht Münchens schuf Grässel allerdings mit den Gruftarkaden in den Umfassungsmauern als traditionelle Grabplätze für das reiche Bürgertum.[18]

Eine Gleichstellung im Angesicht des Todes wurde auch in der Leichenhalle demonstriert. Soziale Unterschiede wurden hier nur mehr in der unterschiedlichen Ausstattung der jeweiligen Begräbnisklasse sichtbar. Alle Toten lagen nun in einem Saal in einer langen Reihe, aufgebahrt auf fahrbaren Steinsarkophagen und – auch dies ein Novum – hinter einer Glasscheibe von den Schaulustigen getrennt. Dem Bedürfnis der Münchner, ihre Mitbürger im Tode noch einmal zu sehen, wurde mit der Schrägstellung der Aufbahrungstische entsprochen.[19]

Das Zentrum der Friedhofsanlage bildete nun die Trauerversammlungshalle, ein Rundbau von 20 Meter Druchmesser und 24 Meter lichter Höhe (nach dem Willen des Architekten sollte die Halle an dritter Stelle hinter dem Pantheon in Rom und der Kelheimer Befreiungshalle stehen). Dieser monumentalen Trauerversammlungshalle, die auch bei den übrigen Friedhofsanlagen Grässels zum festen Bestandteil gehört, lagen sowohl praktischer Zweck als auch religiöse Sinnfindung zugrunde. Im Gegensatz zu den bisher üblichen kleinen und anspruchslosen Aussegnungskapellen stand nun ein großer Versammlungsraum für trauernde Familienmitglieder und Freunde des Verstorbenen zur Verfügung, in dem auch, im Schutz vor Regen und Sturm, die Aussegnung stattfinden konnte. (Dies war in anderen Städten allerdings längst üblich.) Monumentalität und vor allem künstlerische Ausgestaltung der Halle waren darauf abgestimmt, im »religiösen Sinne zu erbauen«, eine bei Bestattungen verloren gegangene Feierlichkeit zu zelebrieren. Erreicht wurde dies mit einer in frühchristlichem Stil gestalteten Ausstattung und mit dem Einbau einer Musikempore: Mit der entsprechenden musikalischen Untermalung konnte im gedämpften Licht der Halle eine feierliche Stimmung geschaffen werden, die der kirchlichen Handlung eine sakrale Würde verlieh.[20]

Das Gebiet des Nördlichen Friedhofs war an die Stadt München mit der Eingemeindung des Vororts Schwabing gelangt. Die Gemeinde Schwabing hatte 1884 zur Entlastung des alten Schwabinger Bestattungsortes rund um die Kirche St. Sylvester einen neuen Friedhof mit Leichenhaus[21] eingerichtet, der nun ebenfalls erweitert wurde. Auch hier sahen Hans Grässels Entwürfe eine Aussegnungshalle, eine neue Leichenhalle (1896–1899) und Wohngebäude vor. Am 14. November 1899 wurden alle Bauteile feierlich in Betrieb genommen. 1902 folgte noch die Weihe einer Urnenhalle und schließlich 1913 einer Verbrennungsanlage im Wirtschaftsteil, beide ebenfalls unter der Leitung von Hans Grässel errichtet.[22] Im Westfriedhof war das erste Gräberfeld ab 1898 als Begräbnisplatz ausgewiesen, die Gebäude wurden 1902 fertig.[23] Miteinbezogen in die Grässel'schen Friedhofsplanungen war auch ein neuer israelitischer Friedhof, für den die israelitische Kultusgemeinde ein Gebiet in der Nähe des neuen Nördlichen Friedhofs erwarb und Hans Grässel die Bauten entwarf. Die feierliche Eröffnung erfolgte am 18. Mai 1908.[24]

Die Grundzüge der Friedhofsarchitektur Hans Grässels blieben auch bei den Projekten Nord- und Westfriedhof erhalten. Sowohl beim Nordfriedhof als auch im Westfriedhof bildeten das Gräberfeld zusammen mit Trauerhalle und Zweckbauten eine Einheit. Für die Anlage der zukünftigen Gräber in quadratisch angelegten Sektionen galt auch hier die Grabordnung, die allen Gräbern eine Stilrichtung vorgab.

Arkadengang im alten Südfriedhof.

Leichensaal und Verwaltungsbauten hatten als Mittelpunkt eine monumentale Aussegnungshalle, innen ausgestattet im frühchristlich-byzantinischen Stil, der dem Raum eine sakrale Würde verlieh. Neu war beim Westfriedhof allerdings eine unter der Aussegnungshalle angelegte Krypta mit insgesamt 219 Zellen. Die Wände der Zellen waren versetzbar und konnten daher sowohl Särge als auch Urnen aufnehmen. Nach dem Vorbild italienischer Stadtfriedhöfe schlossen Platten aus Marmor die Zellen von außen ab. Mit der Anlage dieser Grabzellen suchte Grässel einem neuen großstädtischen Phänomen entgegenzukommen: dem Einpersonenhaushalt. Da für die Grabpflege kein Familienmitglied zur Verfügung stand, konnte mit dem Platz in der Krypta schon zu Lebzeiten eine würdige und zugleich pflegeleichte letzte Ruhestätte erworben werden.[25]

Durch die Übernahme größerer Areale in den Vorstädten Au und Schwabing waren die innerstädtischen Friedhöfe weitgehend entlastet, ältere Friedhöfe wie den Südlichen und den alten Nördlichen dachte man zu schließen bzw. nur noch für Familiengräber offen zu halten, die für einen Zeitraum von 25 Jahren erstanden werden konnten. Mit der Reform des Bestattungswesens 1898 wurde noch einmal die Ruhefrist bei Einzelgräbern auf sieben Jahre festgelegt, eine Bestimmung, die man bereits 1865 erlassen hatte, die jedoch aufgrund des akuten Gräbermangels immer wieder unterlaufen werden mußte.[26] Gleichzeitig legte man auch die Gäbertiefe neu fest. Bei Einzelgräbern war die Belegung mit zwei Särgen üblich, wobei der erste Sarg bis 1898 in einer Tiefe von 1,75 m begraben wurde, bei der Wiedereröffnung für den zweiten Sarg der erste auf 2,40 m tiefer gelegt werden mußte – ein nicht unbeträchtlicher Arbeitsaufwand für die Totengräber. Ab 1898 senkte man den ersten Sarg in eine Tiefe von 2,00 m und setzte den zweiten einfach oben drauf, wodurch dieser nun eine Tiefe von 1,40 m erreichte.[27]

Bereits im Jahr 1900 mußte man allerdings feststellen, daß man wieder zu knapp kalkuliert hatte und das enorme Wachstum der Stadt vernachlässigt worden war. Die Stadt hatte zwar zu dieser Zeit bereits Grundstücke für einen neuen Friedhof im Süden der Stadt, den späteren Waldfriedhof, angekauft; verschreckt von den hohen Kosten der bisherigen Grässel'schen Anlagen zögerte der Magistrat offensichtlich, sich noch einmal in ein derart kostspieliges Projekt zu verstricken. (Der Waldfriedhof wurde dann allerdings die weitaus preisgünstigste der vier Friedhofsanlagen).[28] Vorerst jedoch gedachte man Platz zu sparen. Probeweise ließ man auf dem Östlichen, dem neuen Nördlichen und dem Westlichen Friedhof die Gräber als Reihengräber anlegen. Bei Reihengräbern stießen die Särge am Kopfende zusammen und lagen dicht nebeneinander. Unter der Erde blieb dabei kein Zwischenraum frei, oben allerdings hatte man einige Handbreit Rasen, um zwischen den Gräbern durchzugehen. Armen stand nicht einmal mehr ein eigenes Grab zu; sie wurden nun in eine große Grube gelegt, die erst bei vollständiger Füllung bepflanzt wurde. Die Sozialdemokraten bekämpften diesen Vorschlag, da die Folge nur eine weitere Diskriminierung der Armen sein konnte; er wurde jedoch ab 1901 in die Tat umgesetzt.[29]

Mit der Eröffnung des Waldfriedhofs als vierter der Anlagen Hans Grässels im Süden der Stadt am 2. September 1907 schien der Gräbernotstand dann endgültig be-

Friedhofshalle des alten Nördlichen Friedhofs 1914.

Arkadengang im alten Nördlichen Friedhof.

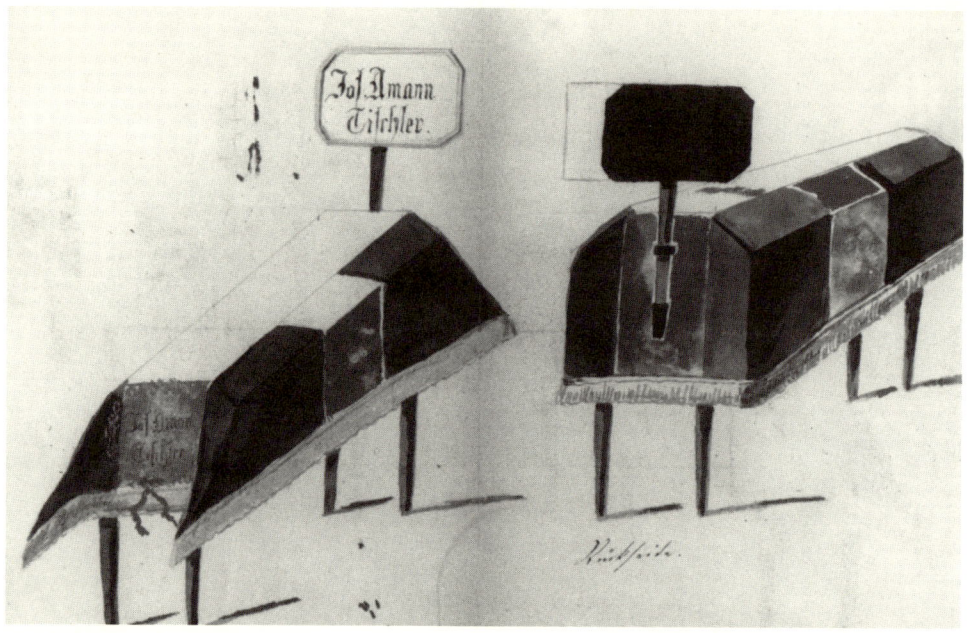

Da es bei der Aufbewahrung der Toten in der Leichenhalle immer wieder zu Verwechslungen gekommen war, wurden 1873 Namensschilder am Sargende eingeführt und den Toten zusätzlich Schildchen an den Zehen befestigt.

hoben.[30] Im Gegensatz zu den Friedhofsanlagen im Norden, Westen und Osten war der Friedhof im Süden von Grässel als »Waldfriedhof« geplant, eine Konzeption, die er übrigens auch dem neuen Israelitischen Friedhof an der Ungererstraße zugrunde legte, die dort aber nicht zur völligen Ausführung gelangen konnte.[31] Die Idee eines Landschaftsfriedhofs hatte als Vorbild den Parkfriedhof Hamburg-Ohlsdorf, den auch eine im Jahr 1900 ins Leben gerufene städtische Sonderkommission neben anderen herausragenden Friedhofsarealen in Deutschland besuchte. Im Gegensatz zu dem als Erholungsziel der Hamburger genutzten Parkfriedhof sollte der Waldfriedhof jedoch allein »ein wahrer Garten des Todes« sein, wie er pathetisch von Zeitgenossen beschrieben wurde.[32]

Weniger romantisch allerdings mutet der Grund für seine Anlage als Waldfriedhof an: das etwa 100 Tagwerk umfassende Grundstück, das die Stadtverwaltung bereits 1889 erworben hatte, wies 40 bis 60 Jahre alte Fichtenbestände auf, die jedoch aufgrund intensiver Nutzung bereits stark gelichtet waren.[33] Was lag näher, als die natürlichen Voraussetzungen in das Friedhofskonzept eines Landschaftsparks miteinzubeziehen? Der Konzeption entsprechend beschränkte sich Grässel in der Planung der Friedhofsbauten auf schlichtere Gebäude in »deutsch-heimatlicher Eigenart« und konnte damit gleichzeitig die Kosten deutlich reduzieren. Die Aussegnungshalle war nun kleiner dimensioniert, aber ebenfalls ausgestattet mit dem Grässel'schen Programm, das den sakralen Hintergrund für den schlichten religiösen Ritus liefert.[34] Dem Waldcharakter des Friedhofs angepaßt waren die einzelnen

Grabsektionen. Wie schon bei den vorhergehenden Friedhofsanlagen Grässels wurden die Vorschriften für den Grabschmuck streng festgelegt. Vom Grabmonument bis hin zur Bepflanzung hatte und hat sich der Grabbesitzer an die Vorgaben zu halten; je nach Sektion ist das Grabdenkmal entweder aus Holz, Eisen oder Stein.[35]

Der Münchner Waldfriedhof erweckte bei den Zeitgenossen hymnische Begeisterungsstürme und die Stadt hatte, wie schon einmal mit dem Friedhof an der Thalkirchner Straße, einen Friedhof als Touristenattraktion. Für viele Gemeinden aber wurde das Konzept eines Waldfriedhofs zukunftsweisend und der »Friedhof im Wald« zu einer der Möglichkeiten der Friedhofsgestaltung. Weit wichtiger noch für die Stadtverwaltung war die Reaktion der Münchner Bürger, und hier hatte man jeden Grund zufrieden zu sein. War bisher noch der Schwabinger Friedhof der beliebteste Bestattungsort gewesen, lag nun der Waldfriedhof in der Gunst der Münchner weit vorn. Weitsichtig hatte man noch vor der Eröffnung des Friedhofs ein Anheben der Grabpreise für Persönlichkeiten, die nicht dem Friedhofssprengel zuzurechnen waren, gefordert. Und in der Tat brachte der Gräberverkauf in der Folgezeit nicht unbedeutende Einkünfte, so daß auch noch die Vergrößerung des Leichengebäudes 1910 gut zu finanzieren war.[36]

Die reinliche und sichere Bestattung

Die in München geförderte naturwissenschaftliche Forschung brachte nicht nur einen höheren Kenntnisstand, sondern traf auch – sieht man von einer Phase des Zögerns einmal ab – auf die Bereitschaft, gewonnene Kenntnisse in die Tat umzusetzen. Beim Bestattungswesen als wesentlichem Teil der Gesundheitspolitik kam es daher gegen Ende des 19. Jahrhunderts als Folge eines neuen Hygienebewußtseins zu einigen Neuerungen. Herrschte in der Stadt eine Epidemie, war häufig die für diesen Fall vorgeschriebene Bestattungszeit von längstens sechs Stunden nicht eingehalten worden; die Leichen vor allem ärmerer Verstorbener lagen manchmal länger als einen Tag in ihrer Wohnung, bis sie endlich abgeholt wurden. Zusätzlich zu den regulären Leichenträgern und Leichenwagen mußten daher Träger und Wagen besorgt werden, das Leichenhaus war überbelegt und die Leichenwächter klagten über den höheren Arbeitsaufwand, der nur durch die Mithilfe von Familienmitgliedern zu bewältigen war.[37] 1854 erreichte die Rate der Todesfälle weit größere Ausmaße als noch 1836/37. Da das Leichenhaus die zahlreichen Leichen nicht mehr fassen konnte, errichtete man auf dem Südlichen Friedhof eine Holzbaracke als provisorische Aufnahmestation.[38]

Mit dem Ausbruch der dritten Choleraepidemie 1873 wurde schließlich eine Neuregelung des Bestattungswesens beschlossen, um eine möglichst rasche Bestattung innerhalb der vorgeschriebenen sechs Stunden zu ermöglichen. In der Wagenremise an der Thalkirchner Straße befand sich ab diesem Zeitpunkt ein Büro, das ständig besetzt war. Die Leichenträger, bisher den einzelnen Pfarreien zugeordnet, hatten von nun an ihr Jourzimmer und damit einen festen Standort in diesem Gebäude.

Beisetzzettel von 1896, ausgestellt von der Leichenfrau.

Von hier aus wurden sie in die verschiedenen Stadtteile geschickt, eine Maßnahme, die dem Publikum oder den Leichenfrauen manche überflüssige Lauferei ersparte und die Bestattungen dementsprechend beschleunigte.[39] Da sich diese neue Regelung bewährte, wurde sie auch nach dem Abklingen der Epidemie beibehalten.

Unter dem Eindruck einer drohenden Epidemie im Jahr 1892 erließ der Magistrat erneut Anordnungen, die sich nun vor allem mit der provisorischen Unterbringung der Leichen befaßte. Nach dem Vorbild der für die Epidemie von 1854 auf dem Südlichen Friedhof errichteten Holzbaracke ging man an den Bau einer »Leichenbeisetzungsbaracke« auf dem Ostfriedhof und einer ähnlichen Baracke auf dem Schwabinger Friedhof. Gleichzeitig sollte das Stadtbauamt die Erweiterung des Ostfriedhofs vorbereiten sowie auf dem Schwabinger Friedhof ein weiteres Areal für zusätzliche Grabstellen abzäunen. Für die Bestattung aller Leichen der an der Seuche Verstorbenen waren diese beiden Friedhöfe vorgesehen: aus den Pfarreien Schwabing, St. Ludwig, St. Anna der Schwabinger Friedhof, aus den Pfarreien Unsere Liebe Frau, St. Peter, Heiliggeist, St. Bonifaz, Au, Haidhausen, Giesing, Bogenhausen der Östliche Friedhof. Da sich bei früheren Epidemien gezeigt hatte, daß

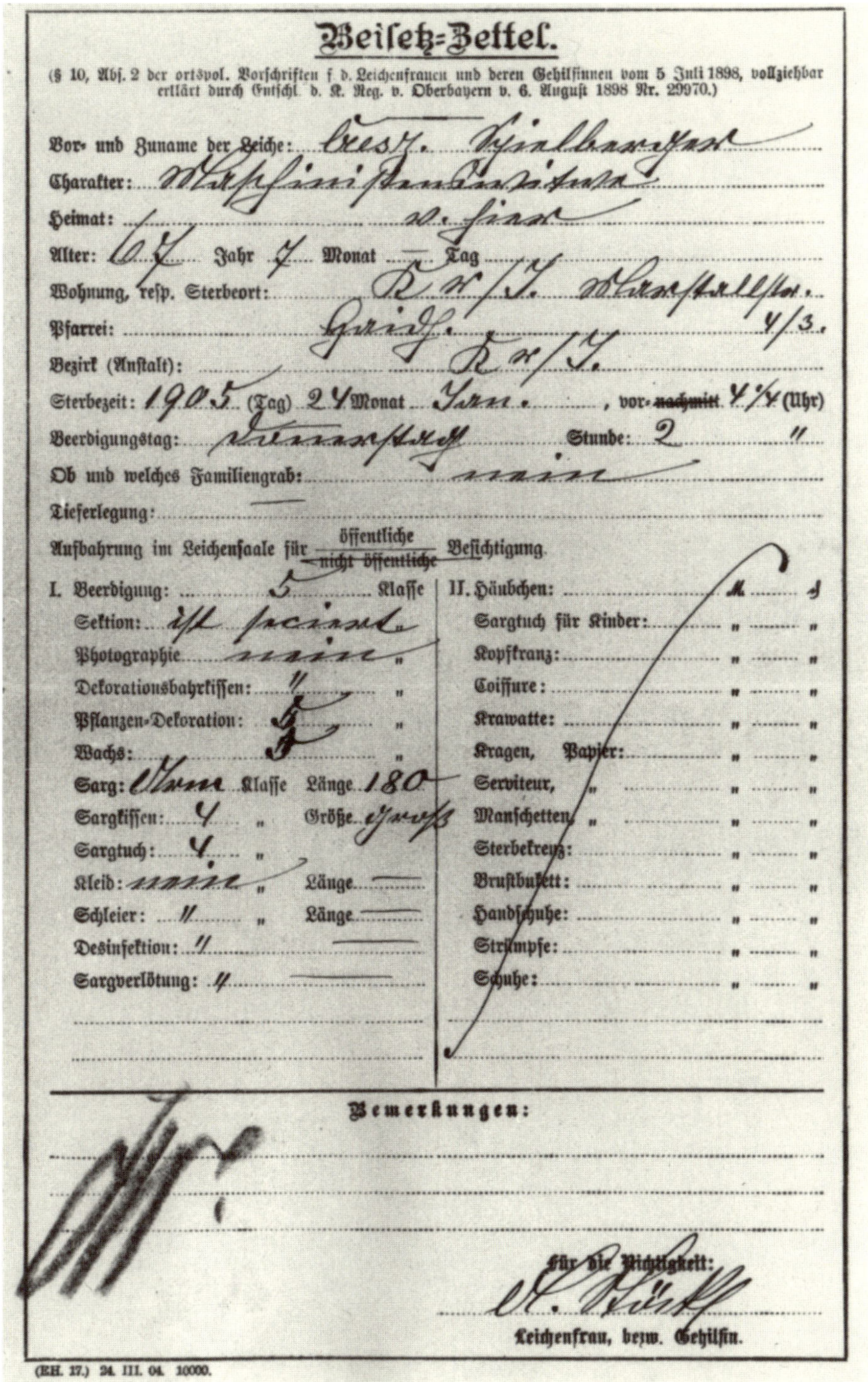

Beisetz=Zettel.

(§ 10, Abs. 2 der ortspol. Vorschriften f. d. Leichenfrauen und deren Gehilfinnen vom 5 Juli 1898, vollziehbar erklärt durch Entschl. d. K. Reg. v. Oberbayern v. 6. August 1898 Nr. 29970.)

Vor- und Zuname der Leiche: _____

Charakter: _____

Heimat: _____

Alter: _____ Jahr _____ Monat _____ Tag

Wohnung, resp. Sterbeort: _____

Pfarrei: _____

Bezirk (Anstalt): _____

Sterbezeit: 1905 (Tag) 24 Monat _____ , vor- nachmitt. _____ (Uhr)

Beerdigungstag: _____ Stunde: 2

Ob und welches Familiengrab: _____

Tieferlegung: _____

Aufbahrung im Leichensaale für _____ öffentliche / nicht öffentliche _____ Besichtigung.

I. Beerdigung: 5 Klasse	II. Häubchen:
Sektion:	Sargtuch für Kinder:
Photographie	Kopfkranz:
Dekorationsbahrkissen:	Coiffure:
Pflanzen-Dekoration:	Krawatte:
Wachs:	Kragen, Papier:
Sarg: Klasse Länge 180	Serviteur:
Sargkissen: 4 Größe	Manschetten:
Sargtuch: 4	Sterbekreuz:
Kleid: Länge	Brustbukett:
Schleier: Länge	Handschuhe:
Desinfektion:	Strümpfe:
Sargverlötung:	Schuhe:

Bemerkungen:

_____

Für die Richtigkeit:

_____

Leichenfrau, bezw. Gehilfin.

(EH. 17.) 24. III. 04. 10000.

Nach der neuen Regelung von 1898 eingeführte Beisetzzettel (ausgestellt 1905).

Leichen Verstorbener auch deshalb nicht abgeholt werden konnten, weil es den völlig überlasteten Priestern nicht möglich war, rechtzeitig zur Stelle zu sein, um die Leiche auszusegnen, ging man sogar so weit, in Notfällen auf die priesterliche Begleitung bis zum Grab zu verzichten und die Tätigkeit des Priesters auf die Aussegnung im Haus zu beschränken.[40] So war die Stadt gut vorbereitet, blieb aber von der Seuche verschont.

Neben den aktuellen Maßnahmen, die eine möglichst schnelle Bestattung auch in Zeiten erhöhter Sterblichkeit garantierten, gab es präventive Maßnahmen. Schon im Februar 1871 hatte der Magistrat bestimmt, daß bei Pockenepidemien Leichen- und Grabschmuck nicht mehr, wie sonst manchmal üblich, mit nach Hause genommen werden durfte, sondern mit in das Grab gelegt werden mußte.[41] Die Neuorganisation des Bestattungswesens von 1898 brachte dann auch auf diesem Gebiet eine Fülle von Anordnungen, um die Ansteckungsgefahr bei Krankheiten zu vermeiden. Leichenfrauen, die selbst bei Sterbefällen in Seuchenzeiten laut ihrer Vorschriften den Dienst zu versehen hatten und ebensowenig bei »besonders widrigen Zuständen« der Leiche flüchten konnten, hatten in diesen Fällen, also bei Typhus oder Cholera, Kindbettfieber, Genickstarre, Ruhr, Dyphterie, Scharlach, Masern und Tuberkulose die Leib- und Bettwäsche des Verstorbenen mindestens zwei Stunden in 5%iger Cresolsulfinlösung einzuweichen und dabei darauf zu achten, daß alle Gegenstände von der Lösung bedeckt waren. Bei jeder Behandlung von Leichen hatten sie eine Schürze zu tragen und sich danach die Hände mit Sublimatseife zu reinigen. Desgleichen waren auch die Leichenwächter verpflichtet, bei ihrem Dienst im Sektionssaal Waschwasser, Seife und Carbol bereit zu halten.[42] Gegen die Gebühr von einer Mark mußten schließlich auch alle Leichendekorationsgegenstände, wie z. B. Orden, mit Hilfe einer Formalin-Desinfektionslampe desinfiziert werden, bevor sie den Angehörigen wieder ausgehändigt werden durften.[43]

Den Ansprüchen moderner Hygieneforschung bei der Leichenbestattung gerecht zu werden, war auch das Ziel des Architekten Hans Grässel. Vor allem die von ihm konzipierten Leichenhallen waren auf dem neuesten technischen Stand und fanden allgemeine Anerkennung in Fachkreisen.[44] Die Trennung der aufgebahrten Toten von vorbeidefilierenden Schaulustigen durch eine Glasscheibe war dabei nur ein Gesichtspunkt. Fahrbare Untersärge aus künstlichem Granit schufen nicht nur die vom Architekten gewollte Gleichwertigkeit im Angesicht des Todes, sondern erfüllten auch ihre Zwecke als hygienische Unterlage undichter Holzsärge. Eine in die Kellerräume integrierte und an die städtische Wasserleitung angeschlossene »Pelton'sche Partialturbine« betrieb im Ostfriedhof ein Gebläse, das im Sommer kühle Luft (ca. 10°Cel.) in die Leichenhallen preßte. Im Winter wurde dagegen ein Gefrieren der Glasscheibe durch Heizung und Luftisolation verhindert.[45] Ähnliche Anlagen wie der Ostfriedhof hatten auch die übrigen Friedhofsanlagen Hans Grässels aufzuweisen, ein Bereich der Hygienevorsorge blieb jedoch vorerst ausgespart: der Bau eines Krematoriums.

Obwohl Max von Pettenkofer nach seinen Bodenuntersuchungen auf dem Südlichen Friedhof die Leichenbestattung als nicht gesundheitsgefährdend eingestuft

Neue Leichenhalle im Ostfriedhof. Die Toten wurden auf schräg gestellten Steintischen aufgebahrt und waren von den Besuchern durch Glasscheiben getrennt.

hatte,[46] blieb die Erdbestattung ein Thema der Hygieneforscher und auch der Öffentlichkeit. Dabei machte man auch nicht vor fragwürdigen Vorschlägen halt, die das Problem ein für allemal aus der Welt schaffen sollten. So hatte ein Landschaftsmaler, vielleicht in Anlehnung an einen Versuch des Italieners Gorini, der einen Leichnam binnen 20 Minuten mit einer Mischung verschiedener Säuren vollständig

141

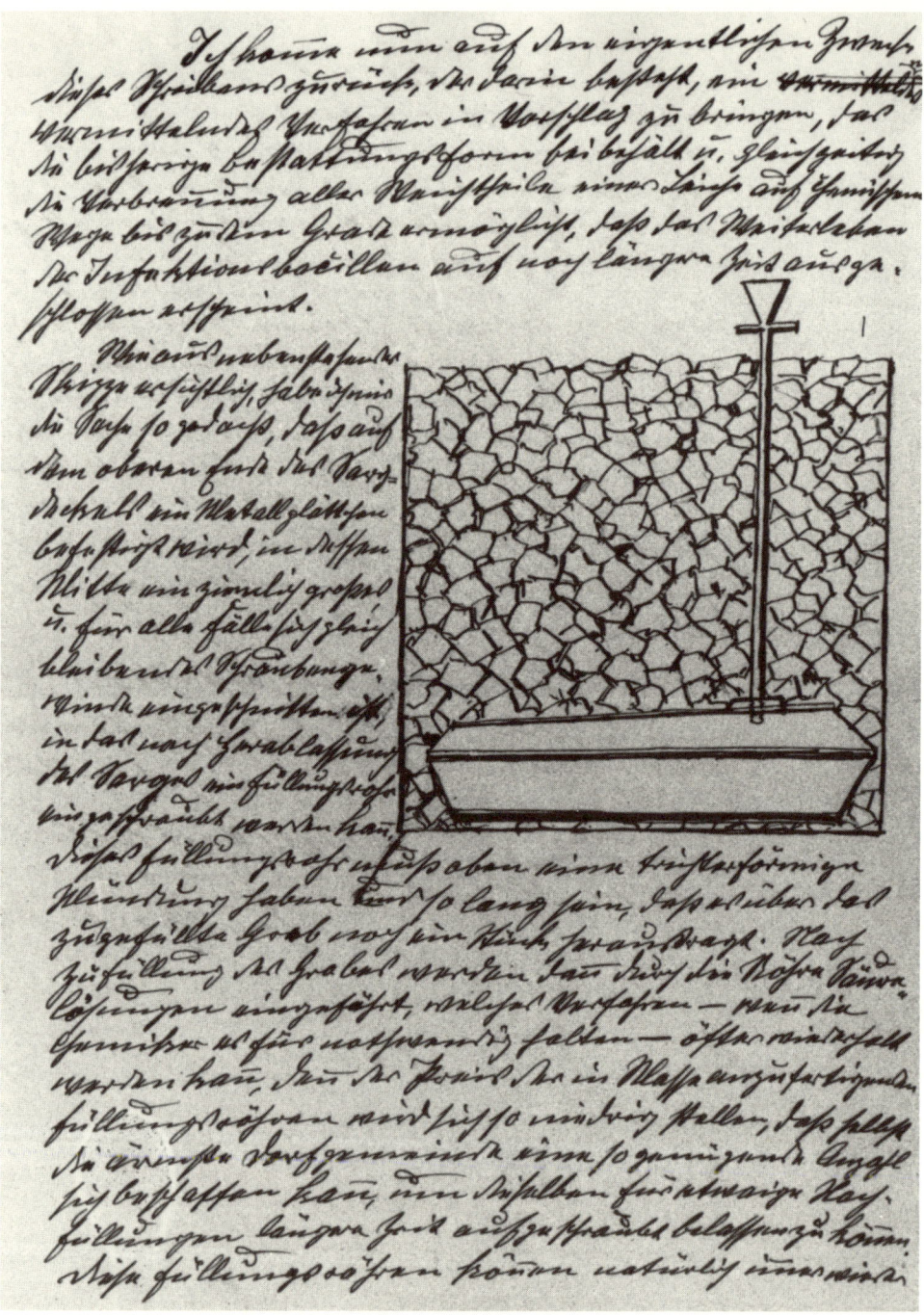

Modellskizze eines Landschaftsmalers. Nach diesem Vorschlag wird nach der Bestattung Säure durch das Verbindungsrohr in den Sarg gegossen und auf diese Weise der Leichnam schnell und hygienisch »entsorgt«.

aufgelöst hatte,[47] an den Magistrat seinen eigenen Vorschlag hierzu eingesandt. Nach seiner beigefügten Skizze war der Sarg nach der Bestattung in der Erde mit der Erdoberfläche durch ein Rohr verbunden, das oben in einen Trichter endete. Durch diesen Trichter gedachte der Maler die Säure in den Sarg zu gießen, wo sich der Leichnam binnen kurzem in nichts auflösen würde.[48]

Mit dieser Vorrichtung sollte auch ein äußerst kontrovers diskutiertes Thema gelöst werden: die Alternative einer Feuerbestattung als wünschenswertes Ziel vieler Hygieneforscher. Denn die Cholera, so ein Professor Carl Pancratius, habe ihre alleinige Ursache in dem von Leichengift zersetzten Boden, das hinunter bis ins Grundwasser gelange und Brunnen und Atemluft verpeste. Wie ganz anders sei da die Verbrennung. Pancratius berührte bei seinen Ausführungen noch einen weiteren Punkt, der die Feuerbestattung wünschenswert erscheinen ließ. Mit der Feuerbestattung war nämlich auch die Furcht vor dem Scheintod und dem lebendig Begrabenwerden hinfällig, eine Furcht, die auch noch am Ende des 19. Jahrhunderts von vielen geteilt wurde.[49] Für die schnell anwachsende Großstadt München hätte die Einführung der Feuerbestattung auch noch ein drittes Problem gelöst: die bereits erwähnte zunehmende Knappheit an Grabplätzen. Urnenplätze waren im Vergleich mit den wesentlich mehr Raum benötigenden Grabplätzen für die Erdbestattung natürlich äußerst raumsparend und ihre Anlage hätte für die Stadtverwaltung eine erfreuliche Kostenersparnis bedeutet, ein Argument, das bei der Diskussion häufiger auftauchte.[50]

Die Leichenverbrennung wurde seit dem späten 18. Jahrhundert von Gebildeten nach dem Vorbild der Antike nachgeahmt, und die Mitglieder einiger Zirkel gaben sich sogar eine gegenseitige Zusicherung, im Falle des Todes die Feuerbestattung zu garantieren, um damit dem Mitglied die Furcht davor zu nehmen, zu früh ins Grab gebracht zu werden. Beim Militär war Feuerbestattung nach größeren Schlachten üblich; einfache Soldaten wurden auf Haufen geschlichtet und verbrannt, und nur die leitenden Militärs konnten sich einer Überführung in die Heimat sicher sein.[51] Seit der Mitte des 19. Jahrhunderts gab es eine regelrechte Propaganda für die Bestattung im »reinigenden Feuer« und 1876 wurde in Italien das erste Krematorium gebaut. In Deutschland entstand 1878 in Gotha eine Leichenverbrennungsanlage, die in der Folgezeit als Vorbild für weitere Planungen diente (auch München hatte sich die Pläne schicken lassen).[52]

In München wird das zunehmende Interesse an der »fakultativen Leichenverbrennung« seit etwa 1877 anhand einer Unterschriftensammlung deutlich, die für einen Antrag beim Magistrat um die Einführung der Leichenverbrennung durchgeführt wurde.[53] Der zunehmenden Bedeutung, die die Leichenverbrennung in Deutschland gewann, wollte sich der Münchner Magistrat nicht verschließen und 1878 wurde bei den drei religiösen Gemeinschaften, dem katholischen Pfarramt, dem protestantischen Pfarramt und der israelitischen Kultusgemeinde, eine Umfrage getätigt, welche Wünsche oder Einwände in den einzelnen Gemeinschaften gegen die Feuerbestattung bestünden. Während die israelitische Kultusgemeinde keinerlei Einwände erhob und das protestantische Stadtpfarramt Änderungen des Ritus nicht für nötig erachtete, da man den liturgischen Akt der Bestattung nur vom Grab in die Halle des Verbrennungshauses verlegen mußte, lehnte das katholische Stadtpfarramt die Leichenverbrennung ab. Mit dem Hinweis auf die grundsätzliche Entscheidungsgewalt der höchsten kirchlichen Behörde wurde bereits jegliche Diskussion mit der Begründung unterbunden, dem Priester sei im Beerdigungsritus keinerlei Funktion in der Leichenverbrennungshalle zugewiesen. 1886 wurde dann für alle Katholiken die Leichenverbrennung und auch der Eintritt in einen dementsprechenden Verein unter Androhung der Exkommunikation verboten.[54]

Trotz dieser für das katholisch geprägte München wenig aussichtsreichen Mitteilung bat man auch den Gesundheitsrat um ein Gutachten in der Sache. Wie nicht anders zu erwarten, befürwortete man von ärztlicher Seite die Feuerbestattung grundsätzlich, auch wenn man gerade für München die Gefahren einer Erdbestattung nicht besonders hoch einschätzte. Da die rechtliche Lage nicht geklärt war und zudem ein Etat nicht bereitgestellt werden konnte, beschloß man, erst einmal abzuwarten.[55] Münchner, die die Feuerbestattung vorzogen, mußten die hohen Kosten akzeptieren, die ein Sargtransport zu einem auswärtigen Krematorium verschlang. In Frage kamen dafür Gotha und später Heidelberg oder Jena. Mit der Errichtung eines Krematoriums in Ulm im Jahr 1906 wurde dann meist dieser Zielort gewählt. Nach Aussagen der Ulmer Gemeindevertreter ließen sich die Kosten für den Neubau sehr gut mit den vielen Aufträgen aus München finanzieren. Benützte man dabei die Eisenbahn, durfte die Leiche nur in einem Metallsarg transportiert werden, der von einem Holzsarg umschlossen war. Die zurückgelieferte Urne wurde dann in einem Erdgrab wie jeder andere Sarg bestattet und dafür wurden auch die gleichen Kosten berechnet. Auf feste Preise für das Versenken von Aschenurnen einigte sich der Magistrat erst 1904.[56]

Neue Anstöße gab es im Jahr 1891 mit der Gründung des Vereins für Feuerbestattung. Dieser Verein wurde konstituiert mit dem Ziel, sich für die Einführung der Leichenverbrennung in der bayerischen Hauptstadt einzusetzen und dafür auch mit Hilfe der Mitgliedsbeiträge (drei Mark im Jahr) die Mittel bereit zu stellen. Für die Stadt entstanden also aus einer Krematoriumsanlage keine Nachteile, im Gegenteil, man konnte sogar mit einer Kostenersparnis rechnen, und der Magistrat war daher zu einem Zeitpunkt, zu dem die Neuanlage einiger großer, neuer Friedhöfe debattiert wurde, dem Gedanken der Feuerbestattung sehr gewogen. Um so mehr, als die im Jahr 1892 europaweit herrschende Choleraepidemie die Sorge der Stadtväter hervorrief (München blieb davon, wie schon erwähnt, verschont) und man in Erfahrung gebracht hatte, daß in Paris und London die an der Seuche Verstorbenen verbrannt wurden. Für die Errichtung eines Krematoriums benötigte man jedoch die Erlaubnis der bayerischen Staatsregierung, den Antrag dafür sollte der Verein für Feuerbestattung stellen.[57] Die Eingabe an die bayerische Staatsregierung wurde 1894 abgelehnt, ebenso eine Eingabe der Stadt Nürnberg in gleicher Sache. Als Gründe gab man polizeirechtliche Bedenken an. 1905 wagte die Stadt einen erneuten Vorstoß, da gerade Württemberg die Feuerbestattung zugelassen hatte, obwohl hier ähnliche Gründe dagegen gesprochen hatten. Die Stadt München hatte das Betreiben des Krematoriums mittlerweile zur Gemeindeangelegenheit erhoben und erwähnte in der Eingabe den Verein nur als Geldgeber. Aber auch diesmal erfolgte keine Genehmigung.[58]

Dabei war das Interesse an Feuerbestattungen in München mittlerweile beträchtlich gewachsen. Waren 1895 nur 7 Personen nach auswärts für eine Feuerbestattung überführt worden, waren es 1899 bereits 19 und 1904 erteilten diesen Auftrag bereits 45 Personen. Auch die Mitgliederzahl des Vereins für Feuerbestattung war deutlich gestiegen: 1909 waren 3 033 Mitglieder in seine Listen eingeschrieben.[59] Der ästhetische Aspekt gewann dabei immer mehr an Bedeutung. Abgesehen von der grauenhaften Vorstellung, lebendig in einem Sarg zu liegen und dort elend zu verhungern oder zu ersticken, wurde der Gedanke an die Fäulnis des Körpers im Grabe nunmehr als unerträglich empfunden. Bei der Ausschachtung eines neuen Grabes kamen immer wieder Reste bereits darin Bestatteter zutage. Sie wurden offensichtlich auch nicht genügend vor den Augen der Leidtragenden am Grabe verborgen, die sich zu einer Beerdigung eines engen Verwandten einfanden und sich plötzlich den Überresten eines vor längerer Zeit dahingegangenen Familienmitglieds gegenüber sahen. Wieviel pietätvoller war da eine Urnenbestattung. Die Urne stand entweder in einer Nische an der Wand in der 1900 vom Verein im Nordfriedhof erworbenen Urnenhalle und konnte mit kleinen Kränzen, Buketts oder Girlanden geziert werden. Oder aber die Aschenreste wurden in das Familiengrab versenkt und boten bei der nächsten Bestattung keinen ekelerregenden Anblick.

Fürsprecher fand diese Bestattungsform, wenn auch aus anderen Gründen, bei den Sozialdemokraten. Sie forderten eine allgemeine Einführung der Feuerbestattung als einzige Möglichkeit, Chancengleichheit zu gewähren, denn mit der Leichenverbrennung würden endlich die Klassenbegräbnisse hinfällig werden. Das katholische Stadtpfarramt dagegen bekräftigte 1908 in einem Schreiben an den Magistrat noch einmal die Haltung der katholischen Kirche, verbot jedem Katholiken die Feuerbestattung und ermahnte die Pfarrkinder mit der christlichen Gewohnheit der Beerdigung nicht hinter ihren »Voreltern« zurückzubleiben.[60]

Schon 1906 wagte die Stadt einen neuen Antrag bei der Staatsregierung und begann bereits mit den Planungen. Der vom Stadtbauamt angefertigte Entwurf für eine Leichenverbrennungsanlage auf dem Ostfriedhof ging von einem Kostenaufwand von 98 000 Mark aus, ein Betrag, der die finanziellen Möglichkeiten des Vereins für Feuerbestattung bei weitem überstieg. Der Bau einer Anlage auf dem Waldfriedhof im Anschluß an das Leichenhaus wäre wesentlich kostengünstiger gewesen, fand jedoch nicht die Zustimmung des Magistrats. Als Begründung wurde die Gefahr der hohen Rauchentwicklung für die umgebenden Bäume angegeben.[61] Schließlich einigte man sich auf einen Kompromiß. Der Verein für Feuerbestattung pachtete von der Stadt München die auf dem Ostfriedhof errichtete Verbrennungsanlage für gebrauchte Sargbretter und trockene Grabkränze und ließ die Anlage auf eigene Kosten zu einer Leichenverbrennungsanlage umbauen. Der Umbau war am 18. Mai 1909 beendet, der Ofen betriebsbereit – und wieder mußte man warten, da nun ein Gutachten gefordert wurde, das die Geruchsbelästigung für die Anwohner zu prüfen hatte. 1912 endlich erfolgte die Genehmigung der bayerischen Staatsregierung, die nun den Kommunen die Entscheidung über die Leichenverbrennung anheim stellte, und am 28. November des gleichen Jahres wurde das Krematorium am Ostfriedhof in Betrieb genommen.[62]

Trotz der fehlenden kirchlichen Erlaubnis – die katholische Kirche gab sie erst 1964 – sah sich die Stadtverwaltung schon ein Jahr nach der Inbetriebnahme des provisorischen Krematoriums auf dem Ostfriedhof dazu gezwungen, auch auf dem neuen Nordfriedhof eine Verbrennungsanlage einzurichten. Wie schon auf dem Ostfriedhof war diese Anlage sowohl für die Beseitigung von Kränzen und alter Sargbretter, als auch, nach einer sorgfältigen Reinigung, wie man betonte, für die Leichenverbrennung gedacht. Wieder hatte man also einen Zwischenweg gewählt, um sich einerseits wirtschaftlichen und gesundheitspolitischen Aspekten nicht zu widersetzen und andererseits einer im katholischen München noch sehr starken Abneigung gegen diese Bestattungsart gerecht zu werden. Da sich bald abzeichnete, daß die beiden Anlagen in keiner Weise den modernen Ansprüchen genügen konnten, beauftragte man schließlich im Jahr 1927 Hans Grässel mit dem Bau eines Krematoriums auf dem Ostfriedhof, das 1929 eingeweiht wurde.[63] Münchens erste Leichenverbrennungsanlage konnte ihren Betrieb aufnehmen.

Das Klassenbegräbnis als eine Frage des Preises

Ein wesentlicher Teil der Reorganisation des Begräbniswesens 1898 bestand in der Fixierung aller bei einer Beerdigung anfallenden Preise und ihr Festhalten in einem Bestellbuch der städtischen Beerdigungsanstalten, das den Kunden vorgelegt werden mußte. Damit war eine Entwicklung zum Abschluß gekommen, die mit der Gründung der Leichenanstalt 1819 und der ersten Preisliste von 1828 ihren Anfang genommen hatte: die Sicherstellung eines festen Preises für die Beerdigung. Vom Sarg mit Kissen und Tuch über Totenkleidung, Transport, Aufbahrung zusammen mit Dekorationsschmuck bis hin zur Beerdigung konnte nun alles von den Angehörigen oder vom Verstorbenen selbst noch zu Lebzeiten aus dem Bestellbuch ausgewählt werden.

Dringendstes Anliegen großer Teile der Bevölkerung war ein »schönes Begräbnis« und sich dieses zu sichern das Ziel vieler ärmerer Einwohner der Stadt. Da der Besuch im Leichenhaus und die Besichtigung der dort ausgestellten Leichen anscheinend zu einer Pflichtübung für Verwandte und Nachbarn geworden war – »die Münchner wollen ihre Toten sehen«[64] – konnte die in Auftrag gegebene Beerdigungsklasse auch nicht verheimlicht werden; Sarg und Dekoration machten sie allzu offensichtlich. Hilfestellung bei dem Erreichen des Anliegens einer »guten Leich« konnten Sterbekassen oder Vereine leisten wie der christkatholische Begräbnisverein, eine Gründung von 1871. Ziel dieses Vereins war es, Bessergestellten und Unbemittelten gleichermaßen, mit Hilfe monatlicher Beiträge die dritte Beerdigungsklasse zu sichern, offensichtlich die höchste Stufe, die mit einem geringeren Ein-

2 spännig 40 Mk. — 4 spännig und 2 Pferdeführern 65 Mk.

Leichen-Fuhrwerk für die 1. Beerdigungsklasse. Aufnahme aus dem Bestellbuch der städtischen Begräbnisanstalten von 1898.

kommen zu erreichen war und in diesem Fall noch als schicklich galt – denn auch die standesgemäße Beerdigung gehörte noch zum guten Ton. So hatten die Vereinsmitglieder gemäß ihrer Statuten sogar die Verpflichtung, sich in der Beerdigungsklasse bestatten zu lassen, die bei den Mitgliedern üblich war.[65]

Die anscheinend häufiger vorgekommene Verwechslung von Leichen zukünftig zu vermeiden, war nicht nur deshalb ein Anliegen der Stadtverwaltung, weil man in diesem Fall die trauernden Angehörigen am falschen Grab wußte. Kritisiert wurde vielmehr in einem an die Öffentlichkeit gelangten Fall, daß eine gutsituierte Ehefrau mit einer armen Taglöhnersfrau verwechselt worden war, und von den entsetzten Verwandten in dem – besseren – Sarg nicht das eigene Familienmitglied sondern die arme Taglöhnersfrau im Leichenhaus angetroffen wurde, sie also bis jetzt eine ihr nicht zustehende Bevorzugung durch bessere Ausschmückung genossen hatte. Um diese fatalen Verwechslungen in Zukunft zu vermeiden, brachte man an den Zehen der Verstorbenen Namensschilder an und im Leichenhaus bei der Aufbahrung Tafeln am Sargende mit dem jeweiligen Namen des Verstorbenen.[66]

Über die Höhe der finanziellen Aufwendungen, die in einer Sterbekasse anfielen, gibt das Programm der Preussischen Lebensversicherung AG Auskunft, deren römisch/katholische Abteilung in München einen Stellvertreter hatte. Die Beiträge waren gestaffelt nach Alter des Eingetretenen und bewegten sich zwischen 85 Pfennigen monatlich im Alter von 15–20 Jahren und 210 Pfennigen bei einem Eintrittsalter von 51–55 Jahren. Ältere Interessenten wurden anscheinend nicht mehr aufgenommen. Nimmt man den durchschnittlichen Monatsverdienst eines Facharbeiters in einer Münchner Maschinenfabrik von etwa 80 Mark als Maßstab, könnten diese Beiträge für einen Großteil der Bevölkerung tragbar gewesen sein, allerdings unter der Voraussetzung, daß nicht mit einer Entlassung zu rechnen war, denn bei mehrmaligem Zahlungsverzug erlosch die Mitgliedschaft, bereits entrichtete Beiträge wurden nicht zurückbezahlt.[67] Neben monatlichen Beiträgen war eine einmalige Verwaltungsgebühr von 3 Mark zu entrichten und – Frauen mußten monatlich 5 Pfennig mehr zahlen, womit sie wahrscheinlich der Tatsache Rechnung zu tragen hatten, daß die Risiken bei Geburten noch hoch waren. Personen mit schlechtem Gesundheitszustand oder falls sie ein der Gesundheit nicht zuträgliches Gewerbe ausübten, konnten nur mit höherem Beitrag aufgenommen werden. Nach 20 Jahren war man beitragsfrei, und bei der Todesnachricht wurde der garantierte Betrag von 300 Mark sofort an die Erben ausgezahlt, wobei aber $1/20$ an den Vicentius-Verein abgeführt werden mußte und ein weiteres 20stel an die Elsässer Schwestern. Der verbleibende Rest, also 270 Mark, mußte noch einmal nicht näher aufgeführte Kürzungen hinnehmen und wurde schließlich an die Erben ausbezahlt, die damit die Beerdigungskosten bestreiten konnten.[68] Wie erfolgreich eine preußische Firma in München war, läßt sich nicht feststellen, der christkatholische Begräbnisverein jedenfalls florierte, und seine Mitgliederzahlen wuchsen.[69] Neben den beiden genannten Sterbekassen gab es in München um 1900 eine große Anzahl von Vereinen und Sterbekassen mit den unterschiedlichsten Konditionen für verschiedene Berufsgruppen und Schichten;[70] das angemessene Begräbnis wurde ein Ziel der finanziellen Vorsorge, ein Zweig des Versicherungswesens.

Welcher Ausstattung des eigenen Begräbnisses konnte sich nun das Mitglied in der vom Verein garantierten dritten Klasse sicher sein? Nach dem Tod des Mitglieds mußte, auch dies ein Punkt der Vereinssatzung, sowohl die Leichenfrau als auch der Leichenordner gerufen werden, der anscheinend sämtliche Formalitäten für die Hinterbliebenen erledigte.[71] Aufgebahrt wurde der Tote im Haus in einem Sarg aus Fichtenholz, eichenholzartig lackiert und gekehlt, oder in einem Metallsarg, verziert mit Palmen in Silber mit Gold oder in Braun mit Silber, mit Klappdeckel und Fenster. Männer waren bekleidet mit schwarzem Tuch, Frauen schwarz und weiß, und lagen auf einem (weißen) Kissen aus Gouffré mit 25 cm breiten Baumwollspitzen unter einem Schleier von 1 Meter Breite aus Seidentüll ohne Besatz. Das Sargtuch bestand aus Gouffré mit 20 cm Baumwollspitze. Wollten die Verwandten des Verstorbenen weitere Ausstattungsgegenstände wie Sterbekreuz, Bouquet, Schuhe, Handschuhe etc. hinzufügen, mußten sie diese Dinge ebenso wie Grabgesang oder -musik bei der Leichenfrau in Auftrag geben und sich gesondert in Rechnung stellen lassen.[72] Zur Aussegnung wurde die Leiche des Verstorbenen im Sarg in den Hausflur getragen, dort auf einem Schragen abgestellt und vom Priester gesegnet.[73] Danach trugen 4 Leichenträger den geschlossenen Sarg zum Leichenwagen dritter Klasse und begleiteten diesen zum Leichenhaus. Dort wurde der Sarg mit geöffnetem Sargdeckel abgestellt und mit vier brennenden Kerzen sowie Lorbeerbäumen und grünen Pflanzen aus der Stadtgärtnerei umstellt.[74] Zum Begräbnis wurde dem Sarg, der mit dem Vereinsbahrtuch geschmückt war, die Vereinsfahne vorangetragen, vor dem Geistlichen gingen 12 Kerzenträger, neben dem Sarg 6 Laternenträger (das Begräbnis fand vorzugsweise in den Abendstunden zwischen 16 Uhr und 18 Uhr statt, einfachere Begräbnisse um die Mittagszeit[75]), dann folgten hinter dem

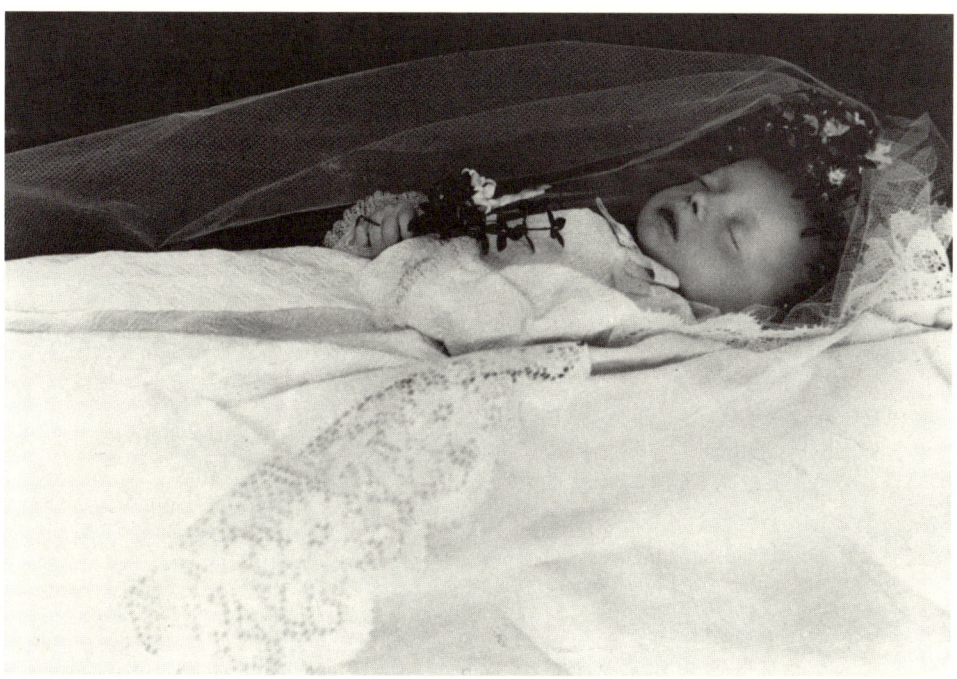

Fotografie eines toten Säuglings, gest. ca. 1920. (Foto Wilhelm Coordes)

Leichenporträt eines jungen Mannes. (Foto Georg Deisz)

Leichenporträt eines toten Mädchens von 1927.

Franz v. Defregger auf dem Totenbett, gest. am 2. 1. 1921. Die Beisetzung fand im Nördlichen Friedhof statt.

Sarg der Leichenordner, der das Gebet vorsprach sowie männliche und danach weibliche Angehörige. Für die Witwe und Kinder übernahm der Verein eine Abschlagszahlung für Trauerkleider. Schließlich senkten die Totengräber den Sarg hinab in das Grab, entweder ein Wechselgrab für 12 Mark, ein Familiengrab für 20 Mark oder eine Gruft für 100 Mark.[76] Am Tag nach dem Begräbnis fand in der Pfarrkirche des Verstorbenen das Seelamt bei aufgebahrtem Katafalk statt. Daneben kam der Verein für ein weiteres Seelamt mit zwei Beimessen in der hl. Kreuzkirche auf – das Seelenheil des Verstorbenen wurde also nicht vernachlässigt.[77]

Die Unterschiede zwischen den einzelnen Beerdigungsklassen erscheinen auf den ersten Blick gering, Kenner konnten jedoch die jeweilige Klasse sofort feststellen. So hatte die erste Klasse statt eines Fichtensarges ein Modell aus Ahorn oder Kirschbaum, der schwarz poliert war (zu einem Preis von 189 Mark) oder einen Metallsarg mit silbernen und goldenen Löwenköpfen. Die fünfte Klasse dagegen mußte mit einem einfachen Sarg aus Fichtenholz vorliebnehmen, der grau gestrichen war und sich von der Armenklasse nur noch durch die Höhe unterschied (Preis 10 Mark 80 Pfennige). Der Pflanzenschmuck im Leichenhaus war ebenso eindeutig. Für die erste Klasse wurden 12 brennende Kerzen und neben den Lorbeerbäumen auch zwei Palmen, das Lieblingskind der Gründerzeit, aufgestellt, für ein Begräbnis der fünften Klasse heißt es in der Liste der Ausstattungen schlicht »grüne Pflanzen« und es gab nur 2 Kerzen.[78] Kinderbegräbnisse unterlagen anderen Bestimmungen. Für sie gab es nur drei Begräbnisklassen, die sich durch geringe Abstufungen, wie z. B. die Lackierung des Fichtensarges, unterschieden. Bei der Auflistung der Ausstattungsgegenstände zeigt sich, daß bei Kinderbegräbnissen ein deutlich geringerer Aufwand betrieben wurde. Die Leichen Neugeborener oder sehr kleiner Kinder wurden bis in die 90er Jahre des 19. Jahrhunderts von Hebammen oder Leichenfrauen auf den Friedhof getragen, mit wachsenden Entfernungen zwischen Wohnort und Friedhof wurde der Weg für die Frauen allerdings mühsam. Kinder wohlhabender Familien brachte man daher mit der eigenen Kutsche auf den Friedhof, in allen anderen Fällen benützten die Leichenfrauen öffentliche Droschken. Da dieses Verfahren in der Öffentlichkeit Anstoß erregte, mußte Abhilfe geschaffen werden. Nach einigen Versuchen mit einem Sammelwagen, der mehrere Kinderleichen auf einmal transportierte, einigte man sich 1898 schließlich auf die Anschaffung eines eigenen Kinderleichenwagens.[79]

Neu eingeführt findet sich in der Liste der Begräbnisklassen als sechster Posten die Armenklasse. Die Kosten für das Armenbegräbnis und die obligatorische zweifache Leichenbeschau hatte die Heimatgemeinde aufzubringen, bei Münchner Bürgern oder Einwohnern also die Stadt. Dementsprechend einfach gehalten war das Begräbnis. Der Verstorbene wurde in einen einfachen Fichtensarg ohne jede Ausstattung gelegt, der sich von dem Sarg der fünften Klasse durch seine geringere Höhe unterschied (in der Liste wird der Sarg als »niedere Form« bezeichnet) und dessen Preis 5 Mark 67 Pfennige bzw. bei Überlänge 6 Mark 30 Pfennige betrug. Dazu kam noch wie bei allen anderen Posten auch eine Inkassogebühr, so daß, falls Hinterbliebene ausfindig gemacht werden konnten, diese 6 Mark 30 Pfennige bzw. 7 Mark

Totenfeier für die bei Rossdorf gefallenen Bayern am 26. 7. 1866.

zu zahlen hatten. Mit dem städtischen Leichenfuhrwerk der niedrigsten Klasse wurde der Leichnam zum Friedhof gebracht, im allgemeinen Leichensaal ohne Pflanzenschmuck aufgebahrt und schließlich ohne Geläut in der Armengrube begraben. Seelenmessen fanden keine statt.[80]

Konnten sich Arme noch der Gegenwart eines Priesters bei ihrem Begräbnis sicher sein, blieb dies Selbstmördern weiterhin versagt. Häufig weigerten sich sogar Leichenfrauen, sich der Leichen Unbekannter anzunehmen, da sie wohl befürchteten, keine Bezahlung für ihre Dienste zu erhalten. 1890 und 1891 regelte daher der Münchner Magistrat, wie mit den Leichen dieser Unglücklichen zu verfahren war. Für die Versorgung der Leiche war nun die Leichenfrau zuständig, in deren Distrikt

Sargtuch des Veteranenbundes München-Haidhausen-Feldsoldaten. (Foto Susanne Listl)

sie aufgefunden worden war. Da die Zuständigkeit der Pfarrämter in den wenigsten
Fällen eine Rolle spielte und die Beteiligung eines Geistlichen nur selten in Betracht
kam, wie man trocken feststellte, war der Leichnam ohne Rücksicht auf eine Zugehörigkeit zum Pfarrsprengel auf den nächstgelegenen Friedhof zu bringen und
dort im Leichenhaus aufzubahren. Der alte Nördliche Friedhof war davon allerdings ausgenommen.[81] Um das Begräbnis von Selbstmördern und von Personen, die
im Konkubinat lebten und daher ebensowenig die Berechtigung für die Anwesenheit eines Priesters hatten, würdiger zu gestalten, beschloß der Magistrat, daß bei
diesen Begräbnissen während des Zuges die Glocke geläutet wird und am Grab
durch den Friedhofsaufseher die Personalien des Verstorbenen verlesen werden.[82]

Die Entstehung des Bestattungsamtes

Die Ausweisung neuer Friedhofsareale und wachsende Anforderungen brachten für
die Organisation des Bestattungswesens einige wesentliche Neuerungen. Bis in die
zweite Hälfte des 19. Jahrhunderts wurden Gräber direkt beim Mesner und Gottes-
ackerverwalter am Friedhof an der Thalkirchner Straße gekauft, die Ausstattung der
Begräbnisse mit den Seelnonnen des Stadtbezirks besprochen und von diesen dann
alle Einzelheiten geregelt. Die Abrechnung erfolgte mit der Seelnonne, die dann
selbst wieder mit dem Aufseher der Leichenanstalt abzurechnen hatte. Die Erfah-

»Guglmänner« bei der Beisetzung Prinzregent Luitpolds v. Bayern am 19. 12. 1912. (Foto Aluf)

Beisetzung Prinz Arnulfs von Bayern am 16. 11. 1907. (Foto Stuffler)

rungen, die man während der beiden Choleraepidemien gemacht hatte, waren offensichtlich der Anlaß, 1873 in der Wagenremise an der Thalkirchner Straße ein Büro einzurichten, in dem immer eine Person anwesend sein mußte, die die Bestellscheine der Seelnonnen entgegennahm und sofort das Begräbnis in die Wege leitete. Die Leichenträger, bis dahin bei den einzelnen Pfarreien eingeteilt, hatten nun in dem Gebäude ein eigenes »Jourlokal«, das ebenfalls immer besetzt sein mußte.[83] Auf diese Weise waren Engpässe und Wartezeiten besser zu vermeiden. Auch die zwei Bereiche Verwaltung und Rechnungswesen waren nun getrennt: die ehemalige Friedhofskasse (verwaltet vom Aufseher) war aufgehoben, alle Rechnungen der Leichenfrauen und alle Grabgelder gingen nun beim neuen Friedhofstaxamt ein. Neben den Abrechnungen für Gebühren und Personal hatte das Friedhofstaxamt auch die Verantwortung für Grabbücher und das Personalregister. Um eine zu große Geldansammlung in der Kasse zu vermeiden, mußten Beträge über 500 Mark sofort der Gemeindekasse übergeben werden.[84]

Mit der Erschließung neuer Friedhöfe mußten hier ebenfalls Büros geschaffen werden, an die sich das Publikum wenden konnte. 1889 waren bereits in fünf städtischen Friedhofsgebäuden Büros mit bestimmten Öffnungszeiten (8–12, 14–17 Uhr im Winter und 8–12, 14–18 Uhr im Sommer an allen Tagen ohne Ausnahme) vorhanden: am Südlichen Friedhof in der Thalkirchner Straße 17, am Nördlichen Friedhof in der Arcisstraße 18, am Östlichen Friedhof in der Ruhestraße 10, am Haidhauser Friedhof in der Äußeren Wiener Straße 74 und am Sendlinger Friedhof in der Forstenrieder Straße 5. Auf den ersten Blick erscheinen die Öffnungszeiten geradezu paradiesisch für Kunden, für das Personal dagegen als unmenschlich, denn es hatte an allen Sonn- und Feiertagen anwesend zu sein. Die Realität sah offensichtlich anders aus. Beim Magistrat gingen zahlreiche Beschwerden über die Unzuverlässigkeit des Büropersonals ein, das vor allem an Sonn- und Feiertagen das Büro einfach zusperrte und sich einen freien Tag gönnte.[85] Feste Arbeitszeiten, die vom Personal auch eingehalten wurden, waren also nicht in jedem Fall die Regel.

Andererseits war der Weg zur Wohnung des Friedhofsaufsehers oder auch des Friedhofsinspektors nicht weit. In allen Gebäuden der Friedhöfe waren Wohnungen für das Personal untergebracht. Der Leiter der Friedhofsverwaltung, der »Friedhofsinspektor«, hatte seit 1877 seine Wohnung im »Gottesackergebäude« am Nördlichen Friedhof, Arcisstraße 18 (ab 1898 Arcisstraße 45). Mit ihm wohnten dort noch die Witwe eines Gärtners und ein Leichenwächtergehilfe.[86] Eine offizielle Schließung der Friedhofsbüros an hohen Feiertagen bürgerte sich erst in den letzten Jahren des 19. Jahrhunderts ein. Nun hatte das Personal immerhin den Nachmittag des Gründonnerstags, des Karfreitags, Karsamstags und den ganzen Pfingstsonntag sowie den Namenstag seiner kgl. Majestät zur freien Verfügung. Der Ostersonntag war zu dieser Zeit anscheinend ebenso wie der erste Weihnachtstag ein ganzer freier Tag für das Personal, eine undenkbare Vergünstigung noch einige Jahre zuvor.[87]

Eine neue Aufgabenteilung brachte die Reform des Bestattungswesens im Jahr 1898. Betroffen davon waren vor allem die Leichenfrauen, denn alle Aufgaben, die über die Versorgung einer Leiche hinausgingen, waren ihnen nun entzogen. Wie

Geschmückter Leichenwagen des Stadtpfarrers von St. Rupert, G. Reisinger, am 3. 8. 1927.

Leichenwagen »alter Konstruktion« (1. Klasse) 1894.

sehr sich ihre Tätigkeit zu einem »Beruf« entwickelt hatte, geht aus einem Rundschreiben des Magistrats an die Pfarrämter hervor, das darauf verweist, daß Leichenfrauen nicht mehr bei den Trauergottesdiensten zu erscheinen haben, da die damit verbundenen Dienstleistungen ihrer »Natur nach zu den Obliegenheiten der Kirchendiener und nicht der Leichenfrauen gehören«.[88] Wenn man daran denkt, daß es

157

Trauerzug anläßlich der Beerdigung Franz v. Lenbachs auf dem Westfriedhof 1904. (Foto Stuffler)

Mausoleum des Malers Franz v. Lenbach auf dem Westfriedhof.

Trauergerüst für Franz v. Lenbach auf dem Westfriedhof. (Foto Stuffler)

Grabschmuck anläßlich der Beisetzung Max v. Pettenkofers im alten Südfriedhof am 12. 2. 1901.

Beisetzung in der Abenddämmerung.

gerade diese Tätigkeit war, die zu den vorrangigsten Aufgaben der Seelnonnen im Mittelalter gehört hatte, wird deutlich, wie sehr die Verhältnisse mittlerweile »säkularisiert« waren. Vor allem aber verhandelten Leichenfrauen nicht mehr eigenständig mit den Sarglieferanten, den Kerzenziehern oder den Herstellern der verschiedenen Ausrüstungsgegenstände, eine Regelung, die immer wieder zu Beschwerden geführt hatte, da die Leichenfrauen bestimmte Händler, die ihnen Provisionen angeboten hatten, bevorzugten. Die Friedhofsverwaltung schloß von nun an selbst mit ausgewählten Herstellern Verträge ab und legte für die Lieferungen bestimmte Tarife fest, die eingehalten werden mußten. Die Kunden konnten sich also jetzt auch in diesem Bereich auf Fixpreise verlassen.[89]

Verschiedene Dienstleistungen übernahm die Stadt in eigener Regie. So hatte der Magistrat im Jahr 1819 die Ausstattung der im Leichenhaus aufgebahrten Leichen mit Pflanzenschmuck den Leichenwächtern zugestanden, die sich auf diese Weise einen nicht unerheblichen Nebenverdienst sichern konnten, wie man 1898 ganz unumwunden zugab. Die Preise der Leichenwächter waren keine Festpreise – auch dies hatte wohl zu einigen Beschwerden geführt. Außerdem, so die Begründung, waren dadurch die gesundheitspolizeilichen Verfügungen nicht gewährleistet, denn es konnte nicht kontrolliert werden, ob die Leichenwächter den Pflanzenschmuck nicht auch anderweitig zur Verfügung stellten, was die Bestimmungen ausdrücklich untersagten. Um auch in diesem Bereich feste Preise zu garantieren und das gewinnversprechende Einkommen der Stadt zu sichern, übernahm sie nun die Lieferung von Pflanzenschmuck in die Leichensäle. Zu diesem Zweck wurde sowohl auf dem Östlichen als auch dem neuen Nördlichen Friedhof bei den Leichenhallen je ein Gewächshaus gebaut, in dem die Stadtgärtnerei die Pflege der Pflanzen übernahm.[90]

Das Fotografieren der Leichen, das mit dem Ende des 19. Jahrhunderts immer beliebter wurde, blieb allerdings weiterhin den privaten Fotografen überlassen. Da ein würdiger Rahmen für diese letzte Fotografie fehlte, gab der Magistrat den Bau eines Fotoateliers auf dem Östlichen Friedhof in Auftrag und auf dem Südlichen wurde ein Glasschutzdach errichtet.[91] Bei der Lieferung von Särgen, bisher ein Monopol des Sargmagazins, beschritt die Stadt ebenfalls neue Wege. Neben dem Sargmagazin konnten nun auch einige Schreinermeister zu den von der Stadt festgelegten Preisen liefern, für Metallsärge wurden vertragliche Vereinbarungen mit weiteren Meistern getroffen. Die Lieferungen waren dabei für jeden Meister auf bestimmte Stadtviertel beschränkt.[92]

Entsprechend der mit der Friedhofsreform ausgeweiteten Dienstleistungen des Bestattungswesens wuchs auch das Personal. Im Jahr 1900 bestand das unter der Leitung des Magistrats stehende Friedhofspersonal bereits aus 1 Friedhofsinspektor, 2 Amtsschreibern, 1 Hilfsarbeiter, 1 Friedhofsoberaufseher, 5 Friedhofsaufsehern, 6 Leichenwächtern, 1 Maschinisten und 2 Gehilfen für die Verbrennungsöfen, 1 Mesner, 3 Leichenwächterinnen und Friedhofsaufseherinnen, 21 Leichenfrauen und 21 Gehilfinnen, 22 Friedhofswächtern, 2 Leichenträgerobmännern, 42 Leichenträgern, 16 Totengräbern und 2 Friedhofsgärtnern. Das Friedhofstaxamt am Rathaus hatte 1900 sechs Mitarbeiter: 1 Kassier als Vorstand, 1 Kontrollbeamten, 2 Amtsschreiber und 2 Hilfsarbeiter.[93] Auffällig ist bei diesem Personalstand der hohe Anteil an Friedhofsaufsehern und Friedhofswächtern. Dies dürfte nicht nur auf die angewachsene Anzahl von Friedhöfen zurückzuführen sein, sondern auch auf eine sich ändernde Anschauung. Friedhöfe waren nun endgültig Zonen der Ruhe und diese Ruhe mußte geachtet werden.

Die Dienstverhältnisse des Bestattungspersonals waren höchst unterschiedlich. Der Friedhofsinspektor, als Leiter des Friedhofswesens, hatte magistratische Funktionen und wurde daher im Jahr 1900 in den Beamtenstand befördert.[94] Damit stand ihm nicht nur ein festes Gehalt, sondern auch ein Jahresurlaub von 3 Wochen zu, der allerdings gestrichen werden konnte, falls gegen ihn Beanstandungen hinsichtlich seines Arbeitsfleißes vorlagen. Ähnlich günstige Verhältnisse genossen auch die Mitarbeiter im Friedhofstaxamt. Sowohl der Friedhofskassier als auch die Offizianten konnten einen Urlaub beanspruchen, jedoch mußte der Kassier beim Urlaubsantritt eine Kaution hinterlegen, die von der Stadt in Anspruch genommen wurde, falls ein Stellvertreter für ihn einsprang.[95] Eine Kaution zu hinterlegen hatte der Kassier des Friedhofstaxamts auch beim Antritt seiner Stelle, wobei diese genau dem Betrag entsprach, den er in der Kasse belassen konnte, ohne ihn sofort an die Gemeinde abzuführen.[96]

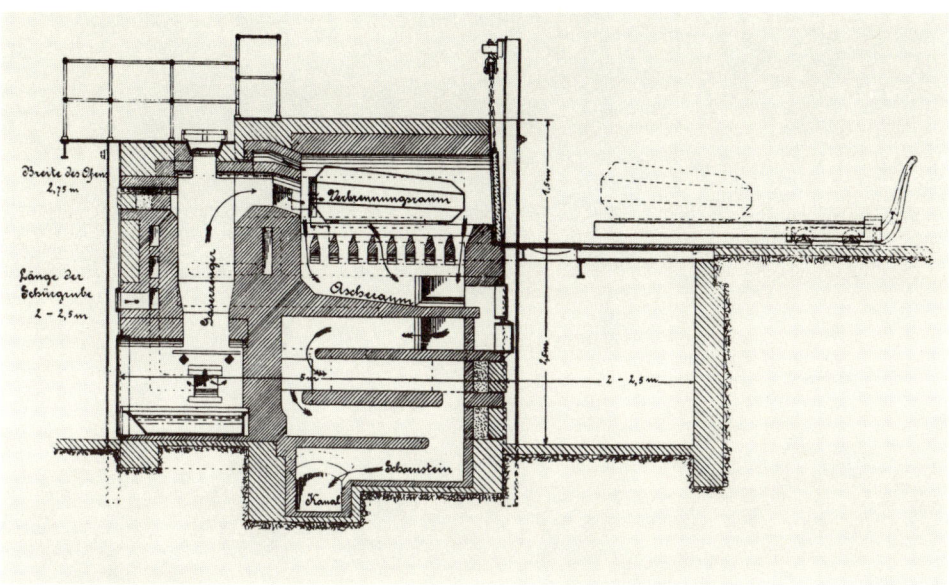

Modellskizze eines Einäscherungsofens von Sept. Rich. Schneider, Büro für Gasfeuerungsanlagen, eröff. Februar 1885.

Verbrennungsofen auf dem Ostfriedhof.

Urnenhalle auf dem Neuen Nordfriedhof.

Das Vertrauen, das dem städtischen Personal entgegengebracht wurde, war offensichtlich nicht allzu groß, denn eine Kaution mußten auch die Leichenfrauen stellen, die ebenfalls größere Geldsummen einnahmen und sie dann an die Friedhofskasse weitergaben.[97] Von der Friedhofskasse erhielten sie dann ihren Anteil an den Erträgen zurück (1872 ein Anteil von 1 %), wobei diese Einnahmen ihren Lebensunterhalt sichern mußten. Ein festes Jahresgehalt konnten nur Leichenfrauen beanspruchen, deren Bezirk einen hohen Anteil armer Familien aufwies, die sich eine teure Beerdigungsklasse nicht leisten konnten und daher die Bezüge der Leichenfrauen äußerst gering ausfielen. Zu einer Änderung der Einkommensverhältnisse kam es erst 1898. Ab 1. Juni diesen Jahres waren die Leichenfrauen zu einem festen Jahreseinkommen berechtigt, das nach ihren Dienstjahren gestaffelt war. Bis zu 10 Dienstjahren betrug dieses Einkommen 1500 Mark pro Jahr, in den nächsten 10 Jahren 1600 Mark, nach weiteren 10 Jahren stieg es noch einmal um 100 Mark an und erreichte nach insgesamt 30 Dienstjahren die Höchstgrenze von 1800 Mark. Da ihnen ihre prozentuale Beteiligung auch weiterhin zustand, dürfte ihr Einkommen für ein sicheres Leben ausreichend gewesen sein. Zu zahlen waren nun allerdings auch die Pflichtbeiträge für die Alters-, Invaliditäts- und Krankenversicherung.

Bis 1922 waren die Leichenfrauen über die einzelnen Stadtviertel verteilt und mußten dort auch ihre Wohnung mit einem Aushängeschild kenntlich machen. Gerade in den teuren inneren Stadtvierteln gestaltete sich für Leichenfrauen die Suche nach einer Wohnung häufig schwierig, da ihre Anwesenheit in einem Haus immer noch nicht gerne gesehen war. Fanden sie keine geeignete Unterkunft, war ihnen die Gemeinde behilflich und stellte eine Dienstwohnung oder gewährte einen Mietzuschuß, falls nur eine unangemessen teure Wohnung angemietet werden konnte. Aus Gemeindemitteln wurde ihnen 1898 ein Telefonanschluß in die Wohnung gelegt, was für sie eine wesentliche Erleichterung bedeutet haben dürfte, und die Trambahn benutzten sie unentgeltlich.[98]

Die Gehilfinnen der Leichenfrauen waren seit Beginn des 19. Jahrhunderts von den Leichenfrauen selbst angestellt und auch von ihnen bezahlt worden. Dieser Umstand war immer wieder gerügt worden, da der Stadt dadurch die Kontrolle über diese Frauen entzogen war. 1898 traf man auch hierfür eine neue Regelung. Die Gehilfinnen der Leichenfrauen waren nun vom Magistrat angestellt und erhielten ein Tagegeld, das von 2,50 Mark über 2,75 Mark bis zu 3 Mark nach 10 Dienstjahren reichte und monatlich ausgezahlt wurde.[99]

Die Aufgaben der Leichenwächter erfuhren gegen Ende des 19. Jahrhunderts eine Verschiebung. Auch wenn in den Leichenhäusern immer noch Vorsorge gegen die Bestattung Scheintoter getroffen wurde und man inzwischen sogar auf allen Friedhöfen die Gauth'sche Notlampe mit Läutwerk eingeführt hatte, die nur eines Knopfdrucks bedurfte, um den Wächter herbeizurufen,[100] war doch die Angst vor Scheintod inzwischen sehr in den Hintergrund gedrängt worden. Die Sorge um die im Leichenhaus aufgebahrten Toten war daher nur mehr ein kleiner Teil einer Fülle von Aufgaben, die die Leichenwächter zu leisten hatten. Dazu gehörte das Aufbahren der Leiche in ansprechender Weise, also gerade und den Kopf auf einem Kissen

Ansprache von Gauleiter Giesler anläßlich der Beisetzungsfeierlichkeit für Luftkriegsopfer auf dem Nordfriedhof am 23. 9. 1942. Die Beisetzung wurde von den Nationalsozialisten zur Propagandaveranstaltung ausgeweitet.

erhöht, das Aufstellen des Schmuckes und die Beaufsichtigung beim Transport zum Grab sowie die korrekte Ablieferung aller Scheine und Formulare. Sie waren dafür verantwortlich, daß die Räume im Sommer nicht zu heiß und im Winter mindestens eine Temperatur von 5 Grad aufwiesen, daß keine Fliegen in die Säle gelangten und diese sauber waren (wobei sie die Putzmittel selbst zu kaufen hatten). Im Jourlokal mußte zu jeder Tageszeit ein Wächter anwesend sein; waren zwei angestellt, konnte sich einer nach Friedhofsschluß frei nehmen. Die Leichenwächter trugen eine Dienstkleidung aus schwarzem Tuch und eine Dienstmütze mit Maurerkrone aus gelber Seide, die einmal im Jahr von der Friedhofsinspektion kontrolliert wurde.[101]

Ihre Bezahlung erhielten die Leichenwächter nach Arbeitsaufwand. Da ihnen mit der Übernahme der Pflanzendekoration durch die Stadtgärtnerei eine Einkommensquelle verloren gegangen war, wurde ihnen eine prozentuale Beteiligung an den Einnahmen aus Pflanzenschmuck gewährt sowie eine 20 %ige Beteiligung am Erlös der eingeschmolzenen Kerzen. Für das Dekorieren von Leichen, das weiterhin zu ihren hauptsächlichen Aufgaben zählte, stand ihnen ein »Kopfgeld« von jeder dekorierten Leiche zu, nämlich bei Kindern bis zu 11 Jahren 25 Pfennige und ab 12 Jahren aufwärts 50 Pfennige. Gingen sie bei Sektionen dem Arzt zur Hand, erhielten sie hierfür bei jeder erwachsenen Leiche 1 Mark und bei einem Kind 50 Pfennige.[102]

Der britische Terrorangriff auf München und das Gaugebiet in der Nacht zum 20. September forderte Todesopfer. In viele Familien hat dieser Angriff unermeßliches Leid getragen. Die bisher gemeldeten Namen der Toten sind:

Wenthe Heinz, Obergefreiter	Kaiser Franz	Rödl Irene
Paulus Friedrich, Kanonier	Karlstetter Martin	Rohr Walter
Amann Ludwig	Kerscher Georg	Schleicher Matthias
Anthofer Alois	Kiderle Maria	Schneider Maria
Baader Michael	Kirschner Zacharias	Schnürer Herbert (Schüler)
Bachsteffel Irma	Koch Maria	Schnürer Katharina
Bäuml Alois	Koch Michael	Schummel Michael
Bergler Georg	Konrad Jakob	Schußmann Maria
Bergler Karolina	Kraßer Katharina	Schwalb Simon
Birkenbach Richard	Kraßmeier Elisabeth (Kind)	Schwanninger Franz
Bisutti Franz	Kraßmeier Hedwig	Schwarz Hildegard
Bisutti Maria	Kreillinger Maria	Schwarz Maria
Brunnhuber Mathilde	Kreitmeyer Balbina	Schwarzmeier Cäcilie
	Krempelseßer August	Schwarzmeier Cäcilie
Dalhammer Josef		Schwarzmeier Xaver (Kind)
Döring Franz	Lehmann Gudrun (Kind)	
Döring Heinrich	Lehmann Ursula	Seiler Katharina
Drexler Adolf	Lohmüller Maria	Seifenberger Kurt
Durchhalter Maria		Senft Anna
	Markgraf Karl	Senke Margarete
Emhardt Magdalena	Mauderer Ludwig	Sieber Georg
Erny Norbert	Mayr Leo	Sieber Katharina
Erny Norbert (Kind)	Meißner Adam	
Erny Viktoria	Micheler Mathilde	Stauffer Robert
	Mötscher Dora	Stemmer Josef
Frick Philipp		Stechlum Willi
Fuchs Anna (Kind)	Ochsler Gustav (Kind)	
	Opitz Karolina	Wenig Anton
Geiger Cäcilie		Wenig Maria
Gollong Alfred (Kind)	Pfeffermann Emma	Wimmer Maria
Gollong Babette	Pfeffermann Leonhard	Wimmer Sebastian
	Planck Dorothea	Wöhrner Alfons
Heckel Bernhard		Wölke Arno
Hefele Luise	Rau Anna	Wohlmuth Matthias
Heinrich Käthe	Rau Eugen	
Held Nora	Rauscher Heinrich	Zehentner Heinrich
Held Wilhelm	Rauscher Hortense	Zehetmeier Anton
Höher Max	Reiser Anna	Zehetmeier Regina
	Reiser Ingeborg Brigitte (Kind)	Zehetmeier Antonie (Kind)
Jakob Else	Reiser Marianne	

Wir beugen uns in Ehrfurcht vor dem Opfer, das sie für die Zukunft unseres Volkes gebracht haben. Sie werden in unserer Gemeinschaft fortleben als die gefallenen Helden der unerschütterlichen Front der Heimat. Ihr hohes Beispiel macht sie würdig der Männer, die draußen kämpfen und sterben. Ihren Hinterbliebenen aber wendet sich unsere ganze Liebe und Teilnahme zu.

Paul Giesler
Gauleiter

Fiehler
Oberbürgermeister
Reichsleiter

Sammeltodesanzeige der Partei für die Opfer eines Luftangriffs.

Häufig mit der Stelle eines Leichenwächters verbunden waren die Pflichten eines Friedhofsaufsehers und Wächters. Die 1898 für den Westlichen Friedhof neu geschaffene Friedhofsaufseher- inclusive Leichenwächterstelle brachte ihrem Inhaber ein Tagegeld von 2,50 Mark und eine zusätzliche Gebühr von 1 Mark pro Tag für die Reinigung des Friedhofs. Dagegen erhielt der neue Friedhofsaufseher des Nördlichen Friedhofs ein Tagegeld von 3 Mark. Blumenwächter konnten neben ihrem Tagegeld auch noch mit einer Prämie rechnen, falls sie einen Blumendieb zur Anzeige brachten und dieser rechtskräftig verurteilt wurde.[103]

Wie die Leichen- und Friedhofswächter besaßen auch Totengräber eine schwarze Dienstuniform mit »marmorgrauer« Bluse, die sie allerdings nur zu tragen hatten, wenn sie bei einem Begräbnis den Sarg in das Grab hinab senkten.[104] Totengräber erhielten kein festes Tagegeld, sondern wurden nach Akkord bezahlt: für ein Erwachsenengrab 3,50 Mark, für ein Kindergrab 50 oder 75 Pfennige; eine Tieferlegung brachte 4,50 Mark.[105] Damit waren Totengräber, die am Tag sicherlich mehr als ein Grab auszuheben hatten, mit ihrem Einkommen wesentlich besser gestellt als die Leichenträger. Leichenträger waren ursprünglich auf die einzelnen Pfarreien verteilt und nach Akkord und entsprechend der Beerdigungsklassen bezahlt. Auch weiterhin ging man davon aus, daß sie bei geringer Arbeitsbelastung ihren ursprünglichen Berufen nachgehen konnten, faßte den Leichenträgerdienst also als Nebenbeschäftigung auf.[106] Ihr Status als städtisches Dienstpersonal war daher nicht eindeutig definiert, vor allem wenn es darum ging, ihren Gehaltsforderungen nachzukommen und Tagegelder statt des bisherigen Akkordlohns einzuführen.[107]

1873 wurde das Jourlokal am Südlichen Friedhof eingerichtet, das sie täglich aufzusuchen hatten, um sich bei ihrem Obmann zu melden und den Dienstplan für den folgenden Tag in Erfahrung zu bringen. Von den insgesamt 16 am Thalkirchner Friedhof vereinten Trägern waren 4 für die Transporte zum Leichenhaus zuständig, wobei einer auf dem Kutschbock mitfahren mußte, um dem Kutscher bei Notfällen zur Hand zu gehen. Insgesamt 8 Träger hatten für die nachmittäglichen Beerdigungen auf dem Südlichen bzw. Nördlichen Friedhof anwesend zu sein, 4 weitere standen in Reserve.[108]

Mit der Eingliederung der Vorstädte in den Stadtbereich und der baulichen Ausdehnung gegen Ende des 19. Jahrhunderts hatten sich nicht nur die Wege deutlich verlängert, sondern es war auch durch die erhöhte Anzahl an Beerdigungen an den Nachmittagen ein Mehr an Arbeit entstanden, während die Vormittage für die meisten der Träger häufig arbeitsfrei waren. Die neben den »Stadtträgern« angestellten »Vorstadtträger« waren noch nach Pfarreien eingeteilt und klagten, da sie aufgrund der sozialen Verhältnisse der Bewohner nicht allzu häufig in den Genuß einer hohen Beerdigungsklasse kamen, über finanzielle Benachteiligung gegenüber den Stadträgern. 1898 führte daher die Stadt auch für Leichenträger Taglohnsätze ein, die je nach Anzahl der Dienstjahre von 3 Mark bis zu 4 Mark reichen konnten. Insgesamt 40 Leichenträger waren nun in zwei Gruppen von je 20 unter einem Obmann zusammengefaßt und auf dem Östlichen bzw. alten Nördlichen Friedhof in einem Jourlokal stationiert.[109]

Welche soziale Stellung noch 1902 diesen »Hilfsarbeitern im Gemeindedienst« zugestanden wurde, läßt sich aus einer Mitteilung des Magistrats ersehen. Heiratswillige mußten für Eheschließungen bei ihrem Dienstherrn eine Genehmigung einholen. Wie gerügt wurde, waren einige Anträge auf Verehelichung von Unvermögenden eingegangen, die dann als Arme der Gemeinde zur Last fielen. Daher sollte in Zukunft darauf geachtet werden, daß ein Hilfsarbeiter die dienstliche Bewilligung seiner Heiratsabsichten nur bei Niederlegung einer Kaution von 600 Mark erhalten könnte. Bei einer Übernahme in den engeren Gemeindedienst würde diese Kaution zurückerstattet.[110]

1922 fand die Entwicklung des städtischen Bestattungswesens einen vorläufigen Abschluß mit der Schaffung eines zentralen Bestattungsamtes im ehemaligen Wirtschaftsgebäude des alten Südlichen Friedhofs. Als wesentliche Änderung verfügten nun dort alle Leichenfrauen über einen Büroraum, waren also nicht mehr für bestimmte Stadtteile zuständig, in denen sie auch wohnten. Eine Veränderung erfuhr auch ihr Tätigkeitsbereich. Schon längere Zeit hatte man die Vermischung ihrer Aufgaben, nämlich die Versorgung von Leichen und die Schreibarbeit, die damit verknüpft war, als ungünstig empfunden. Ab 1922 beschränkte sich die Arbeit der Leichenfrauen auf die Versorgung der Leichen, also Reinigen und Ankleiden, im Haus der Verstorbenen. Die Schreibarbeit dagegen war von nun an räumlich an das zentrale Bestattungsamt gebunden und wurde von Bürokräften erledigt. Diese Aufgabenteilung führte die Stadt auch für das gesamte Bestattungsamt ein: für Büroarbeiten, wie die Regelung aller Formalitäten und das Festsetzen von Terminen zusammen mit den Pfarrämtern gab es das Kanzleipersonal, für den Außendienst wie z. B. den Leichentransport war der Beisetzdienst zuständig.[111] Auch bei der Unterteilung der Räumlichkeiten stellte man sich auf moderne Gegebenheiten ein. Neben den Kanzleiräumen, Zimmern für die Leichenfrauen, Leichenträger und Ausrüstungsgegenstände verfügte das Haus auch über eine Telefonanlage. Und noch eine Neuerung gab es in dem Gebäude: neben den Stallungen für 10 Pferde mußten Garagenplätze nicht nur für die Leichenwagen, sondern auch für Automobile geplant werden, denn die Überführung von Leichen über weitere Strecken wurde nun mit dem Automobil erledigt.[112]

Am 3. Oktober 1944 wurde das Büro in der Thalkirchner Straße bei einem Luftangriff zerstört und man zog um in Behelfsräume des städtischen Leihamts in der Augustenstraße.[113] Schwierige Arbeitsbedingungen schufen die Luftangriffe auch für das Personal, denn um die Ausbreitung von Seuchen zu verhindern, mußte eine große Anzahl von Opfern innerhalb eines kurzen Zeitraums beerdigt werden. Da ein Großteil der männlichen Bevölkerung eingezogen war, arbeiteten Zwangsarbeiter als Totengräber und Friedhofsarbeiter.[114] Das Ende des Krieges brachte nur eine Verlagerung der Probleme. In den Jahren nach 1945 hatte die Stadt eine äußerst hohe Sterbeziffer zu verzeichnen, da die Menschen durch Nahrungsmangel und Kriegsverletzungen entkräftet waren. Außerdem forderten viele Angehörige von in den letzten Kriegsmonaten Evakuierter die Exhumierung der außerhalb von München Verstorbenen und ihre Überführung nach München. Gerade in dieser Zeit waren jedoch die Arbeitskräfte bei der städtischen Bestattung besonders knapp.[115] Erst in den 50iger Jahren normalisierten sich die Arbeitsbedingungen und nun war auch ein Umzug des Amtes in ein neues Gebäude möglich; ab dem 6. Oktober 1958 lautete die Adresse der städtischen Bestattung: Palais Lerchenfeld, Damenstiftstraße 8.[116]

Das moderne Bestattungswesen

Die Voraussetzungen für die weitere Entwicklung des Bestattungswesens im 20. Jahrhundert waren mit der Reform des Jahres 1898 und der Errichtung eines zentralen Bestattungsamtes im Jahr 1922 festgelegt. Auch wenn mit der Gründung privater Bestattungsunternehmen das Bestattungswesen nicht mehr allein in Händen der Stadt lag, zählte die Bereitstellung ausreichender Bestattungsplätze und die Möglichkeit einer würdigen Bestattung weiterhin zu den wesentlichen Aufgaben der Kommune.[117] Im Bereich der Friedhofsplanung hatte der Architekt Hans Grässel bereits um die Jahrhundertwende mit seiner Friedhofskonzeption die wesentlichen Voraussetzungen geschaffen, die auch weiterhin als Planungsgrundlage dienten: dezentrale Friedhofsanlagen in Stadtrandgebieten mit guter Verkehrsanbindung.

Bevölkerungswachstum und Überbelegung der ältesten Friedhöfe der Stadt führten im Jahr 1931 zu einer weiteren neuen Anlage: dem Friedhof am Perlacher Forst; die Eingemeindung weiterer Vororte wie Bogenhausen oder Solln brachten der Stadt München zusätzliche Friedhöfe. Der alte Südliche Friedhof dagegen, Münchens erster Kommunalfriedhof und der alte Nördliche Friedhof an der Arcisstraße sind inzwischen aufgelassen (seit 1943 bzw. 1939)[118] und nun tatsächliche »Ruhegärten« für die Einwohner Münchens. Die Tendenz einer immer stärkeren Ausweitung der städtischen Friedhöfe in das Umland scheint inzwischen jedoch durchbrochen: da das Bevölkerungswachstum nicht mehr in dem Maße steigt, wie bisher angenommen, die Zahlen im Gegenteil sogar stagnieren bzw. leicht zurückgehen, können ursprünglich für die Anlage eines neuen Friedhofsgeländes vorgesehene Grundstücke als Bauland ausgewiesen werden.[119]

Die Angst vor dem Scheintod ist den Menschen durch den medizinischen Fortschritt genommen, in den Bereich der Gruselgeschichten verbannt. Die Klingelanlagen und Warnsysteme gehören ebenso wie der Leichenwächter, der den aus der Totenstarre Erwachenden beizustehen hat, der Vergangenheit an. Ebenso unvorstellbar sind mittlerweile die Arbeits- und vor allem die Lohnverhältnisse des Personals im 19. Jahrhundert. Überstunden und Feiertagszuschläge sind die Norm, Urlaube werden nur insoweit diskutiert, als es die zeitliche Abstimmung mit Kollegen erfordert. Auf den Friedhöfen wird nun mit moderner Technik gearbeitet, mit Preßluftbohrern oder sogar kleinen Schaufelbaggern.[120] Für den Transport von Schalmaterial für Gräber wird auf den Friedhöfen heute ein elektrisch betriebener Karren benützt, ein Transportmittel, das vor dem 1. Weltkrieg bereits für den Leichentransport eingesetzt worden war, dann aber wieder aufgegeben wurde, da diejenigen Personen, die dieses fortschrittliche Gerät zu bedienen wußten, eingezogen worden waren.[121]

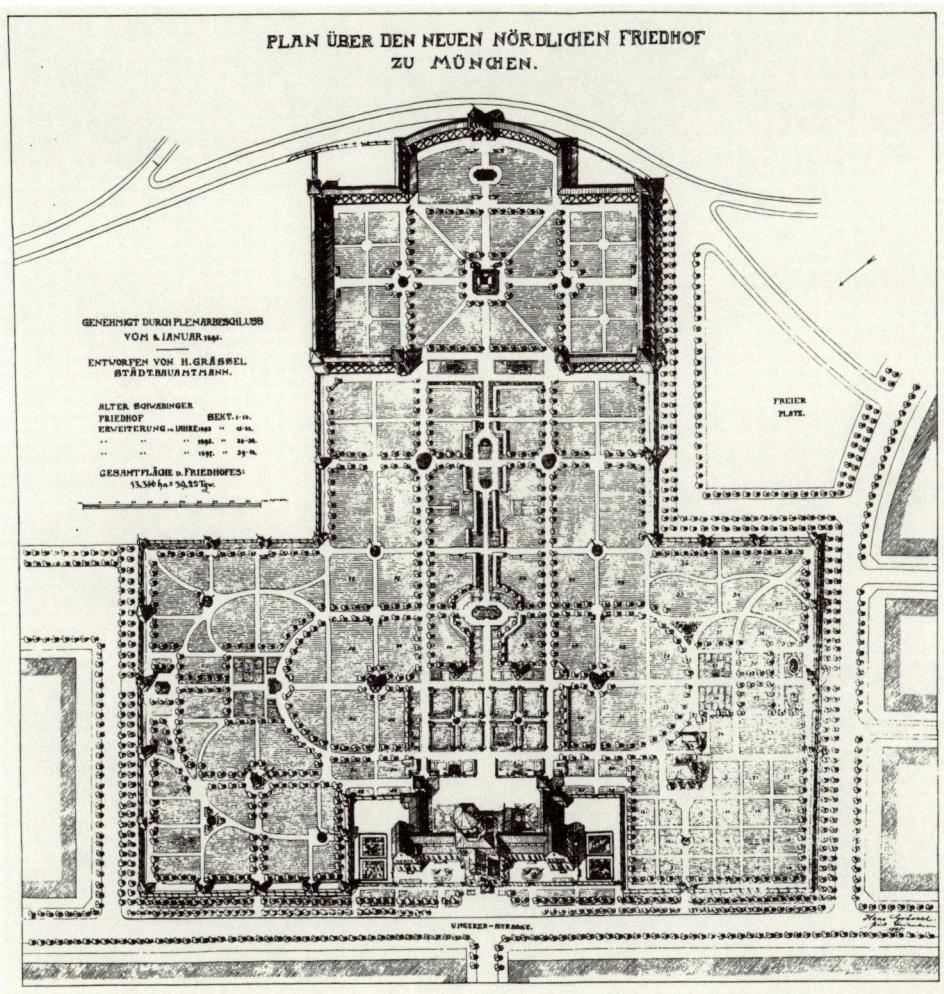

Plan des neuen Nördlichen Friedhofs.

Das »Fünfklassensystem« bei Beerdigungen, das auch noch im Tode die Standesunterschiede offenbarte, gibt es seit 1969 nicht mehr.[122] Die verschiedenen Ausstattungsgegenstände sind mittlerweile frei wählbar, und es scheint, daß nun weit weniger Wert auf prachtvolle Kleidung des Toten und Schmuck des Sarges gelegt wird als früher – auch dies möglicherweise eine Folge der Verdrängung des Todes aus unserer Gesellschaft. Ebenso einfach erscheint nun der kirchliche Ritus. Statt einer von der Begräbnisklasse abhängigen Anzahl von Geistlichen, die den Sarg auf seinem letzten Weg begleiten, folgt dem Sarg seit 1924 nur mehr ein Geistlicher.[123] Wie sehr sich die Auffassung über die richtige Bestattung und das angemessene Grab seit dem Mittelalter verändert hat, zeigt jedoch am besten die Anlage des Urnenfeldes im Waldfriedhof: die Urnen werden anonym und ohne Erinnerungszeichen versenkt.

171

Südliche Wandelhalle im neuen Nördlichen Friedhof.

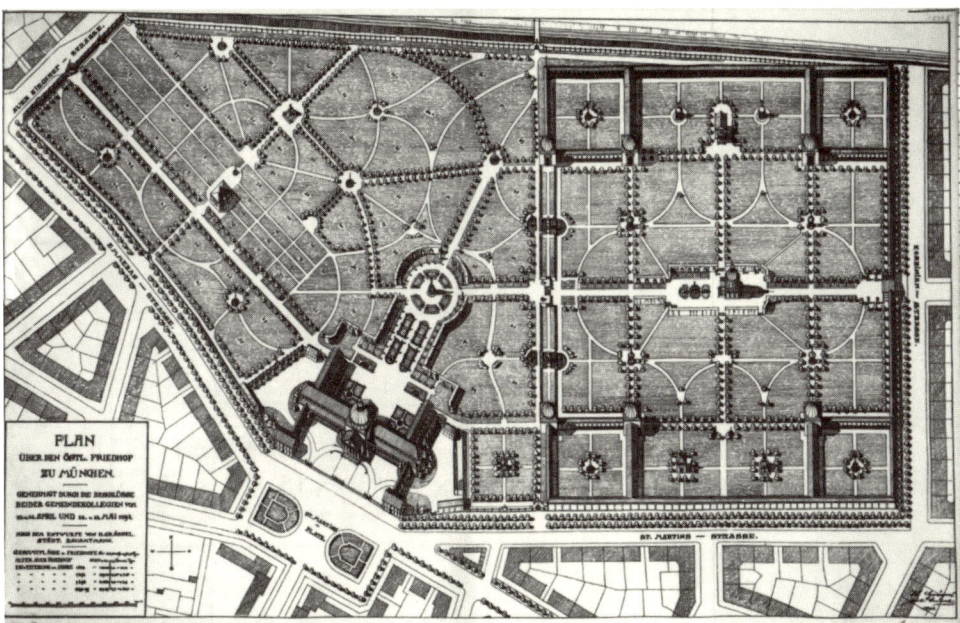

Plan des Ostfriedhofs.

Aussegnungshalle am Ostfriedhof.

173

Blick von Norden auf die Aussegnungshalle des Westfriedhofs.

Sphinx in der Aussegnungshalle des Westfriedhofs.

Kapelle am Waldfriedhof. (Foto Pettendorfer)

Im Waldfriedhof. (Foto Pettendorfer)

»Kriegergräber« im Waldfriedhof.

Brunnen im Waldfriedhof.

Aussegnungshalle des Israelitischen Friedhofs an der Ungererstraße.

Instruktion für den Dienst der Seelnonnen in München vom 20. November 1821, ausgegeben vom Magistrat

§ 1 Die Seelnonnen erhalten ein Exemplar der Bekanntmachung über die Einführung der Totenbeschau und ein Verzeichnis der für die Totenbeschau zuständigen Distriktsärzte. Sobald die Seelnonne zu einem Verstorbenen gerufen wird, muß sie unverzüglich den Distrikts Arzt herbeirufen und diesem die Straße, Hausnummer und Etage des Verstorbenen genau angeben; der Arzt muß die Besichtigung des Leichnams vornehmen. Der Leichnam darf nicht ohne Totenbeschau aus der Lagestatt entfernt werden und an ihm keine Veränderungen vorgenommen werden; auch die Seelnonne hat sofort bei ihrem Eintritt in die Wohnung des Verstorbenen die Angehörigen darauf hinzuweisen.

§ 2 Der Arzt stellt dabei einen Zettel über diese erste Beschau aus; die Seelnonne hat alle vom Arzt getroffenen Anordnungen zu befolgen und muß dafür sorgen, daß der Zettel auch von dem behandelnden Arzt unterschrieben wird.

§ 3 wird der Leichnam bis zu seiner Beerdigung im Sterbehaus aufbewahrt, muß der Beschau-Zettel sofort dem Polizei Chirurgen ausgehändigt werden, damit dieser die zweite Beschau vornehmen kann und hinsichtlich der Beerdigung das weitere bestimmen kann. Sieht dieser keinen Hinderungsgrund für eine Beerdigung, so macht er auf dem Zettel die geeignete Vormerkung, der Zettel ist daraufhin der Polizei-Direktion zu bringen und hier der Erlaubnis Schein für die Beerdigung einzuholen. Ohne diesen Schein darf keine Leiche zur Beerdigung freigegeben werden. Der Schein ist dann beim zuständigen Pfarramt vorzuweisen zur Festsetzung des Beerdigungszeitraums; dann ist der Zettel dem Aufseher der Leichenbeerdigungs Anstalt zu den weiteren notwendigen Vorkehrungen zu übergeben; dann ist die Anzeige bei der städtischen Verwaltungsbehörde der Leichenbeerdigungsanstalt zu machen.

§ 4 wird die Leiche nicht weiter im Hause aufgebahrt, sondern soll in das Leichenhaus überführt werden, kann dies schon nach der ersten Beschau geschehen; der Beschau-Zettel muß aber dem Aufseher der Leichenanstalt übergeben werden – ohne diesen darf er keine Leiche annehmen. Der Aufseher übergibt nun den Zettel dem Polizeichirurgen, dieser nimmt die zweite Beschau im Leichenhaus vor. Beschau findet jeden Tag Vormittags zwischen 9 und 10 und Nachmittags zwischen 3 und 4 statt. Die Seelnonnen müssen daher die Beschauzettel um diese Zeit in Empfang nehmen und den Erlaubnis Schein bei der Polizeidirektion zwischen 10–12 und 4 bis 5 abholen.

§ 5 Die Seelnonne hat die Aufgabe, den Leichnam zu entkleiden, zu reinigen und in den Sarg zu legen, muß die Verwandten über die Beschau in Kenntnis setzen und dafür sorgen, daß bis dahin die Leiche unberührt und in ihrer Lage belassen wird.

Falls die Leiche bis zur Beerdigung im Haus bleibt, hat sie dafür zu sorgen, daß dafür ein schicklicher Ort vorgesehen ist, wo reine und warme Luft ist, der Sarg offen bleibt und die Leiche genau beobachtet wird, Gesicht nicht bedeckt, Hände und Füße nicht gefesselt werden. Beim geringsten Lebenszeichen muß sogleich der Distriktsarzt herbeigerufen werden.

Über alle Verstorbenen, zu denen die Seelnonnen gerufen werden, haben sie ein Aufschreibbuch zu halten, darin sind Todestag, Taufe, Geschlecht, Name, Alter, Charakter und Gewerbe, Wohnung und Pfarrei, durch welche die Beerdigung geschehen ist, deutlich eingeschrieben.

§ 6 Seelnonnen müssen anständig gekleidet sein, sich höflich und bescheiden betragen. Sie geben den Angehörigen des Verstorbenen den notwendigen Aufschluß über die Einrichtungen der Leichenanstalt, in Bezug auf die Auswahl der Grabplätze, über die Bestimmungen des neuen Stolregulativs, mit welchen Zeremonien und Feierlichkeiten die bestehenden fünf Klassen der Beerdigung und Seelengottesdienst verbunden sind und wie hoch die Kosten in jedem Fall sind, damit die Familie diejenige Klasse auswählen kann, in der der Verstorbene beerdigt werden soll.

Die Seelnonnen müssen ferners die Leichenträger und den Leichenwagen, dann die Leichentruhe bestellen, dann die Zeit der Beerdigung, dann des Seelengottesdienstes bei denjenigen anfragen, welche ihnen bei der Familie des Verstorbenen bezeichnet werden. Die Seelnonnen haben bei der Beerdigung und dem Seelengottesdienst zu erscheinen und abzudanken.

§ 7 Den Seelnonnen ist untersagt, für ihre Dienste Bezahlung zu fordern und zu nehmen. Bei der Reinigung der Leiche abgenommene Kleidungsstücke, Ringe etc., was nach dem Willen der Familie dem Verstorbenen nicht mit ins Grab gegeben werden soll, muß an die Familie übergeben werden. Die in dem Stolregulativ ausgesetzten Gebühren werden mit den übrigen Gebühren der Leichen Beerdigungsanstalt von der Magistratischen Verwaltung erhoben und bei dieser Verwaltung haben die Seelnonnen ihr Gehalt zu empfangen.

§ 8 Die Wohnungen der Seelnonnen sind mit Aushängetafeln bezeichnet; sie sind aber verpflichtet, sich in jeden Stadtteil und in die Vorstadt zu begeben, wohin sie gerufen werden.

§ 9 Die Seelnonnen haben nicht nur diese Dienstinstruktion zu befolgen, sondern auch was ihnen in ihrem Beruf noch von der Polizeidirektion und dem Stadtmagistrat aufgetragen werden wird.

(StadtAM, Bestattungsamt 84)

Landshut den 28ten December 1805.

Endes unterzeichnete entlediget sich der traurigen Pflicht, Ihnen den seeligen Hintritt ihres Gatten, des Herrn Joseph Attenkofer, Buchhändlers und Buchdruckers allhier, welcher am 24.
dieses Monats erfolgte, anzuzeigen. — Der Seelige fiel in seinen besten Jahren, als ein Opfer
des Staates und der Menschenliebe. — Er hatte bey dem Durchmarsche der gefangenen Russen
das edle Geschäft, diese, und die dabey befindlichen Kranken, mit Speise und Trank zu
versorgen, willig übernommen. Sein edles Herz, und seine Menschenliebe trieben ihn an, seine Pflichten nicht nur auf das Pünctlichste zu erfüllen, sondern auch, sich auf das Aeufserste an-
zustrengen, und Leben nnd Gesundheit auf das Spiel zu setzen. — Angesteckt durch die übele
Ausdünstungen der kranken und sterbenden Russen, überfiel ihm die bösartige Krankheit derselben, und in wenig Tagen war er, leider! eine Beute des Todes. Wer den Verstorbenen
kannte, schätze ihn, als einen äufserst thätigen, redlichen, und für seine Familie unermüdet
besorgten Mann Gatten und Vater. — Sie können sich daher meinen gerechten Schmerz über
diesen unersetzlichen Verlust, den ich und 4 noch ganz unerzogene Waisen erlitten, leicht
selbst denken. — Ueberzeugt von Ihrer gütigen Theilnahme, danke ich Ihnen für das bisher
meinem sel. Manne gütigst geschenkte Zutrauen, und hoffe, dafs Sie mir dasselbe in eben dem
Grade fernerhin schenken werden, indem ich gesonnen bin, sowohl meine Buchhandlung als
Buchdruckerey, mit Gottes Hülfe, und unter der Leitung erfahrener Männer, fortzuführen. —
Strenge Ordnung, verbunden mit gewissenhafter Redlichkeit sey das Ziel, nach dem ich stets
ringen werde, um mich Ihres Zutrauens würdig zu machen. —

Genehmigen Sie die Versicherung meiner steten Hochachtung.

Anna Attenkofer,
gebohrne Eieskamer.

Unterzeichnet wird:
Ioseph Attenkofers
seel. Wittwe.

181

Der göttlichen Vorsehung gefiel es meinen innigst geliebten Gatten Ferdinand Freyherrn von Lerchenfeld von Irnßing, königlich = baierischer Kämmerer, und des hohen Ritterordens vom heiligen Georg Kommenthur, in einem Alter von 68 Jahren an den Folgen einer gänzlichen Entkräftung, und eines wahrscheinlich erfolgten Schleimschlages den 8. Februar fruh um drey Viertel auf 6 Uhr, aus diesem Zeitlichen in die unbezweifelte ewige Glückseligkeit aufzunehmen.

Wir bethen zwar alle die unerforschliche Rathschlüsse des Allerhöchsten an. Wer aber den Hochseligen, seine Tugenden, und die Innigkeit kannte mit der unsere Herzen an dem seinigen gehangen, wird auch unsern tiefen Schmerz über dessen unersetzlichen Verlust gewiß beurtheilen können.

Wir verbitten uns daher alle Beyleidsbezeugungen, empfehlen den Hochseligen in das gütige Andenken unserer Verwandten und Freunde, uns aber zu fernerer Freundschaft un Wohlgewogenheit.

München den 8. Februar 1808.

Freyinn von Lerchenfeld, Wittwe.
Freyfrau von Schleich, gebohrne von Lerchenfeld.
Freyherr von Schleich, königl. baierischer Hauptmann, als des Verstorbenen Schwiegersohn.

Unsern verehrlichen Verwandten, Freunden und Bekannten machen wir mit traurigem Herzen die pflichtschuldige Anzeige: daß unser vielgeliebter Gatte und Vater,

Dr. Heinrich von Leveling,

königlich bayerischer Hofrath, Ritter des Civil-Verdienst-Ordens und quiescirter Professor der Heilkunde an der königl. Universität zu Landshut, heute um 3 Uhr Morgens, in einem Alter von 62 Jahren, in Folge wiederholter Schlagflüße, nach erhaltenen Tröstungen der Religion, mit Ergebung in den Willen des Herrn sanft entschlafen ist.

Ueberzeugt von der allseitigen Theilnahme an diesem für uns unersetzlichen Verluste empfehlen wir den Verstorbenen dem christlichen Andenken, uns aber, unter Verbittung aller Beileidsbezeugungen, zum fortdauernden Wohlwollen.

München am 21. Jänner 1828.

Sabine von Leveling,
geborne Pottinger, Wittwe.

Anna von Leveling,
Tochter.

Die Beerdigung geschieht Mittwochs, den 23ten dies, Nachmittags 4 Uhr vom Leichenhause aus.
Der Trauer-Gottesdienst hat am 25ten Morgens 10 Uhr in der Metropolitan-Kirche statt.

Gestern Abends zwischen 10 und 11 Uhr entschlief nach langen Leiden sanft und ruhig meine innigst geliebte Gattin,

Elisabetha Lichtenthaler, geb. Felbiger,

im 40sten Jahre ihres Lebens, gestärkt durch die Tröstungen der heiligen Religion.

Indem ich, vom Schmerzgefühle tief gebeugt, diesen Trauerfall allen meinen Verwandten, Gönnern und Freunden hiemit anzeige, empfehle ich die Hingeschiedene dem frommen Andenken, und mich nebst meinen vier unmündigen Kindern deren stillen Theilnahme und fernerm Wohlwollen.

München den 4. May 1833.

Philipp Lichtenthaler, Königl. Hofrath und
Director der Königl. Hof- und Staats-Bibliothek.

Die Beerdigung der irdischen Hülle meiner geliebten Gattin geschieht am künftigen Mondtag den 6. May Abends 4 Uhr vom Leichenhause aus; und der Trauergottesdienst wird am künftigen Dienstag den 7. May Morgens 10 Uhr in der Metropolitan-Pfarrkirche zu U. L. Frau gehalten.

Todes - Anzeige.

Es hat dem Allmächtigen gefallen, unsere vielgeliebte Jungfrau Base

Johanna Leuthner,

Aumeisters-Tochter von München,

versehen mit allen heiligen Sterbsacramenten, heute Morgen um 2¾ Uhr, im 78. Jahre ihres Alters, aus dieser Welt abzurufen.

Indem wir diesen Verlust allen Verwandten, den zahlreichen Freunden und Bekannten der Verstorbenen zur Anzeige bringen, bitten wir um stille Theilnahme.

München den 6. August 1839.

Fr. Riebel,
Joh. Obernetter, } als Vetter,
im Namen sämmtlicher Verwandten.

Die Beerdigung ist Donnerstag den 8. August, Nachmittags 4 Uhr, vom Leichenhause aus, der Gottesdienst ist Freitag den 9. August, Vormittags 10 Uhr, in der St. Anna-Pfarrkirche am Lehel.

Todes-Anzeige.

Gott dem Allmächtigen hat es in seinem weisen Rathschluße gefallen, unsern innigst geliebten Onkel, den

königl. penſ. Hoftheater-Direktor

Ignat. Lojol. Kürzinger,

den 18. dieß Abends 4 Uhr, nach einem langwierigen Krankenlager, verſehen mit den heil. Sterbſakramenten, in dem Alter von 70 Jahren, ſanft und ſelig entſchlummern zu laſſen.

Indem wir dieſen uns unerſetzlichen Verluſt allen unſern Bekannten und Verwandten zur Anzeige bringen, empfehlen wir den Verblichenen Ihrem frommen Andenken im Gebethe, uns aber Ihrer ſtillen Theilnahme und fernerem Wohlwollen.

München den 19. Mai 1842.

Joseph Kürzinger, Maler, als Neffe.
Karoline Kürzinger, deſſen Gattin, als Niece.
Und ſämmtliche Verwandten.

Die Beerdigung iſt **Freitag den 20. Mai** Nachmittags halb 4 Uhr vom Leichenhauſe aus, und der Gottesdienſt **Mittwoch den 25. Mai** Vormittags 9 Uhr in der St. Peters-Pfarrkirche.

Jesus. Maria. Joseph.

Es hat Gott dem Allmächtigen gefallen, unsern theuern Gatten, Vater und Schwiegervater, den

Hochwohlgebornen Herrn

Joseph von Görres,

Doctor der Philosophie, ordentlichen öffentlichen Professor an der k. Ludwigs-Maximilians-Universität zu München, Ritter des Civilverdienst-Ordens,

nach dem Empfange der heiligen Sterbsacramente, heute früh um $^3/_4$7 Uhr, nach eben vollendetem 72. Lebensjahre, in eine bessere Welt abzurufen.

Wir empfehlen die Seele des Abgeschiedenen dem frommen Gebete der Gläubigen.

München, den 29. Jänner 1848.

Katharina von Görres, geborne von Lasaulx, als Gattin.
Sophie Steingaß, geb. Görres,
Dr. Guido Görres,   als Kinder.
Maria Görres,
Maria Görres, geb. Vespermann, als Schwiegertochter,
und im Namen der abwesenden Verwandten.

Die Beerdigung findet **Montag den 31.** Jänner, Nachmittags **3** Uhr von der Wohnung des Verstorbenen aus (Schönfeldstraße Nr. 16), der Gottesdienst **Donnerstag, den 3.** Februar, Vormittags **10** Uhr in der St. Ludwigs-Pfarrkirche statt.

186

Todes-Anzeige.

Dem unerforschlichen Rathschlusse Gottes hat es gefallen, unsere inniggeliebte Schwester und Base,

Theresia Amann,

Hofseelnonne,

nach langem, schmerzlichen Leiden und nach mehrmaligem Empfang der heiligen Sterbsakramente heute Mittags 11 Uhr im 62ten Lebensjahre zu sich in das bessere Jenseits abzurufen.

Indem wir diese traurige Nachricht unsern Freunden und Bekannten mittheilen, empfehlen wir die Verblichene dem frommen Andenken im Gebete, und uns dem ferneren Wohlwollen.

München den 24. Jänner 1851.

Katharina Leichtweis, als Schwester.
Kreszenz Amann, Seelnonne, als Base.
Und die übrige Verwandtschaft.

Die Beerdigung findet Sonntag den 26. Jänner Nachmittags ½4 Uhr vom Hause aus, Salvatorstraße Nro. 9, und der Gottesdienst Dienstag den 28. dieß Vormittags 9 Uhr in der Metropolitan-Pfarrkirche zu U. L. Frau und Mittwoch den 29. dieß Morgens 8 Uhr bei St. Thekla am Kreuze statt.

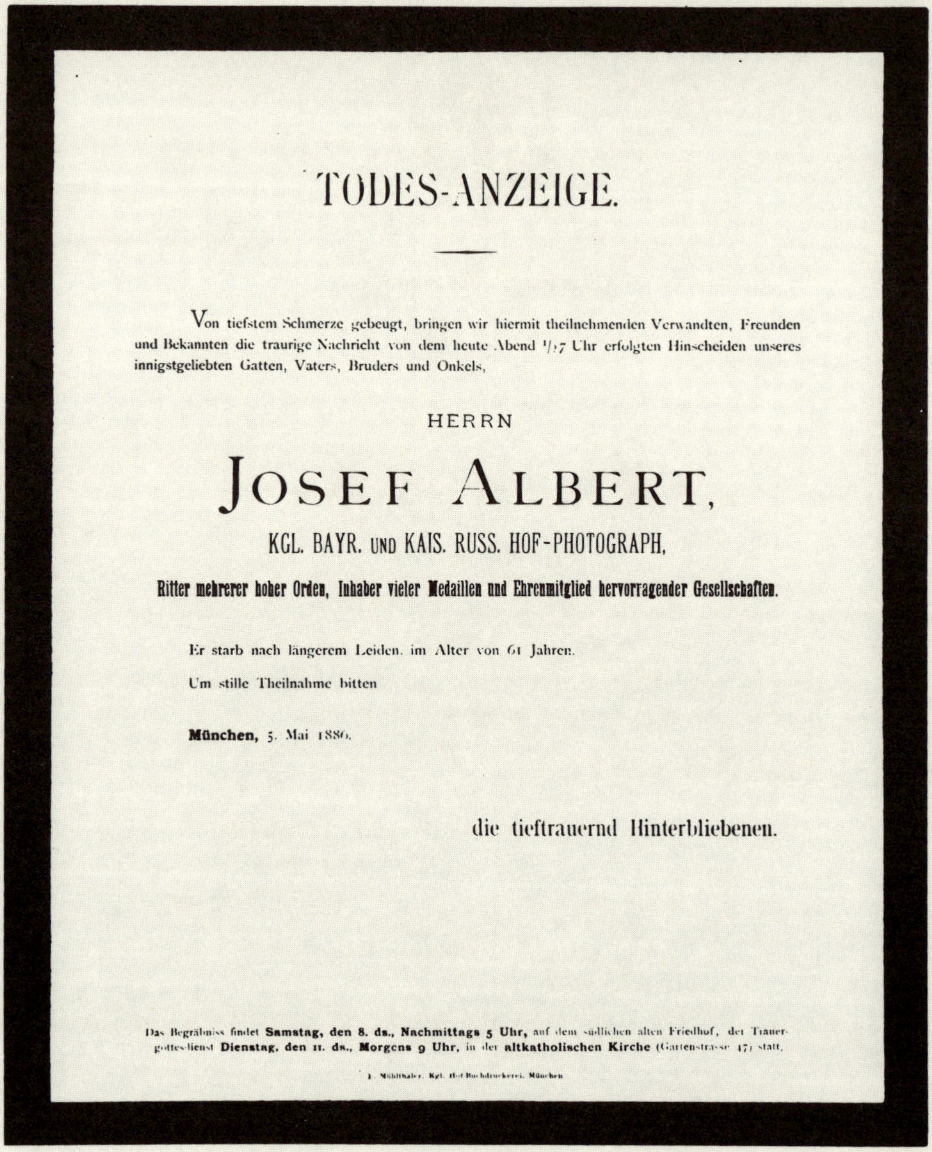

TODES-ANZEIGE.

—

Von tiefstem Schmerze gebeugt, bringen wir hiermit theilnehmenden Verwandten, Freunden und Bekannten die traurige Nachricht von dem heute Abend ¹/₂7 Uhr erfolgten Hinscheiden unseres innigstgeliebten Gatten, Vaters, Bruders und Onkels,

HERRN

JOSEF ALBERT,

KGL. BAYR. UND KAIS. RUSS. HOF-PHOTOGRAPH,

Ritter mehrerer hoher Orden, Inhaber vieler Medaillen und Ehrenmitglied hervorragender Gesellschaften.

Er starb nach längerem Leiden, im Alter von 61 Jahren.

Um stille Theilnahme bitten

München, 5. Mai 1886.

die tieftrauernd Hinterbliebenen.

Das Begräbniss findet **Samstag, den 8. ds., Nachmittags 5 Uhr,** auf dem südlichen alten Friedhof, der Trauergottesdienst **Dienstag, den 11. ds., Morgens 9 Uhr,** in der **altkatholischen Kirche** (Gartenstrasse 17) statt.

J. Mühlthaler, Kgl. Hof-Buchdruckerei, München.

Münchener Künstler-Genossenschaft.

Sämmtlichen Mitgliedern theilen wir die erschütternde Trauerkunde mit, dass, in Folge des Brandunglücks in der Nacht vom 18. auf 19. ds. Mts. die Herren:

Emmerling Otto, Akademiker von hier,
(Beerdigung Montag Nachmittags 3 Uhr)

Maier Anton, Photograph von hier,
(Beerdigung Montag Nachmittags 3½ Uhr)

Kraus Carl, Akademiker von Ulm,
(Beerdigung Dienstag Nachmittags 2½ Uhr)

Hessbacher Adolf, Akademiker von Obernau,
(Beerdigung Dienstag Nachmittags 3¼ Uhr)

Schnetzer Johann, Goldarbeiter von Bruck,
(Beerdigung Dienstag Nachmittags 3¾ Uhr)

Einhart Emil, Akademiker von Constanz,
(Beerdigung Dienstag Nachmittags 4 Uhr)

Christ Adam, Akademiker von Bamberg,
(Beerdigung Dienstag Nachmittags 4¼ Uhr)

ihren Wunden erlegen sind und ersuchen wir um zahlreiche Betheiligung bei der Beerdigung.

München, 20. Februar 1881.

Der Ausschuss.

Verein der Württemberger

Auf jähe Weise sind uns unsre lieben, unvergeßlichen Freunde

Karl Krauß, Akademiker aus Ulm, 22 Jahre alt, ordentliches und Ausschußmitglied,

Emil Einhard, Akademiker aus Constanz, außerordentliches Mitglied, 24 Jahre alt,

entrissen worden. [20697]

Tief ergriffen bringen wir diese erschütternde Kunde den Mitgliedern und Freunden unseres Vereins mit der Bitte, den so früh Dahingeschiedenen, die wir als zwei der thätigsten, aufopferndsten Mitglieder auf's Schmerzlichste betrauern, ein herzliches, freundliches Andenken zu bewahren.

München, den 20. Februar 1881.

Der Ausschuss.

Beerdigung Dienstag Mittag (laut Bekanntmachung Seitens der kgl. Akademie). Sammlung der Mitglieder Dienstag Mittag präcis 1½ Uhr im Vereins-Lokal.

TODES-ANZEIGE.

Gott dem Allmächtigen hat es in seinem unerforschlichen Rathschlusse gefallen, unsern innigstgeliebten unvergeßlichen Gatten, Vater, Schwager und Onkel

HERRN

Anton Maier,

Photograph und Lichtdruckerei-Besitzer,

heute Nachmittag ½3 Uhr nach fünfzehnstündigem schweren Leiden, in Folge der Katastrophe im Kolosseum, im Alter von 39 Jahren in die ewige Heimath abzurufen.

Wer die Herzensgüte des Verblichenen und die rastlose Thätigkeit für die Seinen kannte, wird unsern großen Schmerz zu würdigen wissen.

München, den 19. Februar 1881. 20,563.

Anna Maier, geb. Jäger,
nebst ihrem unmündigen Kinde,
im Namen der sämmtlichen Verwandten.

Die Beerdigung findet Montag den 21. Februar Nachmittags ¾4 Uhr im südlichen (alten) Friedhofe statt. Der Trauergottesdienst wird Donnerstag den 24. dc. Vormittags ½10 Uhr bei St. Peter abgehalten.

Traueranzeigen für die Opfer der Brandkatastrophe im Kolosseum, Februar 1881.

Andächtige Trauernde!

Wenn ich diejenige nicht kennen würde, die wir soeben der geweihten Erde übergeben haben, so würde ich aus dem wirklich ehrenden und zahlreichen Leichenbegängnis abnehmen können, dass es eine Frau war, die aller Ehren wert ist. Wir erwiesen soeben das Werk der Barmherzigkeit: „Die Toten begraben" den irdischen Ueberresten der ehrengeachteten Frau Anna Schmid, Gastwirtsgattin dahier, welche der Herr über Leben und Tod in dem schönen Alter von 37 Jahren und 4 Monaten nach nur zehntägigem Leiden, ich darf wohl sagen als Opfer ihres Mutterberufes, und nachdem sie versehen war mit den heiligen Sterbsakramenten, zu sich heimgenommen hat.

Die teure Verblichene erblickte das Licht der Welt zu Ruhmansfelden in Niederbayern als die Tochter eines dortigen, hochachtbaren Likörfabrikanten. Ihre Jugend war eine schöne und glückliche zu nennen. Das sechzehnte Lebensjahr eröffnete ihr das Vaterhaus, damit sie hinaustreten sollte in die Fremde. Der Vater hielt dieses Jahr für geeignet, damit das Mädchen zu lernen anfange und sich ausbilde, um in Zukunft eine soziale Lebensstellung einnehmen zu können. Sie kam nach Landshut um das Kochen zu erlernen. Das Jahr 1891 sodann führte sie nach München und hier hatte sie sich in verschiedenen grösseren Stellungen aufs beste in ihrem Berufe erprobt. Und so wundern wir uns nicht, dass das Auge eines hochachtbaren Mannes, des ehrengeachteten Herrn Ignaz Schmid, auf sie fiel, der sie im Jahre 1898 als seine Braut und Frau heimführte.

Seit dieser Zeit versehen beide die Gastwirtschaft zum „Leistbräu" in der Sendlingerstrasse; und ich glaube zur Genüge und Ihre Anwesenheit allein schon sagt es mir, dass sie sich in diesem Berufe die Hochachtung und Liebe aller Leute erworben hat, mit denen sie verkehrte. Die teure Verblichene war ein edler, biederer Charakter, und ich habe sie selbst als solchen kennen gelernt. Sie war eine Frau der Arbeit, nimmermüder Arbeit und Sorge, eine Frau, die in Wahrheit eine Stütze für den Mann zu nennen ist; dabei aber auch eine Mutter voll Liebe und Sorgfalt für ihre Kinder. Ich glaube, hätten Sie in den letzten Augenblicken, da sie die Besinnung noch besass, ihre Sprache vernehmen können,

die aus ihrem Munde kam, die Sorge um ihre Kinder, wahrlich es
wäre Ihnen auch zu Herzen gegangen. Die teure Verblichene, sie
hatte sich infolge ihrer letzten Geburt ein schweres Leiden zugezogen, das manchmal in Verbindung kommt mit dem Mutter-
beruf, das anfangs brütend in ihr nagte, um dann mit einemmale
mit grosser Vehemenz aufzutreten. Gerade war es noch Zeit, sie
verlangte die heiligen Sakramente und eine Viertelstunde nachdem
der Priester fort war, war sie bewusstlos, und so lag sie da,
ringend und kämpfend dass es zum Erbarmen war.

Die teure Verblichene war eine religiöse Frau und darum war
ihr auch noch das grosse Glück beschieden, noch in den letzten
Augenblicken den lieben Herrgott in ihr Herz aufzunehmen als
grossen Helfer im letzten, schweren Kampf. Aber die teure Verblichene hat, so glaube ich und so dürfen wir gewiss erwarten,
einen noch grösseren Lohn verdient, nämlich den Lohn, Gott zu
besitzen für die ganze Ewigkeit. Dies erwarten wir, dies hoffen
wir. Sie hat gearbeitet, nicht blos für diese Welt, sie hat gewusst,
dass mit der Arbeit und Sorge für diese Welt sich auch die Sorge
um die Ewigkeit verbinden müsse, und so erwarten wir, dass sie
ihren gerechten Lohn im Jenseits bereits erhalten hat. Wir aber
haben die heilige Pflicht, mit dem ganzen Mitleide unseres Herzens
ihr entgegenzukommen und dieses Mitleid zum Ausdruck zu bringen
durch unser Gebet, indem wir noch verrichten ein andächtiges
Vaterunser und Ave Maria für ihre Seelenruhe.

Zur frommen Erinnerung
im Gebete an

Herrn Ignaz Schmid
Gastwirt

geb. 23. Mai 1873, gest. 29. März 1939

Ach! unser Vater lebt nicht mehr,
der Platz in unserm Kreis ist leer;
er reicht uns nicht mehr seine Hand,
zerrissen ist das schöne Band.
Und was der Vater uns gewesen,
kann niemand fühlen und ermessen;
d'rum eingegraben wie in Erz,
bleibt er in unserer Mitte Herz.

O Herr gib ihm die ewige Ruhe und lasse ihn ruhen in
Frieden. — Mein Jesus Barmherzigkeit!
Süßes Herz Mariä sei meine Rettung!

Hans Stiegeler, München, Frühlingstr. 19

BEISETZUNGS-FEIERLICHKEIT

anläßlich der Feuerbeſtattung des
verſtorbenen Miniſterpräſidenten des Volksſtaates Bayern

KURT EISNER

in der Halle des Öſtlichen Friedhofes
am 26. Februar 1919
vorm. 10 Uhr

✳

PROGRAMM

Präludium in A-Moll für Orgel von Bach
Aufbahrung des Sarges
„Sei ſtille dem Herrn" Arie aus „Elias" von Mendelsſohn
Stummes Niederlegen der Kränze
Adagio in Es-Dur aus „Orpheus" von Gluck
Gedächtnisrede
Worte der Kranzſtiftungen
Forttragen des Sarges durch die Matroſen zur Einäſcherung;
es folgen nur die Verwandten und die nächſten
Freunde des Verſtorbenen
Grablied des Opernchors des National-Theaters

Zeittafel zur Erinnerung an die Sterbetage der Mutter. Da der Todestag im Judentum nach dem jüdischen Kalender berechnet wird, muß zwischen jüdischem und allgemeinem Kalender eine Konkordanz hergestellt werden.

Anmerkungen

1. HILFE UND STRAFE

[1] In jeder Kirche ist zumindest der Heilige, dessen Patrozinium die Kirche trägt, durch eine im Altar eingemauerte Reliquie präsent.

[2] N. Ohler, Sterben und Tod im Mittelalter, München 1990, S. 136.

[3] Der Begriff »Friedhof« ist daher keine Herleitung aus dem Begriff »Friede«, sondern abgeleitet aus »Freyung«.

[4] M. J. Hufnagel, Berühmte Tote im Südlichen Friedhof zu München, Würzburg 1983 3, S. 2.

[5] P. Dirr, Denkmäler des Münchner Stadtrechts, München 1934, S. 457, Art. 527, S. 458, Art. 529.

[6] HVO, Urkunden, Nr. 3425; StadtAM, BuR 60 B 2, fol. 547, Mandat v. 17. Juni 1665; s. a. Ohler, S. 154–156.

[7] A. Huhn, Geschichte des Spitals, der Kirche und der Pfarrei zum heiligen Geiste in München, München 1893, S. 51.

[8] Vgl. H. Stahleder, Chronik der Stadt München. Herzogs- und Bürgerstadt. Die Jahre 1157–1505, München 1995, S. 27; dort a. weitere Literatur. Zum Friedhof der Augustiner StadtAM, Urkunden, Weite Gasse 1.

[9] J. Staber, Katholische Kirche und bayerisches Volkstum in München, in: Der Mönch im Wappen, München 1960, S. 143-167, S. 151.

[10] Zu den Theatinern Hufnagel, S. 19; die Karmeliter in StadtAM, Kirchen- und Kultusstiftungen 1168, S. 15.

[11] Zum Bruderhaus s. H. Kerschensteiner, Geschichte der Münchner Krankenanstalten, München 1913, in: Annalen der städtischen allgem. Krankenhäuser zu München 15, S. 17 ; St. Rochus bei H. Stahleder, Haus- und Straßennamen der Münchner Altstadt, München 1992, S. 265; zu den Siechenhäusern Hufnagel, S. 19; z. Spital d. Barmherzigen Brüder Kerschensteiner, S. 74, S. 87 f.

[12] Stahleder, Chronik, S. 415.

[13] Zum ersten Ankauf durch St. Peter E. Geiß, Geschichte der Stadtpfarrei St. Peter in München, München 1868, S. 365 ohne Quellenangabe; zur Weihe Stahleder, Chronik, S. 481; der städtische Kaufbrief StadtAM, Urkunden, F I/II Nr.1 (Brunngasse Nr. 1).

[14] Pfarrarchiv St. Peter in München. Urkunden, bearb. v. M. J. Hufnagel, Neustadt a.d.Aisch 1972 (Bayerische Archivinventare 35), U 190, U 214, U 216; dazu Geiß, S. 366.

[15] Stahleder, Haus und Straßennamen, S. 193. Stahleder, Chronik der Stadt München, S. 481; der städtische Kaufbrief StadtAM, Urkunden, F I e Nr. 21.

[16] BayHStA, Kurbayern 1291.

[17] Stahleder, Chronik der Stadt München, S. 562, S. 569.

[18] Staber, S. 151.

[19] Staber, S. 152

[20] I. Schwab, Zeiten der Teuerung – Versorgungsprobleme in der zweiten Hälfte des 16. Jahrhunderts, in: Geschichte der Stadt München, S. 166-189, S. 168.

[21] J. Ruffie/J.-Ch. Sournia, Die Seuchen in der Geschichte der Menschheit, München 1987, S. 98, S. 195; U. Dirlmeier, Die kommunalpolitischen Zuständigkeiten und Leistungen süddeutscher Städte im Spätmittelalter, in: Städtische Versorgung und Entsorgung im Wandel der Geschichte, hg. v. J. Sydow (Stadt in der Geschichte 8), Sigmaringen 1981, S. 113–151, S. 118, S. 121; H. Derwein, Geschichte des christlichen Friedhofs in Deutschland, Frankfurt a. M. 1931, S. 98.

[22] BayHStA, Kurbayern 1291.

[23] StadtAM, Gesundheitsamt 3, Ratsordnung von 1532/33; ebd, Gesundheitsamt 52; ebd, Krankenanstalten 33, Zuschüsse und Rechnungen vom 22. August 1562–21. Januar 1564.

[24] J. Neumiller, Zur Orts- und Rechtsgeschichte des südlichen Alten Friedhofs in München, Altbayerische Monatsschrift 15, H.3, 1926, S. 1-15, S. 1. f.

[25] Dazu H. Mattausch, Das Beerdigungswesen der Freien Reichsstadt Nürnberg (1219-1806), Diss. Würzburg 1970, S. 64 f; s.a. Derwein, S. 99.

[26] So jedenfalls Hufnagel, S. 20 und Ch. Lankes, München als Garnison im 19. Jahrhundert, Herford 1993, S. 613.

[27] S. die Grenzbeschreibungen in den Verkaufsurkunden, StadtAM, F II a 2 Nr. 69 v. 1563, Mai 29; ebd., F II a – 71 des selben Tages und F II a2 Nr. 75 von 1563, März 20; dazu Neumiller, S. 2.

[28] StadtAM, F II a 2 Nr. 69; ebd., F II a – 71; F II a2 Nr. 75.

[29] Zu den Kalköfen BuR 56 A 19, fol. 88; z. Brechhaus Kerschensteiner, S. 47; zur Wasenstatt ohne Quellenangabe M. Schattenhofer, Henker, Hexen und Huren, in: Beiträge zur Geschichte der Stadt München (= OA 109), München 1984, S. 113–143, S. 114; seit 1819 belegt auf dem Plan der Stadt von Th. Veiel, Bayerische Staatsbibliothek, cgm. 4950; danach wäre die »Wasenstatt« beim heutigen Flaucher zu suchen.

[30] Neumiller, S. 4.

[31] ebd., S. 4-6.

[32] Die Kosten für Malerarbeiten StadtAM, Kämmerei 31, S. 162; Neumiller, S. 7, 10 f..

[33] Der Patroziniumswechsel fand spätestens 1618 statt, da seit diesem Jahr die Rechnungen der Kirchenstiftung St. Stephan erhalten sind, s. Pfarrarchiv St. Peter; unrichtig daher Neumiller, S. 8, der den Wechsel erst anläßlich der Neuweihe von 1681 annimmt.

[34] Pfarrarchiv St. Peter, Kirchenrechnungen St. Stephan 1632; Neumiller, S. 7 f.

[35] BayHStA, GL Fasz. 2706, Nr.548, Beschwerde dreier Bildhauer an den Hof o.D.; Neumiller, S.10.

[36] Pfarrarchiv St. Peter, Kirchenrechnungen St. Stephan 1620, Kauf einer Bräuin für sich und ihren Mann; ebd. 1631, Kauf einer Grabstätte neben der des Vaters.

[37] Pfarrarchiv St. Peter, Kirchenrechnungen St. Stephan 1618 bis 1622, Gekaufte Grabstätten, o.fol..

[38] Pfarrarchiv St. Peter, Kirchenrechnungen St. Stephan 1618 bis 1622, Gekaufte Grabstätten, o.fol..

[39] E. Schremmer, Die Wirtschaft Bayerns. Vom hohen Mittelalter bis zum Beginn der Industrialisierung. Bergbau, Gewerbe, Handel, München 1970, S. 144 f; M. J. Elsas, Umriß einer Geschichte der Preise und Löhne in Deutschland. Vom ausgehenden Mittelalter bis zum Beginn des 19. Jahrhunderts, Bd. 1, Leiden 1936, S. 61, S. 568.

[40] Zur Sozialstruktur s. Ph. J. Fleischmann, Sozialtopographie einer Residenzstadt. Die Münchner Sozial- und Wohnstruktur am Vorabend des Dreißigjährigen Krieges, in: OA 117/118, 1993/94, S. 261–288, bes. S. 275. Hier wird von einem Anteil von 70 % an »potentiell Armen« ausgegangen.

[41] StAM, RA Fasz. 368, Nr. 7512, Kgl. Regierung des Isarkreises vom 14. März 1820.

[42] BayHStA, GL Fasz. 2704, Nr. 536; StadtAM, Bestattungsamt 418, Antrag auf den Neubau eines Werkzeugschuppens v. 31. Oktober 1798; Pfarrarchiv St. Peter, Friedhofsangelegenheiten, Rezeß vom 1. Dezember 1786.

[43] H. Hecker, Um Glaube und Recht. Die »Fürstliche« Stadt 1505 bis 1561, in: Geschichte der Stadt München, S. 148-166, S. 156 ff.

[44] ebd., S. 159 f.

[45] StadtAM, Kämmerei 31, S. 164.

[46] L. Westenrieder, Beschreibung der Haupt- und Residenzstadt München im gegenwärtigen Zustande, München 1782 (Nachdruck München 1984), S. 178; Neumiller, S. 7 u. S. 12.

[47] H. Stahleder, Die Münchner Juden im Mittelalter und ihre Kultstätten, in: Synagogen und jüdi-

sche Friedhöfe, hg.v. W. Selig München 1988, S. 11–34, S. 11, S. 24.; K. W. Schubsky, Jüdische Friedhöfe, in: Synagogen und jüdische Friedhöfe, S. 149–188, S. 149.

48 Ariès, S. 66 f.

49 Ch. Karnehm, Die Münchner Frauenkirche. Erstausstattung und barocke Umgestaltung (MBM 113), München 1984, S. 9.

50 Dazu a. M. Lindemann, Armen- und Eselbegräbnis in der europäischen Frühneuzeit, eine Methode sozialer Kontrolle, in: Studien zur Thematik des Todes im 16. Jh., hg. v. P. R. Blum (Wolfenbütteler Forsch. Bd. 22), 1983, S. 125–139, S. 127.

51 Mattausch, S. 33; P. Pfister/ H. Ramisch, Die Frauenkirche in München, München 1983, S. 143.

52 Zu den Familiengrabstätten in St. Peter s. Pfarrarchiv St. Peter, Friedhofsangelegenheiten, Begräbnisgegenstände St. Peter und den Sammelband Epitaphien; zur Frauenkirche bzw. den Familienkapellen Karnehm; vgl. auch Hufnagel, S. 17 f.

53 MB 20, Nr. 368; dazu auch A. Mayer, Die Domkirche zu U. L. Frau in München, München 1868, S. 89.

54 Ohler, S. 143; zu späterer Zeit Pfarrarchiv St. Peter, Friedhofsangelegenheiten, Schreiben v. 28. November 1789.

55 Huhn, S. 146.

56 Dokumente ältester Münchner Familiengeschichte 1290–1620. Aus dem Stifterbuch der Barfüßer und Klarissen in München 1424, München 1954; s. hier besonders S. 142, Nr. 27; S. 217, Nr. 31; zum Jahrestag der K. Beatrix MB 20, Nr. 219, S.275–277; Manuale der Jahrtagsspenden des Heiliggeistspitals in Bayer. Staatsbibliothek, cgm. 2086 und cgm. 3051.

57 BayHStA, GL Fasz. 2706, Nr. 549, 10. April 1774; Staber, S. 151.

58 Pfarrarchiv St. Peter, Kirchenrechnung St. Stephan 1618; Huhn, S. 171.

59 R. Berger, Vom geschichtlichen Werden der christlichen Sterbe- und Begräbnisliturgie, in: Die letzte Reise. Sterben, Tod und Trauersitten in Oberbayern (Ausstellungskatalog des Stadtmuseums München), hg.v. S. Metken, München 1984, S. 239-242, S. 242.

60 In der Pestordnung von 1625, StadtAM, BuR 60 B 9, Kap. 12, wird ein ausdrückliches Verbot ausgesprochen, das Viatikum zu begleiten. Dazu a. Ariès, S. 30.

61 StadtAM, Kämmerei 31, S. 24 zu 1601.

62 Westenrieder, S. 295.

63 StadtAM, Kämmerei 31, S. 135, zu 1633: Leintuch wird nun nur noch für Soldaten und »arme Leut« verwendet.

64 Zu Nürnberg Mattausch, S. 136 u. S. 138.

65 Westenrieder, S. 295; BayHStA, GL Fasz. 2706, Nr. 549, Schreiben v. 26. November 1783; dazu auch S. Metken, Zeremonien des Todes, in: Letzte Reise, S. 72–95.

66 Dies war noch um 1900 die Regel, vgl. StadtAM, Bestattungsamt 413.

67 StadtAM, Polizeidirektion 312, o.fol.; zu den späteren Ordnungen U. Zischka, Leichenschmaus, in: Letzte Reise, S. 224–226, S. 224 f.; zu Nürnberg und seinen wesentlich ausführlicheren Ordnungen Mattausch, S. 28.

68 W. Schultheiß, Die Münchner Gewerbeverfassung im Mittelalter, München 1936 (Kultur und Geschichte. Freie Schriftfolge des StadtAM 10), S. 103 f; dazu a. E. Vesper, Die Sterbekassen in alter und neuer Zeit, Schriftenreihe d. Inst. f. Versicherungswiss. a. d. Universität Köln, NF H. 23, 1966, S. 17–24.

69 Schultheiß, S. 140 f.

70 Stahleder, Chronik, S. 224; E. v. Destouches, Fünfzig Jahre Gewerbe-Geschichte 1848–1898, München 1898, S. 108 f..

71 H. J. Mann, Die Barocken Totenbruderschaften, ZBLG 39, 1976, S. 127–151, S. 128–130.

72 Mayer, S. 249 und S. [105], der sich auf eine mündliche Mittlg. stützt.

73 Bayer. Staatsbibliothek, cgm. 4950, Bruderschaftsbrief v. 1816; die Rechnungsbücher der Bruderschaft sind seit der 2. H. d. 17. Jhs. erhalten, StadtAM, Kirchen- und Kultusstiftungen Nr. 956 ff.

[74] Bayer. Staatsbibliothek, cgm. 4950, Bruderschaftsbrief v. 1758; Westenrieder, S. 281.

[75] BayHStA, GL 89, »Thunliche Vorschläge … « v. 8. Sept. 1774; s.a. M. Schattenhofer, Die Geistliche Stadt, in: Von Kirchen, Kurfürsten und Kaffeesiedern etcetera, München 1974, S. 7–99, S. 39 ff.

[76] Vgl. Lindemann, S. 132.

[77] Ohler, S. 90 f.

[78] Dirr, S. 120–123, Nr. 74; vgl. F. Solleder, München im Mittelalter, München/Berlin 1938, S. 407;

[79] L. Ruhland, Die Geschichte der Kirchlichen Leichenfeier, Regensburg 1901, S. 206.

[80] StadtAM, Kämmerei 31, S. 207; Kämmerei 28/18, fol. 9 r.; KR 1792, fol. 38 v.f..

[81] StadtAM, Kämmerei 20/14 zu 1718, fol. 48 r, fol. 76 v; KR 1791, fol. 346.

[82] Vgl. StadtAM, Kämmerei 31, S. 135 zu 1633.

[83] StadtAM, Kämmerei 31, S. 24 zu 1601; Kämmerei 28/12, fol. 6 r., zu 1606.

[84] StadtAM, Kämmerei 28/18 zu 1630, fol. 11 v.

[85] Bayer. Staatsbibliothek, cgm. 4950, Aufnahmeschein des Begräbnis Christi Verbundnis.

[86] Ohler, S. 147; A. E. Imhof, Die verlorenen Welten. Alltagsbewältigung durch unsere Vorfahren und weshalb wir uns heute so schwer damit tun, München 1984, S. 165 f.

[87] Ariès, S. 20; Derwein, S. 33 f; Ruland, S. 171.

[88] Ohler, S. 144.

[89] Vgl. dazu BayHStA, KL Ilmmünster 97; Lindemann, S. 129.

[90] StadtAM, Kämmerei 31, S. 24.

[91] StadtAM, Kämmerei 31, S. 102, zu 1630; S. 127, zu 1633; S. 130 zu 1633; ohne Quellenangaben Schattenhofer, Henker, Hexen und Huren, S. 115; s. dagegen Stahleder, Chronik, S. 320.

[92] StadtAM, Kämmerei 31, S. 23.

[93] StadtAM, BuR 60 B 2, fol. 698 f.; J. Nowosadtko, Scharfrichter und Abdecker. Der Alltag zweier unehrlicher Berufe in der frühen Neuzeit, Paderborn 1994, S. 70, S. 81-84.

[94] Westenrieder, S. 281.

[95] Schattenhofer, Henker, Hexen und Huren, ohne Quellenangaben, S. 115; Zur Anatomie Kerschensteiner, S. 87.

[96] So auch Schattenhofer, Henker, Hexen und Huren, S. 115.

[97] G. Voß, Henker, Tabugestalt und Sündenbock, in: B.-U.Hergemöller, Randgruppen der spätmittelalterlichen Gesellschaft, Warmdorf 1990, S. 86–114, S. 88 f; Nowosadtko, S. 39. Nowosadtko untersuchte vor allem die Verhältnisse in Süddeutschland.

[98] Voß, S. 91.

[99] S. die Zusammenstellung bei Nowosadtko, S. 368 f und S. 367, zu dem Begraben des Züchtigers Hans aus Landshut im Jahr 1472 unter dem Galgen. Vgl. dagegen Schattenhofer, Henker, Hexen und Huren, S. 115, der ganz pauschal und z. Teil mit unrichtigen Quellenangaben ein Verscharren der Henker auf der Richtstatt annimmt.

[100] StadtAM, KR 1473/74, Fol. 69 v; nach Stahleder, Chronik der Stadt München, S. 445.

[101] Nowosadtko, S. 369.

[102] StadtAM, Kämmerei 28/12, fol 5r.; nach Nowosadtko, S. 368, war Georg Peb wie einige seiner Vorgänger erschlagen worden.

[103] Voß, S. 98 f.

[104] Vgl. Liste von Nowosadtko, S. 368 ff.

[105] Das von Schattenhofer, Henker, Hexen und Huren, S. 114 angenommene Begraben dieser Gruppen von Unehrlichen auf der Wasenstatt ließ sich aus den Quellen nicht belegen.

[106] StadtAM, Gesundheitsamt 3, Ratsmandat von 1532; BuR 60 B 9, Mandat v. 20. August 1625; Kämmerei 31, S. 198.

[107] StadtAM, BuR 60 B 9, Mandat v. 20. August 1625; BayHStA, KL München, Kollegiatsstift Unsere Liebe Frau, Nr. 16.

[108] StadtAM, Gesundheitsamt 5, Ratsordnung vom 30. Oktober 1634.

[109] Letzte Reise, S. 158.

[110] BayHStA, GR Fasz. 304 Nr.4, fol. 6.

[111] BayHStA GL Fasz. 2707 Nr. 553, Collegium Medicum v. 13. Juni 1796.

[112] K. Sudhoff, Syphilis und Pest in München Ende des 15. und Anfang des 16. Jahrhunderts, Sonderdruck der Medizinischen Wochenschrift Nr. 26, 1913, S. 13.

[113] StadtAM, Krankenanstalten 33 zu 1533; ebd., Gesundheitsamt 127 zu 1586; Gesundheitsamt 62 zu 1640 bis 1650; Gesundheitsamt 89 zu 1729–1762.

[114] StadtAM, Gesundheitsamt 34, fol. 256.

[115] StadtAM, Gesundheitsamt 62.

[116] S. die Darstellung einer Leichenprozession von ca. 1770, Letzte Reise, S. 208.

[117] StadtAM, Bestattungsamt 59, Mittlg. des Magistrats v. 29. Juli 1890.

[118] StadtAM, Kämmerei 28/18 zu 1630, fol. 2 r.

[119] StadtAM, Gesundheitsamt 89.

[120] StadtAM, Bestattungsamt 243, Armenpflegschaftsrat v. 9. Juli 1871.

[121] Huhn, S. 151.

[122] BayHSTA, GL Fasz. 2704, Nr. 536, Beschwerde des Totengräbers des Stifts o. D.

[123] BayHStA, GL Fasz. 2704, Nr. 536, Mittlg. des Münchner Chorstifts o. D.; z. Totengräbereid s. Letzte Reise, S. 222, Nr. 271.

[124] E. Ennen, Frauen im Mittelalter, München 1986, S. 118 f; S. 175–177; Stw. Beg(h)inen, Lexikon des Mittelalters, Bd. 1, München/Zürich 1980, K. Elm, Sp. 1799 f.; R. Sprandel, Sp. 1800 f: dort a. weitere Literatur.

[125] Stahleder, Konsolidierung und Ausbau, S. 140 f.

[126] HVO, Urkunden, Nr. 2122, Nr. 2123, Nr. 2124 und Nr. 2125; s.a. J. P. Beierlein, Regesten ungedruckter Urkunden zur bayerischen Orts- Familien- und Landesgeschichte, in: OA 11, 1850/1851, S. 259–287, S. 267–269; Stiftsbrief Martin Katzmairs StadtAM, Urkunden D I i LXVI e 1, vgl. Stahleder, Konsolidierung, S. 141.

[127] BayHStA GL Fasz. 2710, Nr. 580; Westenrieder, S. 266

[128] S. ebd.; s.a. die Ordnung des Katzmaier'schen Seelhauses bei O. T. v. Hefner, Original-Bilder aus der Vorzeit Münchens, München 1852, S. 22–25; dazu a. die Ewiggeldstiftungen für das Katzmair Haus, StadtAM, Kirchen- und Kultusstiftungen 1161.

[129] BayHStA, GL Fasz. 2710, Nr. 580, kollationierter Auszug aus dem Testament des Gabriel Barth v. 1810; das Original ist leider nicht mehr auffindbar.

[130] ebd.

[131] BayHStA, GL Fasz. 2710, Nr. 580 zu Ridler und Schluder'sches Seelhaus; s.a. StadtAM, Urkunden D I i LXVI e 1; hier wird ausdrücklich erwähnt, daß die Schwestern zwar von der Stiftung leben können, jedoch von den Erträgen »ihrer Hände Arbeit« zuschießen sollen.

[132] So z. B. im Katzmair/Rosenbusch Seelhaus, s. v. Hefner, S. 24.

[133] Zu Köln Ennen, S. 175; zu München BayHStA GL Fasz. 2710, Nr.580; StadtAM, Kirchen- und Kultusstiftungen 1161; ebd. Urkunden D I i LXVI e 1.

[134] BayHStA GL Fasz. 2710, Nr. 580, Stiftsbrief d. Gabriel Barth; Stiftsbrief M. Katzmair s. StadtAM, Urkunden D I i LXVI e 1; z. Seelhaus der Rudolf, Beierlein, S. 268.

[135] MB 21, Nr. 83, S. 217–219, zu einer Seelenmesse der Barbara Astaller; Geiß, S. 63.

[136] BayHStA GL Fasz. 2710, Nr. 580, Gabriel Barth; z. Katzmair Seelhaus Hefner, S. 23 f.; Seelhaus der Rudolf Beierlein, S. 268; zu Bankier Joseph Nocker StadtAM, Kirchen- und Kultusstiftungen 1168, S. 26.

[137] S. Ordnung des Katzmair Seelhauses, v. Hefner, S. 24.

[138] BayHStA GL Fasz. 2710, Nr. 580, Ordnung des Barth'schen Seelhauses.

[139] StadtAM, Kirchen- und Kultusstiftungen Nr. 1168.

[140] BayHStA GL Fasz. 2705, Nr. 542; Fasz. 2706, Nr. 549; Fasz. 2710, Nr. 580.

[141] J. A. Schmeller, Bayerisches Wörterbuch, München 1877, Stw. Seelnonnen, Sp. 256 f.; Mattausch, S. 40 f.

[142] BayHStA, GL Fasz. 2710, Nr. 580.

[143] Dazu BayHStA, GL Fasz. 2710, Nr. 580, Anfrage des Consilium Bellicum vom 17. August 1761; Westenrieder, S. 266.

2. FRIEDHÖFE VOR DIE STADT

[1] M. P. Heimers, Die Strukturen einer barocken Residenzstadt – München zwischen Dreißigjährigem Krieg und dem Vorabend der Französischen Revolution, in: Geschichte der Stadt München, S. 211–244, S. 211 f.

[2] So L. v. Westenrieders Zukunftsbild in seinem »Traum in dreyen Nächten«, s. H. Lehmbruch, Ein neues München, Stadtplanung und Stadtentwicklung um 1800, Buchendorf 1987, S. XVIII.

[3] A. Corbin, Pesthauch und Blütenduft. Eine Geschichte des Geruchs, Berlin 1984, S. 82 f.

[4] StadtAM, BuR 60 B 9, Mandat v. 20. August 1625

[5] Corbin, S. 121.

[6] BayHStA, GL Fasz. 2706, Nr. 549, 29. August 1774; Corbin, S. 77; F. J. Bauer, S. 12.

[7] BayHStA GL Fasz. 2706, Nr. 549, Gedanken über die Mittel, die Luft gesund zu erhalten … v. 8. September 1774.

[8] BayHStA GL Fasz. 2706, Nr. 549, Schreiben an den Stadtmagistrat v. 1. Juli 1789.

[9] BayHStA GL Fasz. 2706, Nr. 549, Befehl v. 5. April 1774; ebd., Gedanken über die Mittel, die Luft gesund zu erhalten … v. 8. September 1774; s.a. Aries, S. 611, der zu den angeblichen Folgen der Begräbnisse in Kirchen mehrere Beispiele anführt.

[10] BayHStA GL Fasz. 2706, Nr. 549, dort die verschiedenen Streitschriften.

[11] BayHStA GL Fasz. 2706, Nr. 548, Bericht d. Stadtpfarrers v. 8. Januar 1791.

[12] BayHStA GL Fasz. 2706, Nr. 549; Hufnagel, S. 20 zur Transferierung der Gebeine; vgl. R. Polley, Das Verhältnis der josephinischen Bestattungsreformen zu den französischen unter dem Ancien Régime und Napoleon I., in: Vom Kirchhof zum Friedhof. Kasseler Studien zur Sepulkralkultur Bd. 2, 1984, S. 109–118, S. 109.

[13] BayHStA GL Fasz. 2706, Nr. 549.

[14] BayHStA GL Fasz. 2706, Nr. 549; Protokoll v. 28. Mai 1788; St. Röttgen, Der Südliche Friedhof in München. Vom Leichenacker zum Campo Santo, in: Letzte Reise, S. 285–301, S. 286.

[15] J.Thinesse-Demel, Münchner Architektur zwischen Rokoko und Klassizismus, MBM 90, 1980, S. 78.

[16] Lehmbruch, S. XVIII; M. Hahn, Sanitäre Zustände und Einrichtungen in München am Anfang des 19. Jahrhunderts, in: Festgabe der Kgl. Technischen Hochschule in München, München/ Berlin 1906.

[17] Dazu H. Lehmbruch, Der »Entwurf eines raisonirten Plans, über die Erweiterung von München« aus dem Jahr 1782, OA 114, 1990, S. 141–226; R. Bauer, Stadt und Stadtverfassung im Umbruch – Niedergang, Ende und Neubegründung kommunaler Eigenständigkeit 1767 bis 1818, in: Geschichte der Stadt München, S. 244–274, S. 247.

[18] Pfarrarchiv St. Peter, Friedhofsangelegenheiten, 30. März 1784; BayHStA GL Fasz. 2706, Nr. 549, Schreiben v. 3. Februar 1784.

[19] BayHStA GL Fasz. 2706, Nr. 549, Schreiben v. 3. Februar 1784; Bittschreiben des Mesners von St. Peter v. 20. Mai 1788; Mittlg. d.Geistl.Rats v. 23. Mai 1788; Collegium Medicum v. 7. Juli 1788.

[20] Neumiller, S. 12; Lankes, S. 613; BayHStA, GL Fasz. 2706, Nr. 549; Mitteilung v. 26. Juni 1789.

[21] E. Gassner, Der Alte Friedhof in Bonn, in: Wie die Alten den Tod gebildet. Wandlungen der Sepulkralkultur 1750–1850, Kasseler Studien z. Sepulkralkultur Bd. 1, hg. v. H.- K. Boehlke, Mainz 1979, S. 159–167, S. 160.

[22] F. J. Bauer, S. 13 f.

[23] Hufnagel, S. 21; Pfarrarchiv St. Peter, Friedhofsangelegenheiten, Erlaubnis z. Bestattung des Johann Baptist Ruffini in der Familiengrabstätte v. 4. Juni 1794; ebd., z. Bestattung des Grafen v. Damm v. 17. Februar 1792.

[24] BayHStA GL München Nr. 89, »Thunliche Vorschläge … «, P. 1.

[25] StAM, RA Fasz. 368 Nr. 7512, Erlaß v. 28. November 1789; Mittlg. der Gen. Landes Direktion v. 30. Dezember 1799.

[26] BayHStA GL Fasz. 2707, Nr. 553; StadtAM, Bestattungsamt 418;

[27] BayHStA GL Fasz. 2706, Nr. 549, Schreiben an den Stadtmagistrat v. 1. Juli 1789.

[28] J. F. Bauer, S. 15–17.

[29] Ariès, S. 504–511.

[30] BayHStA GL Fasz. 2705, Nr. 542, Obere Landesregierung, Juli 1794; ebd., Fasz. 2706, Nr. 548, Aussage des Mesners v. 16. Juli 1794.

[31] Z. B. in BayHStA GL Fasz. 2706, Nr. 548.

[32] ebd., Schreiben an alle Pfarrer Münchens v. 18. März 1791.

[33] ebd.,Stadtpfarrer Scherer an den Hof v. 29. März 1791.

[34] ebd., Gutachten des Medizinalrats v. 11. April 1791.

[35] BayHStA GL Fasz. 2707, Nr. 553, nach einem Hinweis im Dekret des Augsburger Senats von 1777.

[36] BayHStA GL Fasz. 2706, Nr. 548, Gutachten des Medizinalrats v. 11. April 1791.

[37] BayHStA GL Fasz. 2707, Nr. 553.

[38] Dazu N. Krieg, »Schon Ordnung ist Schönheit«. Hans Grässels Münchner Friedhofsarchitektur (1894–1929), ein deutsches Modell?, MBM 136, München 1990, S. 17; das Mandat Josephs II. BayHStA, GL Fasz. 2706, Nr. 548; zur Totenbeschau in Deutschland Derwein, 160–162; H.-K. Boehlke, Über das Aufkommen der Leichenhäuser, in: Wie die Alten den Tod gebildet, S. 135–146, S. 135.

[39] StadtAM, Gesundheitsamt 5, Ratsordnung v. 1634, P. 23 ; ebd., Kämmerei 28/12, fol. 8 v., 9 v., 13 v zu 1606; ebd., BuR 60 B 2, fol. 17/2 v. 1625, fol. 705 v. 1674, fol. 167/2 v. 1689.

[40] BayHStA, GL Fasz. 2706, Nr. 548, Hofoberrichter v. 21. März 1791; Erneuerung der kurfürstlichen Befehle o.D.; ebd., Geistlicher Rat an Regierung v. 1. Mai 1792.

[41] BayHStA, GL Fasz. 2706, Nr. 548, Regierung an Stadtmagistrat v. 2. Januar 1792 u. v. 20. Januar 1792.

[42] BayHStA, GL Fasz. 2706, Nr. 548, Entwurf des Wundarztes Michael Consoni; ebd., Anträge einiger Ärzte auf die Stelle eines amtlichen Totenbeschauers.

[43] BayHStA, GL Fasz. 2706, Nr. 548, Schreiben des Hofpfarr Verwesers vom 17. Januar 1792.

[44] Dazu Krieg, S. 19.

[45] Röttgen, S. 286; Derwein, S. 160.

[46] Röttgen, S. 286; J. F. Bauer, S. 17;

[47] StAM, RA 368, Nr. 7511/ 5, Bittschrift d. Mesners v. 1812; StadtAM, Bestattungsamt 418.

[48] BayHStA, GL Fasz. 2706, Nr. 548, Konferenzprotokoll v. 18. Juli 1793; ebd., Plansammlung Nr. 19 850, Plan von Hofmaurermeister Streittner; ebd., GL Fasz. 2704, Nr. 535, Abhandlung und Plan Franz v. Thurns; dazu Röttgen, S. 286; .

[49] BayHStA, GL München 89.

[50] BayHStA GL Fasz. 2707, Nr. 553, Collegium Medicum v. 13. Juni 1796.

[51] BayHStA GL Fasz. 2706, Nr. 548, Konferenzprotokoll v. 18. Juli 1793.

[52] S. die Bestimmungen in StadtAM, Bestattungsamt 198 v. Juni 1798.

[53] StadtAM, Bestattungsamt 198.

[54] StadtAM, Bestattungsamt 198.

[55] BayHStA, GL Fasz. 2705, Nr. 547, Schreiben von Hofkammer, Hofbauamt und Oberer Landesregierung.

[56] BayHStA, GL Fasz. 2705, Nr. 547, BuR v. 27. Mai 1789.

[57] StadtAM, Rechtsamt 93, Extrakt aus dem Gutachten M. Fastlingers v. 6. Juli 1911.

[58] StAM, RA Fasz. 368 Nr. 7512, Erlaß v. 28. November 1789; Neumiller, S. 12

[59] StAM, RA Fasz. 368 Nr. 7512, Erlaß v. 28. November 1789; Pfarrarchiv St. Peter, Friedhofsangelegenheiten, Protokoll Extract v. 2. März 1789.

[60] ebd.; StadtAM, Bestattungsamt 15, Entschädigungsgelder für den Mesner zu Unserer Lieben Frau.

[61] Pfarrarchiv St. Peter, Friedhofsangelegenheiten, Protokoll Extract v. 2. März 1789; BayHStA, GL 2704, Nr. 536, Verwaltung des Gottesackers v. 1. März 1796; GL 2704, Nr. 535, Mittlg. v. 12. Mai 1796; dazu a. ebd., Brief der beiden Kirchpröbste Unserer Lieben Frau, Bürgermeister und ein Äußerer Rat von 1629; vgl. Max Freiherr v. Freyberg, Pragmatische Geschichte d. bayer. Staatgesetzgebung und Staatsverwaltung seit den Zeiten Maximilians I., Bd. 3, Leipzig 1838, S. 74–94.

[62] Pfarrarchiv St. Peter, Friedhofsangelegenheiten, Protokoll Extract v. 2. März 1789.

[63] BayHStA, GL 2705, Nr. 542, Brief v. 30. März 1806.

[64] R. Bauer, S. 269; J. Bauer, Grundzüge der Verfassungs- und Vermögens-Verwaltung der Stadtgemeinde München, München 1845, S. 113; Neumiller, S. 13, BayHStA, GL 2704, Nr. 536, Instruktionen für Seelnonnen, Mesner und Totengräber v. 1814.

[65] R. Bauer, S. 270; J. Bauer, S. 113; StadtAM, Rechtsamt 93, Bericht Destouches' von 1912.

[66] BayHStA, GL 2704, Nr. 536.

[67] BayHStA, GL 2706, Nr. 548.

[68] BayHStA, GL 2704, Nr. 536.

[69] zum Folgenden ebd..

[70] Alle Dienstordnungen von 1814 BayHStA, GL 2704, Nr. 536.

[71] BayHStA, GL 2710, Nr. 580, Schreiben v. 8. November 1785.

[72] BayHStA, GL 2710, Nr. 580; StadtAM, Familien 812, P. Pfaff, Die Münchner Seelschwestern und die ihnen verwandten Beghinen, handschr. Ms, München 1877, S. 118.

[73] StadtAM, Kirchen und Kultusstiftungen Nr. 1168, S. 40;

[74] BayHStA, GL 2710, Nr.580; StadtAM, Familien 812, Ms. Pfaff, S. 113, S. 115; ebd., Kirchen und Kultusstiftungen Nr. 1168, S. 43.

[75] StadtAM, Kirchen und Kultusstiftungen Nr. 1168; ebd., Bestattungsamt 84.

3. SICHERHEIT, RUHE UND ORDNUNG

[1] J. Bauer, S. 113 f.

[2] StadtAM, Bestattungsamt 14, Ordnung und Einrichtung der Leichenanstalt; R. Zerback, Unter der Kuratel des Staates – Die Stadt zwischen dem Gemeindeedikt von 1818 und der Gemeindeordnung von 1869, in: Geschichte der Stadt München, S. 274–307, S. 275.

[3] E. Sperling, Der Rechtsstatus der kommunalen und kirchlichen Friedhöfe, in: Wie die Alten den Tod gebildet, S. 37–44, S. 39 f.

[4] Hufnagel, S. 22.

[5] Rötgen, S. 286 f.

[6] StAM, RA Fasz. 7511/4, Mittlg. des Magistrats v. 3. August 1821.

[7] Dazu Ariès, S. 521–523; Röttgen, S. 287.

[8] Röttgen, S. 287.

[9] StAM, RA Fasz. 368, Nr. 7511/3, Bericht v. 27. Oktober 1814.

[10] Neumiller, S. 13; Röttgen, 291.

[11] StAM, RA Fasz. 368, Nr. 7511/2, Eingabe zweier Bierwirte und 24 Consorten v. 8. April 1818.

[12] Röttgen, S. 292; StadtAM, Bestattungsamt 14, Ordnung und Einrichtung der Leichenanstalt v. 12. März 1819; s.a. G. Richter, Die Wandlung des friedhofsarchitektonischen Erscheinungsbildes für die Zeit von 1750 bis 1850, in: Vom Kirchhof zum Friedhof, S. 137–143, S. 140.

[13] StAM, RA Fasz. 7511/4, Mittlg. des Magistrats v. 3. August 1821.

[14] W. Ney, Über das Neue am Friedhof zu München, München 1819, S. 1 f.

[15] StadtAM, Bestattungsamt 14, Ordnung und Einrichtung der Leichenanstalt vom 12. März 1819; BayHStA, GL Fasz. 2706, Nr. 548, Geistlicher Rat v. 18. Juni 1792.

[16] Röttgen, S. 296 f.

[17] StadtAM, Bestattungsamt 24, z. Magistratsbeschluß v. 19. Februar 1830; ebd., Bestattungsamt 59, Dienstinstruktion v. 26. April 1854.

[18] BayHStA, GL Fasz. 2705, Nr. 542, Schreiben v. 16. August 1805.

[19] Dazu ausführlich Lehmbruch, Ein Neues München.

[20] BayHStA, GL Fasz. 2704, Nr. 535, Entwurf für die Lage und bauliche Einteilung eines Leichen-Aufnahme-Ortes.

[21] Zu Jacob Atzels Traktat über Leichenhäuser von 1796 s. Boehlke, S. 136 f.

[22] Diese Punkte werden auch bei Atzel betont, vgl. Boehlke, S. 138.

[23] ebd.

[24] StadtAM, Bestattungsamt 14, Ordnung und Einrichtung der Leichenanstalt v. 12. März 1819.

[25] StadtAM, Bestattungsamt 24, Ausgaben für zwei angeschaffte Thermometer.

[26] StadtAM, Bestattungsamt 14, Ordnung und Einrichtung der Leichenanstalt v. 12. März 1819; ebd., Bestattungsamt 413, Instruktion für die Wächter bei der Leichenanstalt ... v. 20. November 1821.

[27] StadtAM, Bestattungsamt 413, Instruktion für die Wächter bei der Leichenanstalt ... v. 20. November 1821; ebd., Bestattungsamt 59, Dienstinstruktion für die Leichenwächter vom 31. Januar 1845.

[28] StadtAM, Bestattungsamt 14.

[29] StadtAM, Bestattungsamt 413, Instruktionen für die Vornahme der Totenbeschau.

[30] StadtAM, Bestattungsamt Nr. 14 v. 17. April 1828.

[31] StadtAM, Bestattungsamt 413, Instruktionen für die Vornahme der Totenbeschau.

[32] ebd.

[33] StadtAM, Bestattungsamt 103, Mittlg. v. 22. Juni 1833; ebd., Bestattungsamt 206, Kammer d. Innern v. 3. Dezember 1836.

[34] StadtAM, Bestattungsamt 59, Ortspolizeiliche Vorschrift v. 1. Juli 1862; Krieg, S. 25.

[35] StadtAM, Bestattungsamt 413, Instruktion für die Wächter bey der Leichenanstalt auf dem Gottesacker zu München, Behufs der Totenbeschau; Bestattungsamt 59, Dienstinstruktion für die Leichenwächter 1845.

[36] M. v. Lasser, Der neue östliche Friedhof zu München mit einer historischen Einleitung über das Münchner Begräbniswesen und die älteren Münchner Friedhöfe, München 1902, S. 2.

[37] StadtAM, Bestattungsamt 364, Vorschlag Dr. Frank v. 22. November 1861; Polizei-Direktion v. 24. November 1861; Magistrat Riederer v. 9. Dezember 1861.

[38] StadtAM, Bestattungsamt 198, Circular v. 26. Februar 1830.

[39] StadtAM, Bestattungsamt 15, Einnahmen.

[40] StadtAM, Bestattungsamt 14, Dienstinstruktion für Aufseher der Leichenanstalt v. 12. März 1819.

[41] StadtAM, Bestattungsamt 413, Instruktion für die Aufseher der Leichenanstalt zu München Behufs der Todten Beschau.

[42] StadtAM, Bestattungsamt 59, Dienstes-Instruction für die Aufseher des allgemeinen Leichenackers in München.

[43] StadtAM, Bestattungsamt 15, Ausgaben; StAM, RA Fasz. 7511/2, Medicinal Collegium v. 3. Juni 1818.

[44] Dazu G. Seib, Kranz und Krone im Ledigenbegräbnis, in: Wie die Alten den Tod gebildet, S. 113–119.

[45] StadtAM, Bestattungsamt 14, Ordnung und Einrichtung der Leichenanstalt v. 12. März 1819.

[46] StadtAM, Bestattungsamt 14, Ordnung und Einrichtung der Leichenanstalt v. 12. März 1819; ebd., Dienstinstruktion für Aufseher der Leichenanstalt v. 12. März 1819; ebd., Bestattungsamt 59, Dienstes-Instruction für die Aufseher des allgemeinen Leichenackers in München.

[47] StadtAM, Bestattungsamt 59, Dienstes-Instruction für die Aufseher des allgemeinen Leichenackers in München.

[48] StadtAM, Bestattungsamt 419.

[49] StadtAM, Bestattungsamt 419.

[50] StadtAM, Bestattungsamt 419.

[51] StadtAM, Bestattungsamt 419.

[52] StadtAM, Bestattungsamt Nr. 14 v. 17. April 1828.

[53] Als Beispiel s. die ablehnende Haltung gegenüber den Seelnonnen, u. S. 115

[54] StadtAM, Bestattungsamt 198.

[55] StadtAM, Bestattungsamt 198.

[56] StadtAM, Bestattungsamt 206, Polizeidirektion v. 2. Februar 1848.

[57] StadtAM, Bestattungsamt 198, Mittlg. an Magistrat v. 25. Juli 1834.

[58] StadtAM, Bestattungsamt 198, Circular vom 26. Februar 1830.

[59] StadtAM, Bestattungsamt 24, S. 43.

[60] StadtAM, Bestattungsamt 198, Circular vom 26. Februar 1830.

[61] StadtAM, Bestattungsamt 243, Verzeichnis der Leichenträger in Haidhausen, Giesing und in der Au.

[62] StadtAM, Bestattungsamt 84, Dienstinstruktion der Seelnonnen vom 20. November 1821; ebd., Dienstinstruktion v. 8. Juni 1832; ebd., Protokoll vom 12. November 1834; ebd., Vortrag v. 25. April 1851.

[63] StadtAM, Bestattungsamt 84, Dienstinstruktion der Seelnonnen vom 20. November 1821; ebd., Dienstinstruktion v. 8. Juni 1832.

[64] ebd.

[65] StadtAM, Gewerbeamt 1665; s.a. Bestattungsamt Nr. 406 z. Sargmagazin in der Au; z. Sargmagazin s. S 123 f.

[66] StadtAM, Bestattungsamt 84, Dienstinstruktion der Seelnonnen vom 20. November 1821; ebd., Dienstinstruktion v. 8. Juni 1832.

[67] StadtAM, Bestattungsamt 84, Vortrag v. 25. April 1851.

[68] StadtAM, Kirchen- und Kultusstiftungen 1152, Kommissions-Gutachten vom 7. Juli 1829; ebd., Bestattungsamt 84, Vortrag v. 25. April 1851.

[69] StadtAM, Bestattungsamt 84, Vortrag v. 25. April 1851; ebd., Kirchen- und Kultusstiftungen 1190, Brief der Marianna Meitingerin v. 13. April 1823; ebd., Beschwerde über die Seelnonne Magdalena Osterberger v. 8. Mai 1827.

[70] StadtAM, Bestattungsamt 84, Vortrag v. 25. April 1851.

[71] StadtAM, Bestattungsamt 84, Dienstinstruktion v. 8. Juni 1832.

[72] StadtAM, Bestattungsamt 97, Schreiben v. 29. Oktober 1809; ebd., Bestattungsamt 84, Vortrag v. 25. April 1851.

[73] StadtAM, Bestattungsamt 103, Dienstinstruktion v. Dezember 1822; ebd., Polizeidirektion an Magistrat v. 15. November 1822.

[74] StadtAM, Bestattungsamt 103, Antrag der Therese B; Antrag um Erhöhung des Mindestlohns v. 15. September 1837.

[75] StadtAM, Bestattungsamt 84, Vortrag v. 25. April 1851.

[76] StadtAM, Z-Sammlung, Städtische Bestattung, Instruktion für den Dienst der Seelnonnen v. 20. März 1852.

[77] ebd.; StadtAM, Bestattungsamt 84.

[78] StadtAM, Kirchen- und Kultusstiftungen 1152, Bericht v. April 1872.

[79] StadtAM, Kirchen- und Kultusstiftungen Nr, 1187; ebd., Nr. 1190; ebd., Nr. 1187, Antrag v. 3. Februar 1873.

[80] StadtAM, Kirchen- und Kultusstiftungen 1152, Bericht v. April 1872; ebd., Nr. 1153, Etats der Seelhäuser v. 7. Februar 1873.

[81] StadtAM, Bestattungsamt 84, Ortspolizeiliche Vorschriften v. 1. Juli 1862.

[82] StadtAM, Bestattungsamt 206, Bericht v. 18. Juni 1887.

[83] StadtAM, Kirchen- und Kultusstiftungen Nr. 1190, Brief Josephs v. Barth v. 20. Dezember 1853.

84 StadtAM, Bestattungsamt 84, Ortspolizeiliche Vorschriften v. 1. Juli 1862.

85 Zerback, S. 290.

86 U. Laufer, Münchner Leben in Zahlen, in: Biedermeiers Glück und Ende, hg. v. H. Ottomeyer (Katalog zur Ausstellung im Münchner Stadtmuseum), München 1987, S. 279 f., S. 280.

87 StadtAM, Bestattungsamt 14, Ordnung und Einrichtung der Leichenanstalt v. 12. März 1819; ebd., Etat der Leichenanstalt von 1836/37.

88 StadtAM, Bestattungsamt 419, Befragung der Seelnonnen v. 18. Oktober 1824.

89 StadtAM, Bestattungsamt 419, Befragung der Seelnonnen v. 18. Oktober 1824.

90 StadtAM, Chronik 1828, S. 83 f.

91 StadtAM, Bestattungsamt Nr. 14, Provisorisches Regulativ für die Stol- und sonstigen Gebühren, welche bey Taufen, Trauungen, Leichen und Provisuren in der Stadt München zu erheben sind, 17. April 1828.

92 Zum Vergleich: im Jahr 1820 betrug der Tageslohn eines Maurers ca. 36 Kreuzer, s. Laufer, S. 279.

93 ebd.

94 StadtAM, Gewerbeamt Nr. 1665.

95 ebd.

96 StadtAM, Kirchen- und Kultusstiftungen Nr. 1152, Bericht v. 29.3. 1870; ebd., Bestattungsamt 406.

97 StadtAM, Kirchen- und Kultusstiftungen Nr. 1152, Bericht v. 29. 3. 1870.

98 StadtAM, Z-Sammlung, Städtische Bestattung, Preistarife in dem Sargmagazin v. 10. August 1852.

99 StadtAM, Bestattungsamt Nr.1, Magistrat der Stadt v. 13. August 1858.

102 StadtAM, Bestattungsamt Nr. 103, Dienstinstruktion für Seelnonnen des Allg. Krankenhauses.

103 StadtAM, Bestattungsamt Nr. 364.

104 ebd.

4. MÜNCHEN, EINE GESUNDE STADT

1 Zerback, S. 297; St. Fisch, Stadtplanung im 19. Jahrhundert, München 1988, S. 4; D. Bäuml-Stosiek, Großstadtwachstum und Eingemeindung. Städtische Siedlungsplanung zwischen Vorsicht und Vorschau, in: München – Musenstadt mit Hinterhöfen. Die Prinzregentenzeit 1886–1912, hg. v. F. Prinz/M. Kraus, München 1988, S. 60–69, S. 64.

2 E. Angermair, Münchner Kommunalpolitik. Die Residenzstadt als expansive Metropole, in: München – Musenstadt mit Hinterhöfen, S. 36–44, S. 41 f.

3 Dazu Angermair, München als süddeutsche Metropole, S. 308, S. 316–320.

4 Dargestellt in den Verwaltungsberichten 1898 und 1900, Bericht über den Stand der Gemeindeangelegenheiten der kgl. Haupt- und Residenzstadt für das Jahr 1898, 1.Teil Verwaltungsbericht, München 1898, im ff. zitiert als Verwaltungsberichte; dazu auch die Kritik in der Presse, StadtAM, Bestattungsamt 1, Münchner Tagblatt v. 7. Dezember 1898.

5 Angermair, Kommunalpolitik, S. 40.

6 StadtAM, Bestattungsamt 1, Schreiben v. 15. Juni 1858 u. v. 5. Juni 1858.

7 StadtAM, Bestattungsamt 1, Kammer des Innern v. 7. April 1861; ebd., Chronik 1861, S. 137.

8 StadtAM, Chronik 1868, S. 513 ff.

9 StadtAM, Chronik 1871, S. 443; Statistisches Handbuch der Stadt München, München 1928 , S. 34.

10 StadtAM, Bestattungsamt 59 zu den Jahren 1888 und 1889.

11 S. StadtAM, Bestattungsamt 439, Unterschriftensammlung v. 8. Juni 1877; s.a. Krieg, S. 38.

12 Krieg, S. 39.

13 StadtAM, Au 306; lt. M. Megele, Baugeschichtlicher Atlas der Landeshauptstadt München, München 1951, S. 57, fand die erste Bestattung am 10. November 1817 statt.

[14] StadtAM, Bestattungsamt 59, Rundschreiben des Magistrats vom 29. April 1888 an die Pfarrämter; E. Voglmaier, Hans Grässel. Architekt und Städtischer Baubeamter in München 1860–1939, MBM 148, 1994, S. 45.

[15] Krieg, S. 43; s. a. P. Pinnau, Die Majestät des Todes. Zu den Münchner Friedhofsanlagen Hans Grässels, in: Letzte Reise, S. 195–202, S. 197.

[16] Verwaltungsbericht 1900, S. 229; Pinnau, S. 197; Krieg, S. 129.

[17] Voglmaier, S. 46.

[18] Pinnau, S. 197.

[19] Krieg, S. 133.

[20] Dazu Pinnau, S. 198 f.; Krieg, S. 131 f., S. 150 f.

[21] StadtAM, Schwabing 196.

[22] Verwaltungsberichte 1899, S. 202; 1902, S. 180; Krieg, S. 146.

[23] Verwaltungsberichte 1898, S. 122; 1902, S. 179.

[24] Verwaltungsbericht 1908, S. 94.

[25] Krieg, S. 143 f.; grundsätzlich zur Friedhofsarchitektur Hans Grässels Pinnau.

[26] Verwaltungsbericht 1898, S. 123.

[27] Verwaltungsbericht 1898, S. 125.

[28] Verwaltungsbericht 1900, S. 235; Krieg, S. 155–157.

[29] Verwaltungsbericht 1900, S. 235; Krieg S. 75.

[30] Verwaltungsbericht 1907, S. 99.

[31] Genauer dazu Krieg, S. 166–171.

[32] Belege bei Krieg, Anm. 635.

[33] Krieg, S. 156.

[34] Pinnau, S. 201; Krieg, S. 162 f.

[35] Krieg, S. 171 f..

[36] Krieg, S. 152–154.

[37] StadtAM, Bestattungsamt 206, Kammer des Innern v. 3. Dezember 1836; ebd., Bestattungsamt 419, Zeugnis vom 27. Juli 1837.

[38] StadtAM, Bestattungsamt 59, Anordnung v. 9. August 1892.

[39] StadtAM, Chronik 1873, S. 1152.

[40] StadtAM, Bestattungsamt 59, Anordnung vom 9. August 1892; ebd., Bestattungsamt 413, Rundschreiben an die Pfarreien v. 30. August 1892.

[41] StadtAM, Chronik 1871, S. 367 f.

[42] StadtAM, BuR 248/3, Dienstvorschrift v. 5. Juni 1898; ebd., Vorschriften für die Einrichtung, Benützung und Bedienung der Sektionssäle auf den städtischen Friedhöfen Münchens; Verwaltungsbericht 1898, S. 126.

[43] StadtAM, BuR 248 / 3, Statut betreffend die Desinfektion von Leichen-Dekorationsgegenständen; Bekanntmachung v. 24. Dezember 1900.

[44] Vgl. Voglmaier, S. 49; Krieg, S. 133.

[45] Krieg, S. 133.

[46] Krieg, S. 42.

[47] Krieg, S. 68.

[48] StadtAM, Bestattungsamt 439, Schreiben an den Magistrat o. Dat.

[49] StadtAM, Bestattungsamt 439, Schreiben an den Magistrat o. Dat.

[50] StadtAM, Bestattungsamt 439, Unterschriftensammlung v. 8. Juni 1877; Verein für Feuerbestattung v. 12. April 1892; dazu a. Krieg, S. 70 f.

[51] Derwein, S. 165 f.

[52] Derwein, S. 166; StadtAM, Bestattungsamt 439, die Pläne der Leichenverbrennungsanlage in Gotha; s. ebd., auch die Korrespondenz.

[53] StadtAM, Bestattungsamt 439, Unterschriftensammlung v. 8. Juni 1877.

[54] StadtAM, Bestattungsamt 439, Schreiben v. 19. Juni 1878 und v. 8. Juli 1878; Krieg, S. 72.

55 StadtAM, Bestattungsamt 439, Gesundheitsrat der Haupt- und Residenzstadt v. 28. Oktober 1878; Collegium der Gemeindebevollmächtigten v. 2. Dezember 1878.

56 StadtAM, Bestattungsamt 206, Bestimmung vom 1. April 1888; MGZ 1892, 21. Jg., München 1892, S. 99; MGZ 1904, 33. Jg., München 1904, S. 317; MGZ 1910, 39. Jg., München 1910, S. 1201.

57 MGZ 1892, 21. Jg., München 1892, S. 99 f., S. 1243.

58 StadtAM, Bestattungsamt 439, Antrag v. 23. Februar 1905; ebd., Schreiben v. 26. September 1905; MGZ 1892, 21. Jg., München 1892, S. 1243.

59 StadtAM, Bestattungsamt 439, Verzeichnis der zur Feuerbestattung nach auswärts Überführten; ebd., Auszug aus dem Jahresbericht des Vereins für Feuerbestattung v. 1909.

60 StadtAM, Bestattungsamt 439, Antrag v. 23. Februar 1905; Schreiben an den Magistrat v. April 1908; ebd., BuR 248/3, Vorschriften v. 15. September 1908; Krieg, S. 75; E. Scheibmayer, Feuerbestattung, in: Letzte Reise, S. 222 f; S. 222.

61 StadtAM, Bestattungsamt 439, mehrere Schreiben von 1906; s.a. Plan des Stadtbauamts.

62 StadtAM, Bestattungsamt 439, Auszug aus dem Jahresbericht des Vereins für Feuerbestattung v. 1909; Scheibmayer, S. 223; Krieg, S. 145.

63 Krieg, S. 146–150. Hier a. die Beschreibung.

64 StadtAM, Bestattungsamt 413, Schreiben v. 8. Februar 1886.

65 StadtAM, Bestattungsamt 1, Statuten des christkatholischen Begräbnisvereins.

66 StadtAM, Bestattungsamt 404; ebd., Chronik 1873, S. 981.

67 E. Plößl, Weibliche Arbeit in Familie und Betrieb. Bayerische Arbeiterfrauen 1870–1914, MBM 119, München 1983, S. 30; StadtAM, Bestattungsamt 1, Programm der Preussischen Lebensversicherung v. 9. März 1866.

68 StadtAM, Bestattungsamt 1, Programm der Preussischen Lebensversicherung v. 9. März 1866.

69 Regina Report 2, 1991, S. 3.

70 Krieg, S. 30.

71 StadtAM, Bestattungsamt 1, Statuten des christkatholischen Begräbnisvereins.

72 Verwaltungsbericht 1898, S. 127–131.

73 StadtAM, Bestattungsamt 413, Mittlg. v. 21. November 1903.

74 StadtAM, Bestattungsamt 5, Instruktion für die Stadtgärtnerei v. 8. März 1898.

75 StadtAM, Bestattungsamt 413, Mittlg. v. 21. November 1903.

76 Bestellbuch der Verwaltung der städtischen Begräbnisanstalten in München 1898, S. 10.

77 StadtAM, Bestattungsamt 1, Statuten des christkatholischen Begräbnisvereins.

78 Verwaltungsbericht 1898, S. 127 f.; StadtAM. Bestattungsamt 5, Instruktion für die Stadtgärtnerei v. 8. März 1898; Bestellbuch, S. 11.

79 StadtAM, Bestattungsamt 206, Anzeige v.. 23. Juni 1882; ebd., Bericht v. 18. Juni 1887; Verwaltungsbericht 1898, S. 133.

80 Verwaltungsbericht 1898, S. 127–131; Krieg S. 29.

81 StadtAM, Bestattungsamt 364, Verwaltungsrat d. städtischen Friedhöfe v. 3. Juni 1890; ebd., Mitteilung v. 28. Dezember 1891.

82 StadtAM, Bestattungsamt 364, Anweisung des Magistrats v. 19. 5. 1898.

83 StadtAM, Bestattungsamt 243, Magistratsbeschluß v. 29. August 1873.

84 StadtAM, Bestattungsamt 59, Beschluß vom 18. November 1869.

85 StadtAM, Bestattungsamt 59, Magistrat v. 5. November 1889.

86 Adreßbuch der Stadt München 1877, 1880 und 1898.

87 StadtAM, Bestattungsamt 59, Schreiben o. Dat. (gegen Ende 19. Jh.)

88 Pfarrarchiv St. Peter, Friedhofsangelegenheiten, Schreiben d. Magistrats v. 25. Mai 1898.

89 Verwaltungsbericht 1898, S. 126.

90 Verwaltungsbericht 1898, S. 124; S. 131.

91 Verwaltungsbericht 1898, S. 124; zu den Totenfotografien s. a. H. Gebhardt, Leichenporträts in treffender Ähnlichkeit, in: Letzte Reise, S. 128–131.

[92] Verwaltungsbericht 1898, S. 126; StadtAM, BuR 248/3, Verträge v. 1. Januar 1905.

[93] Verwaltungsbericht 1900, S. 61; S. 236.

[94] Verwaltungsbericht 1900, S. 102.

[95] StadtAM, Bestattungsamt 59, Schreiben d. Magistrats v. 29. Mai 1894 und v. 8. Juni 1894.

[96] StadtAM, Bestattungsamt 59, Schreiben v. 18. November 1869.

[97] StadtAM, BuR 248/3, Vorschriften über Kasse und Buchführung der Leichenfrauen v. Dezember 1905.

[98] StadtAM, Bestattungsamt 103, Schreiben v. 9. Mai 1898; Verwaltungsbericht 1898, S. 134.

[99] StadtAM, Bestattungsamt 103, Schreiben v. 9. Mai 1898

[100] Verwaltungsbericht 1898, S. 133; unrichtig Metken, S. 82, die eine Entfernung der Signaleinrichtungen in den Leichenhäusern 1898 annimmt.

[101] StadtAM, BuR 248/3, Dienstinstruktion für Leichenwächter v. 1. Juli 1898.

[102] Verwaltungsbericht 1898, S. 131.

[103] Verwaltungsbericht 1898, S. 134.

[104] StadtAM, Bestattungsamt 5, Dienstvorschrift v. 25. Januar 1898.

[105] Verwaltungsbericht 1898, S. 134.

[106] StadtAM, Bestattungsamt 243, Bericht zum Leichenträgerdienst o. D.

[107] StadtAM, Bestattungsamt 243, Antrag v. 19. Dezember 1894.

[108] StadtAM, Bestattungsamt 243, Bericht zum Leichenträgerdienst o. D.

[109] StadtAM, Bestattungsamt 243, Antrag v. 1. Februar 1898; Verwaltungsbericht 1898, S. 134.

[110] StadtAM, Bestattungsamt 59, Mittlg. v. 4. April 1902.

[111] StadtAM, Bestattungsamt 87.

[112] StadtAM, Bestattungsamt 87.

[113] Vetter, S. 18.

[114] E. Scheibmayr, Totengräber, in: Die Letzte Reise, S. 218 bis 222, S. 221.

[115] StadtAM, Bestattungsamt 206, Schreiben des Bestattungsamtes v. 26. November 1946.

[116] Vetter, S. 18.

[117] Bayer. Bestattungsgesetz v. 24. September 1970 (GVBl. S.417), Änderung v. 11. November 1974 (GVBl.S.610); dazu auch Sperling, S. 40.

[118] E. Scheibmayr, Friedhofsprobleme im Wandel der Zeit, in: Die Städtische Bestattung München 1819–1969, S. 34–43, S. 38 f.

[119] Vgl. J. Nussbaumer, Wirtschaftliche und Soziale Entwicklung der Stadt München 1945–1990, in: Münchner Wirtschaftschronik, hg. v. GFW Verlag, Wien/Freilassing 1993, S. 211–245, S. 224; Münchner Merkur Nr. 37 v. 14. Februar 1995.

[120] Scheibmayr, Totengräber, S. 221.

[121] StadtAM, Bestattungsamt 206, Schreiben der Friedhofsinspektion v. 5. Dezember 1917.

[122] Metken, S. 82.

[123] Vetter, S.15.

Quellen und zeitgenössische Literatur

Bayerisches Hauptstaatsarchiv (BayHStA)
GL Fasz. 2704, Nr. 535; Fasz. 2704, Nr. 536; Fasz. 2705, Nr. 542; Fasz. 2705, Nr. 547; Fasz. 2706, Nr. 548; Fasz. 2706, Nr. 549; Fasz. 2707, Nr. 553; Fasz. 2710, Nr. 580.
GL 89.
GR Fasz. 304, Nr.4.
KL Ilmmünster 97.
KL München, Kollegiastift Unsere Liebe Frau 16.
Kurbayern 1291.
Plansammlung Nr. 19 850.

Bayerische Staatsbibliothek
cgm 2086, cgm 3051, cgm 4950.

Historischer Verein von Oberbayern (HVO)
Urkunden Nr. 2122; Nr. 2123; Nr. 2124; 2125; Nr.3425.

Pfarrarchiv St. Peter
Friedhofsangelegenheiten
Kirchenrechnungen St.Stephan
Sammelband Epitaphien

Staatsarchiv München (StAM)
RA Fasz. 368, Nr. 7511/2; Fasz. 368, Nr. 7511/3; Fasz. 368, Nr. 7511/4; Fasz. 368, Nr. 7511/5; Fasz. 368, Nr. 7512.

Stadtarchiv München (StadtAM)
Au 306
Bestattungsamt 1; 5; 14; 15; 24; 59; 84; 87; 97; 103; 198; 206; 243; 364; 404; 406; 413; 418; 419; 439.
Bürgermeister und Rat (BuR) 56 A 19; 60 B 2; 60 B 9; 248/ 3.
Chronik 1828; 1861; 1868; 1871; 1873.
Familien 812
Gesundheitsamt 3; 5; 34; 52; 62; 89; 127.
Gewerbeamt 1665
Kammerrechnungen (KR)
Kämmerei 20/14; 28/12; 28/18; 31.
Kirchen- und Kultusstiftungen 1152; 1153; 1161; 1168; 1187; 1190.
Krankenanstalten 33
Polizeidirektion 312
Rechtsamt 93
Schwabing 196
Urkunden D I i LXVI e 1; F I e Nr. 21; F I/II Nr.1; F II a – 71; F II a 2 Nr. 69; F II a 2 Nr. 75; Weite Gasse 1.
Z-Sammlung, Städtische Bestattung

J. BAUER, Grundzüge der Verfassungs- und Vermögens-Verwaltung der Stadtgemeinde München, München 1845.

J. P. BEIERLEIN Regesten ungedruckter Urkunden zur bayerischen Orts- Familien- und Landesgeschichte, in: OA 11, 1850/1851, S. 259–287.

BERICHT über den Stand der Gemeindeangelegenheiten der kgl. Haupt- und Residenzstadt für das Jahr 1898, 1.Teil Verwaltungsbericht, München 1898, ff. zitiert als Verwaltungsberichte.

BESTELLBUCH der Verwaltung der städtischen Begräbnisanstalten in München 1898 (StadtAM).

DOKUMENTE ältester Münchner Familiengeschichte 1290–1620. Aus dem Stifterbuch der Barfüßer und Klarissen in München 1424, München 1954.

M. FREIHERR v. FREYBERG, Pragmatische Geschichte d. bayer. Staatsgesetzgebung und Staatsverwaltung seit den Zeiten Maximilians I., Bd. 3, Leipzig 1838.

O. T .v. HEFNER, Original-Bilder aus der Vorzeit Münchens, München 1852, S. 22–25.

MÜNCHNER GEMEINDE ZEITUNG (MGZ) 1892, 21. Jg., München 1892.

W. NEY, Über das Neue am Friedhof zu München, München 1819.

PFARRARCHIV St. Peter in München. Urkunden, bearb. v. M.J.Hufnagel, Neustadt a. d. Aisch 1972 (Bayerische Archivinventare 35).

STATISTISCHES HANDBUCH der Stadt München, München 1928.

L. WESTENRIEDER, Beschreibung der Haupt- und Residenzstadt München im gegenwärtigen Zustande, München 1782 (Nachdruck München 1984).

Literatur

E. ANGERMAIR, Münchner Kommunalpolitik. Die Residenzstadt als expansive Metropole, in: München – Musenstadt mit Hinterhöfen, Die Prinzregentenzeit 1886–1912, hg. v. F. Prinz/ M. Kraus, München 1988, S. 36–44.

dies., München als süddeutsche Metropole – die Organisation des Großstadtausbaus 1870–1914, in: Geschichte der Stadt München, S. 307–336.

Ph. ARIES, Geschichte des Todes, München 1980

F. J. BAUER, Tod und Bestattung in Alter und Neuer Zeit, HZ 254, 1992, S. 1–33.

R. BAUER, Stadt und Stadtverfassung im Umbruch – Niedergang, Ende und Neubegründung kommunaler Eigenständigkeit 1767 bis 1818, in: Geschichte der Stadt München, hg.v. R.Bauer, München 1992, S.244–274.

D. BÄUML-STOSIEK, Großstadtwachstum und Eingemeindung. Städtische Siedlungsplanung zwischen Vorsicht und Vorschau, in: München – Musenstadt mit Hinterhöfen, S. 60–69.

R. BERGER, Vom geschichtlichen Werden der christlichen Sterbe- und Begräbnisliturgie, in: Die letzte Reise. Sterben, Tod und Trauersitten in Oberbayern (Ausstellungskatalog des Stadtmuseums München), hg. v. S. Metken, München 1984, S. 239-242.

H.-K. BOEHLKE, Über das Aufkommen der Leichenhäuser, in: Wie die Alten den Tod gebildet. Wandlungen der Sepulkralkultur 1750–1850, Kasseler Studien z. Sepulkralkultur Bd. 1, hg. v. H.-K. Boehlke, Mainz 1979, S. 135–146

A. CORBIN, Pesthauch und Blütenduft. Eine Geschichte des Geruchs, Berlin 1984.

H. DERWEIN, Geschichte des christlichen Friedhofs in Deutschland, Frankfurt a.M. 1931.

U. DIRLMEIER, Die kommunalpolitischen Zuständigkeiten und Leistungen süddeutscher Städte im Spätmittelalter, in: Städtische Versorgung und Entsorgung im Wandel der Geschichte, hg. v. J. Sydow (Stadt in der Geschichte 8), Sigmaringen 1981.

P. DIRR, Denkmäler des Münchner Stadtrechts, München 1934.

M. J. ELSAS, Umriß einer Geschichte der Preise und Löhne in Deutschland. Vom ausgehenden Mittelalter bis zum Beginn des 19. Jahrhunderts, Bd.1, Leiden 1936.

E. ENNEN, Frauen im Mittelalter, München 1986.

St. FISCH, Stadtplanung im 19. Jahrhundert, München 1988.

Ph. J. FLEISCHMANN, Sozialtopographie einer Residenzstadt. Die Münchner Sozial- und Wohnstruktur am Vorabend des Dreißigjährigen Krieges, in: OA 117/118, 1993/94, S. 261–288.

E. GASSNER, Der Alte Friedhof in Bonn, in: Wie die Alten den Tod gebildet, S. 159–167.

H. GEBHARDT, Leichenporträts in treffender Ähnlichkeit, in: Die Letzte Reise, S. 128–131.

E. GEISS, Geschichte der Stadtpfarrei St. Peter in München, München 1868.

M. HAHN, Sanitäre Zustände und Einrichtungen in München am Anfang des 19.Jahrhunderts, in: Festgabe der Kgl. Technischen Hochschule in München, München/Berlin 1906.

H. HECKER, Um Glaube und Recht. Die »Fürstliche« Stadt 1505 bis 1561, in: Geschichte der Stadt München, S. 148-166.

M. P. HEIMERS, Die Strukturen einer barocken Residenzstadt – München zwischen Dreißigjährigem Krieg und dem Vorabend der Französischen Revolution, in: Geschichte der Stadt München, S. 211–244.

M. J. HUFNAGEL, Berühmte Tote im Südlichen Friedhof zu München, Würzburg 1983 3, S. 2.

A. HUHN, Geschichte des Spitals, der Kirche und der Pfarrei zum heiligen Geiste in München, München 1893.

A. E. IMHOF, Die verlorenen Welten. Alltagsbewältigung durch unsere Vorfahren und weshalb wir uns heute so schwer damit tun, München 1984.

Ch. KARNEHM, Die Münchner Frauenkirche. Erstausstattung und barocke Umgestaltung, MBM 113, München 1984.

H. KERSCHENSTEINER, Geschichte der Münchner Krankenanstalten, München 1913, in: Annalen der städtischen allgem. Krankenhäuser zu München 15.

N. KRIEG, »Schon Ordnung ist Schönheit«. Hans Grässels Münchner Friedhofsarchitektur (1894–1929), ein deutsches Modell?, MBM 136, München 1990.

Ch. LANKES, München als Garnison im 19. Jahrhundert, Herford 1993.

M. v. LASSER, Der neue östliche Friedhof zu München mit einer historischen Einleitung über das Münchner Begräbniswesen und die älteren Münchner Friedhöfe, München 1902.

U. LAUFER, Münchner Leben in Zahlen, in: Biedermeiers Glück und Ende, hg. v. H. Ottomeyer (Katalog zur Ausstellung im Münchner Stadtmuseum), München 1987, S. 279 f..

H. LEHMBRUCH, Ein neues München, Stadtplanung und Stadtentwicklung um 1800, Buchendorf 1987.

ders., Der »Entwurf eines raisonirten Plans, über die Erweiterung von München« aus dem Jahr 1782, OA 114, 1990, S. 141–226.

M. LINDEMANN, Armen- und Eselbegräbnis in der europäischen Frühneuzeit, eine Methode sozialer Kontrolle, in: Studien z. Thematik des Todes im 16.Jh., hg.v. P.R.Blum (Wolfenbütteler Forsch. Bd. 22), 1983, S. 125–139.

L. MAIER, Vom Markt zur Stadt. Herrschaftsinhaber und Führungsschichten 1158 bis 1294, in: Geschichte der Stadt München, S. 13-61.

H. J. MANN, Die Barocken Totenbruderschaften, ZBLG 39, 1976, S. 127–151.

H. MATTAUSCH, Das Beerdigungswesen der Freien Reichsstadt Nürnberg (1219-1806), Diss. Würzburg 1970.

A. MAYER, Die Domkirche zu Unserer Lieben Frau in München, München 1868.

M. MEGELE, Baugeschichtlicher Atlas der Landeshauptstadt München, München 1951.

S. METKEN, Zeremonien des Todes, in: Letzte Reise, S. 72–95.

J. NEUMILLER, Zur Orts- und Rechtsgeschichte des südlichen Alten Friedhofs in München, Altbayerische Monatsschrift 15, H. 3, 1926, S. 1-15.

J. NOWOSADTKO, Scharfrichter und Abdecker. Der Alltag zweier unehrlicher Berufe in der frühen Neuzeit, Paderborn 1994.

J. NUSSBAUMER, Wirtschaftliche und Soziale Entwicklung der Stadt München 1945–1990, in: Münchner Wirtschaftschronik, hg.v. GFW Verlag, Wien/Freilassing 1993, S. 211–245.

N. OHLER, Sterben und Tod im Mittelalter, München 1990.

P. PFISTER/H. RAMISCH, Die Frauenkirche in München, München 1983.

P. PINNAU, Die Majestät des Todes. Zu den Münchner Friedhofsanlagen Hans Grässls, in: Letzte Reise, S. 195–202.

E. PLÖSSL, Weibliche Arbeit in Familie und Betrieb. Bayerische Arbeiterfrauen 1870–1914, MBM 119, München 1983

R. POLLEY, Das Verhältnis der josephinischen Bestattungsreformen zu den französischen unter dem Ancien Régime und Napoleon I., in: Vom Kirchhof zum Friedhof. Kasseler Studien zur Sepulkralkultur Bd. 2, 1984, S. 109–118.

G. RICHTER, Die Wandlung des friedhofsarchitektonischen Erscheinungsbildes für die Zeit von 1750 bis 1850, in: Vom Kirchhof zum Friedhof, S. 137–143.

St. RÖTTGEN, Der Südliche Friedhof in München. Vom Leichenacker zum Campo Santo, in: Letzte Reise, S. 285–301.

J. RUFFIE/J.-Ch. SOURNIA, Die Seuchen in der Geschichte der Menschheit, München 1987.

M. SCHATTENHOFER, Die Geistliche Stadt, in: Von Kirchen, Kurfürsten und Kaffeesiedern etcetera, München 1974, S. 7–99.

ders., Henker, Hexen und Huren, in: Beiträge zur Geschichte der Stadt München (= OA 109), München 1984, S. 113–143.

E. SCHEIBMAYER, Feuerbestattung, in: Letzte Reise, S. 222 f..

ders., Totengräber, in: Letzte Reise, S. 218–222.

ders., Friedhofsprobleme im Wandel der Zeit, in: Die Städtische Bestattung München, 1819–1969, hg.v. d. Städtischen Bestattung München, S. 34–43.

E. SCHREMMER, Die Wirtschaft Bayerns. Vom hohen Mittelalter bis zum Beginn der Industrialisierung. Bergbau, Gewerbe, Handel, München 1970.

K. W. SCHUBSKY, Jüdische Friedhöfe, in: Synagogen und jüdische Friedhöfe, hg.v. W.Selig, München 1988, S. 149–188.

W. SCHULTHEISS, Die Münchner Gewerbeverfassung im Mittelalter, München 1936 (Kultur und Geschichte. Freie Schriftenfolge des StadtAM 10).

I. SCHWAB, Zeiten der Teuerung – Versorgungsprobleme in der zweiten Hälfte des 16.Jahrhunderts, in: Geschichte der Stadt München, S. 166-189.

G. SEIB, Kranz und Krone im Ledigenbegräbnis, in: Wie die Alten den Tod gebildet, S. 113–119.

F. SOLLEDER, München im Mittelalter, München/Berlin 1938.

E. SPERLING, Der Rechtsstatus der kommunalen und kirchlichen Friedhöfe, in: Wie die Alten den Tod gebildet, S. 37–44.

J. STABER, Katholische Kirche und bayerisches Volkstum in München, in: Der Mönch im Wappen, München 1960, S. 143-167.

H. STAHLEDER, Die Münchner Juden im Mittelalter und ihre Kultstätten, in: Synagogen und jüdische Friedhöfe, S. 11–34.

ders., Haus- und Straßennamen der Münchner Altstadt, München 1992.

ders., Konsolidierung und Ausbau der bürgerlichen Stadt. München im 15. Jahrhundert, in: Geschichte der Stadt München, S. 120–148.

ders., Chronik der Stadt München (1157–1505), München 1995.

K. SUDHOFF, Syphilis und Pest in München Ende des 15. und Anfang des 16. Jahrhunderts, Sonderdruck der Medizinischen Wochenschrift Nr. 26, 1913.

J. THINESSE-DEMEL, Münchner Architektur zwischen Rokokko und Klassizismus, MBM 90, 1980.

E. VESPER, Die Sterbekassen in alter und neuer Zeit, Schriftenreihe d. Inst. f. Versicherungswiss. a. d. Universität Köln, NF H. 23, 1966.

H. VETTER, Die städtische Bestattung im Dienste der Bürger unserer Stadt, in: Die Städtische Bestattung München, S. 9–19.

E. VOGLMAIER, Hans Grässel. Architekt und Städtischer Baubeamter in München 1860–1939, MBM 148, 1994.

G. VOSS, Henker, Tabugestalt und Sündenbock, in: B. U. Hergemöller, Randgruppen der spätmittelalterlichen Gesellschaft, Warmdorf 1990, S. 86-114.

Dieter J. WEISS, Die Maria-Hilf- Bruderschaft bei St. Peter. Ein Beitrag zur altbayerischen Kirchen- und Frömmigkeitsgeschichte (Aus dem Pfarrarchiv St.Peter in München H. 5), München 1991.

R. ZERBACK, Unter der Kuratel des Staates – Die Stadt zwischen dem Gemeindeedikt von 1818 und der Gemeindeordnung von 1869, in: Geschichte der Stadt München, S. 274–307.

U. ZISCHKA, Leichenschmaus, in: Letzte Reise, S. 224–226.

Register

Benedikt Weyerer

München 1919-1933

Stadtrundgänge zur politischen Geschichte

Herausgegeben von der Landeshauptstadt München

224 Seiten mit 156 Abbildungen
ISBN 3-927984-18-3

Dieses Buch ist Stadtführer und Geschichtsbuch zugleich. Die Zeit zwischen 1919 und 1933 ist in vieler Hinsicht ein »dunkles« Kapitel in der Geschichte der bayerischen Hauptstadt. Die Rundgänge bieten die Möglichkeit, jene oft verdrängten Jahre im wahrsten Sinne des Wortes zu begreifen. So können Häuser, Straßen und Plätze zugleich vertraute Umgebung und mahnende Erinnerung an die Vergangenheit sein.

Benedikt Weyerer

München 1933-1949

Stadtrundgänge zur politischen Geschichte

Herausgegeben von der Landeshauptstadt München

236 Seiten mit 119 s/w Abbildungen und 16 Karten
ISBN 3-927984-40-X

Band 2 der Münchner Stadtteilführer beschäftigt sich mit der Geschichte Münchens zwischen 1933 und 1949. Er setzt sich mit der Zeit der national-sozialistischen Herrschaft, ihrem Ende, ihrem Erbe und den ersten Nachkriegsjahren auseinander.

Buchendorfer Verlag

Lesebücher
zur Geschichte
des Münchner
Alltags

Buchendorfer Verlag

Verdunkeltes München
Die nationalsozialistische Gewalt-
herrschaft, ihr Ende und ihre Folgen
244 Seiten mit 44 Beiträgen und
vielen Abbildungen
ISBN 3-927984-41-8

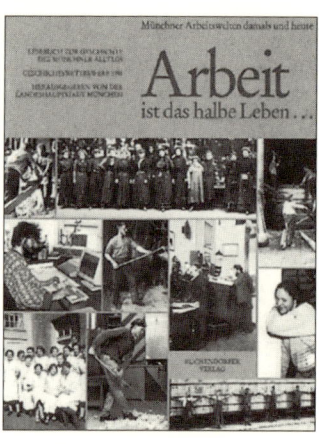

In München geboren –
von München angezogen –
nach München verschlagen
320 Seiten mit 64 Beiträgen und
vielen Abbildungen
ISBN 3-927984-08-6

Arbeit ist das halbe Leben …
Münchner Arbeitswelten damals
und heute
192 Seiten mit 41 Beiträgen und
vielen Abbildungen
ISBN 3-927984-13-2

Jugendbilder
192 Seiten mit 35 Beiträgen und
vielen Abbildungen
ISBN 3-927984-42-6

Stadtteilgeschichten, Lebensgeschichten
Vom Glasscherbenviertel
zur Schlafstadt
Geschichte der Münchner Stadtteile
144 Seiten mit 28 Beiträgen und
vielen Abbildungen
ISBN 3-927984-03-5

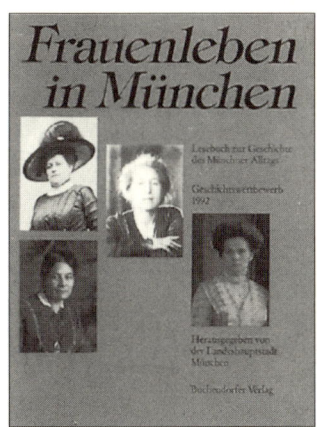

Frauenleben in München
248 Seiten mit 42 Beiträgen und
vielen Abbildungen
ISBN 3-927984-17-5

Jüdisches Leben in München
Jüdisches Leben in München in zwei
Jahrhunderten
274 Seiten mit 36 Beiträgen und
vielen Abbildungen
ISBN 3-927984-38-8